郑云鹏 著

明朝大太监

MINGCHAO
DATAIJIAN

岳麓書社 · 长沙

《明朝大太监》序

青年作家郑云鹏先生的明史通俗读物《明朝大太监》就要与各位读者见面了，可喜可贺。

在士大夫掌握话语权的中国古代史书中，对宦官的描绘一般是带有歧视性的。这种歧视，也成了“正史”的统一标准，并成为主导人们历史观的重要因素。但是，宦官在中国历代皇朝中的作用，是比较复杂的，宦官的参政与专权，以及与君主、文官的关系，并不是可以“一言以蔽之”的。如果真要“一言以蔽之”，就必须是“具体问题具体分析”。

不可否认，在明代历史上确实出现过一些专横跋扈的宦官，如王振、刘瑾、魏忠贤等，不管从哪个角度看，其作为都加剧了朝廷的党争和内耗，给明代政治造成了严重的影响。但是，难道天启时代所谓“阉党”与“东林”的斗争，责任全在“阉党”而“东林”全为正义吗？正德时代，看似荒唐却心如明镜的武宗朱厚照，说出了一句令大学士们瞠目结舌的话：“天下事岂皆内官所坏？朝臣坏事者十常六七，先生辈亦自知之。”（《明史·刘健传》）政治上产生的种种问题，皇帝、宦官、文官都必须承担责任。

同一个群体的人，虽有着相似的出身及经济背景、政治诉求，但任何群体又都是由不同的小群体及个人组成，所以，用“概念”套用于个体乃至群体，得出的结论往往有悖于事实。其实，明朝历史上也出现过不少“正能量”的宦官，他们廉洁有为，忠君爱国，在明代政治、军事、外交、经济、文化等方面，做出了自己的贡献。这一点，读者们自可以通过阅读本书加以体会。

有一个误区需要澄清，在明太祖朱元璋所设计及在此后演进中形成的明朝国家制度，具有明显的“双轨制”特征。宦官制度和文官制度一样，是明代国家制度的重要组成部分。所以，明代宦官的参政是全面的，一些特定时期虽然有过所谓的“宦官专权”并造成政局混乱，却并没有达到威胁皇权的地步，仍在明朝国家权力的可控范围之内。

云鹏在他的《明朝大太监》中说，后人指责明朝“宦官干政”，这是对明朝国家制度的不了解。确实如此，明代政治体制的特点决定了宦官参政的合法性。云鹏在书中还提出了一个观点：宦官参与政治是明朝统治维系的一种方式，世人因为对明代宦官政治的误解而导致对明代政治的误解，一些对明代政治持批评态度的作者，也多以宦官“干政”举例。这是一个很有意思的观点，读者大可和云鹏就这一问题进行讨论。

希望此书的问世，能给读者们一个全新的视角，重新审视明代政治。

方志远

写在郑著《明朝大太监》出版之际

宦官在明代历史上有时相当活跃，影响不一。长期以来，由于种种原因，学界对明代宦官的评论多以强调负面为主。改革开放以后，学界重视发掘其正面作用以求公允者渐多，在批评其负面影响之同时，对其应予肯定之处不忘指出。郑云鹏所著《明朝大太监》一书，突出宦官的正面作用，也揭露其负面影响，正是这一新动态的典型表现之一。全书用语通俗，读之相当轻松。此书之出版，当会在一定程度上提升大家对明代宦官的关心程度，增加对明代历史真相的了解，可喜可贺。

南炳文

目　录

一　开启“潘多拉魔盒”的第一人

明太祖的 A 面和 B 面

明太祖朱元璋出身于赤贫农家，从小沙弥到乞丐，从红巾军的一员小卒到统率千军万马的元帅，他下建康、战鄱阳，困平江、平东南，直到横扫大都，一统河山；复汉官威仪，把万千黎庶从民族压迫的桎梏下解放出来。可以说，明朝的建立，某种程度上有着“民族革命”的意义。

明朝开国第一年，也就是洪武元年（1368）四月的一天，明太祖朱元璋语重心长地跟身边近侍大臣谈起：“我看到史书里记载，汉唐末代之世，都有宦官乱政，以至国运不可挽回，真令人扼腕长叹。宦官日夜侍奉在君主身边，逐渐被君主信任，办事小心勤劳的像吕强、张承业那样的宦官，怎么可能没有？但是开国承家，不用小人，这是圣人的教诲。宦官在宫禁之中，只能让他们负责打扫宫廷、传达命令而已，岂能让他们干预政事，掌管军队？汉唐之祸，虽然说是宦官的罪过，也是做君主的太宠爱他们所致。如果宦官不掌管军队、干预朝政，他们即使想作乱，怎么可能成功呢？”类似的话，朱元璋多次跟群臣提起过。

朱元璋虽然幼年只读过几个月的私塾，但他在戎马倥偬之际，奋发自学，手不释卷，以史为鉴，深谙历代史事。对于汉唐宦官乱政之事，他常引以为戒；加之他亲历元末时代，元顺帝宠信宦官朴不花乱政的事，他也耳熟能详。所有这一切，使得作为开国皇帝的朱元璋，在各种场合不停强调严驭宦官的重要性。

明太祖定下严格的宦官禁令，宦官相互辱骂、斗殴之事，都要根据情况处以杖责之刑，如果有宦官敢出言不逊、心怀不满，更是要处以凌迟之酷刑。

有一个流传已广的事例，每每被人用作是明太祖严禁宦官干政的证据：洪武十年（1377）五月，一个在内廷资格较老的宦官，从容地谈起了政事。明太祖大怒，当日就斥责了他，并将其遣归乡里，终身不得回朝。接下来，朱元璋故调重提，又强调不能让宦官干预政事，以免为乱。这位老宦官虽然侍奉朱元璋很久了，也有一大堆功劳苦劳，但是为了防止将来为祸，还是不能姑息，只好忍痛割爱，将他驱逐。

从史官记载的史书中，我们无疑看到了一个处处小心防范宦官干政，并严格制约宦官的明太祖。然而，我们只是看到了事情的 A 面，让我们深吸一口气，来看事情的 B 面吧！

洪武二十年（1387）十月，明太祖颁布《礼仪定制》，对内外官员相见的礼仪做了详细规定。其中详细记载了官员遇到上级或者同级时应该有怎样的礼仪。有意思的是，“内官”也就是有品级的宦官，他们享受的是朝廷三、四品官员的礼仪待遇。按照规制，他们路遇朝廷三、四品的官员，只需分路而行即可。但是当时宦官的实际品级最高才不过六品而已。

我们再来看看洪武朝宦官制度的发展。洪武二年（1369）八月，朱元璋命吏部制定宦官的官制。规制里面有品有职的宦官多达130人，这还不包括负责祭祀的内臣和没有品职的内使。但是，清修《明史》中说明太祖开基之初，宦者不及百人，这是明显的谬误。洪武年间宦官组织不断发展壮大，至洪武三十一年（1398），已经发展成了十二监、二司、七局的规模，后世所谓“二十四衙门”已经基本构建完成。洪武二十八年（1395）改制，内官监跟其他监一起，升为正四品，除去参与典礼、掌握内外文移等事权之外，又掌握了内官“贴黄”的权力。贴黄，即为宦官、内使迁转履历的原始文件。正因为内官监掌握了宦官们的人事大权，外廷视之为内官的“吏部”。就地位而言，明初的内官监是宦官组织的第一署。

宦官在礼仪上享受外廷三、四品官员的待遇，以内官监为首的各宦官衙门更是广泛参与到了朝廷礼仪、文移、使令等政治活动之中。可见，宦官参与政事，甚至从明朝建立之前就已经开始了。朱元璋曾派出内使佛保到和州调查参军郭景祥之子悖逆之事。1366年，内使李顺奉命到军前向徐达、常遇春传达朱元璋的军令。

洪武元年（1368）十一月，洪武帝命文官兰以权和奉御马仲良一起诏谕广西当地少数民族部众，这正是明朝建国后宦官首次奉使外出。不但如此，在朱元璋的酷烈政治之下，依然有宦官敢肆意妄为。洪武初年，曾经有鲁姓内官奉旨外出办事，经过弋阳时，马匹受惊冲进了田地中，将庄稼践踏毁坏了一片。旁边的佃农奋起反抗，将鲁内使所乘马的腿击伤。鲁内使大怒，大喊着："你敢说出你姓甚名谁吗？你主人是谁？"佃农憨厚质朴，随口说出了自己主人是周姓富人，这片庄稼地也是周富人的。鲁内使心想，这哑巴亏我可不能白吃。于是他派人找到周富人，将事情告诉了他。周富人大吃一惊，急忙赔偿了马匹的医药费，还拿出自己的积蓄贿赂鲁内使，恳求他放过自己，鲁内使收了钱便回去了。但这个消息还是传到了太祖朱元璋耳中。一向有仇富心理的朱元璋见周富人拿"天使"不当回事，心想这不是摆明了瞧不起他这个皇帝吗？一怒之下抄没了周富人的家产，并将他发配铜陵卫。

虽然《明实录》中收录了朱元璋关于严禁宦官干政的言论，可是作为家法的《皇明祖训》，却没有片言只语关于严禁宦官涉政的记载。非但如此，《祖训》中还记载了关于宦官组织的职掌和权限，很多权责已经涉及政治。于是有人推测，是否宦官篡改了《祖训》，毕竟司礼监掌握着刻版印刷之事。但是清朝人曾经对比过《永乐大典》里面的原始档案，结果证明宦官篡改说并不成立。

今天我们所见的《明太祖实录》是三修之后的产物，文官集团笔下的历史自然跟当时的现实政治有千丝万缕的关联。作为站在宦官对立面的文官，眼见得永乐一朝宦官权力日益增强，全面涉足政治、军事、经济、文化、外交诸多领域，大有尾大不掉之势，文官集团忧心忡忡，因此也许会在《实录》中加以润色，借明太祖圣谕，说出自己的心声。

而作为公开刊行的《祖训》，具备国家法律的效力。《祖训》明确记载了宦官组织的机构和职掌，实则表示宦官既是皇家奴仆，又是国家官员。这实际上以祖宗之法的形式确定了宦官在明朝政治体制中的合法地位。

宦官何以干政?

英明苛察如朱元璋，为何会任用宦官干政？答案有二：

其一，洪武朝政治形势的变化。建国之后，朱元璋针对开国功臣的跋扈专横，制造了“蓝玉案”，针对以丞相为首的文官集团的权势失范，又制造了“胡惟庸案”，同时针对文官贪腐和行政规范问题，严治“郭桓案”和“空印案”。四大案之后，功臣集团基本被肃清，武将的势力也得到了极大遏制，文官的势力也得到约束，外戚、后妃也受到了严格制约，权力的规范此时达到了一个新的高度，权势集中在朱元璋一人之手。

但是国家的运转离不开文武官员，为了监控制衡他们，朱元璋需要一股独立于文武官员和外戚后妃的势力。于是，作为忠实奴仆的宦官成为了他的不二之选。此辈虽然在历史上有为乱之事，但是只要不让他们掌握兵权就掀不起滔天巨浪。以明太祖之雄才大略，自觉完全有把握驾驭宦官势力，用他们来监控文武官员，从而把朝廷大权操控于鼓掌之中。宦官们正是在他授意之下，广泛参与到政治活动之中，洪武时期宦官已经成为了明代政治体制中不可或缺的组成部分。

其二，宦官本身的政治忠诚。洪武年间大案迭出，胡惟庸、蓝玉据说皆有谋反之心，甚至意图弑君，兼之功臣集团飞扬跋扈，渐渐不受约束。朱元璋面对这一切忧心忡忡，他用严霜政治冷酷处理文武官员，实则有很多无奈之处。而作为无根之人的宦官，本身无家室后嗣的牵绊，自从入宫便忠心耿耿侍奉君主，从心理上来说，他们更值得朱元璋信赖。这样我们就不难理解下面的事情了：作为朱元璋的外甥，李文忠有开国之功，他喜欢结交儒生，并且礼贤下士，家中有众多门客。有一次，李文忠对朱元璋说："宫中内臣太多，圣上应该裁减。"朱元璋大怒，斥责他说："你想减弱我的羽翼吗？这肯定是你的门客教你的。"于是，他诛杀了李文忠的门客。李文忠也因此吓出病来。

虽然如此，明太祖在信用宦官之际，也注意严格约束宦官。例如不让宦官典掌兵权，以严刑峻法治理违法宦官，严厉禁止宦官和外官相互勾通串联，等等。

子虚乌有的铁牌

虽然朱元璋是大明开启宦官政治的第一人，但是出于复杂的心理，明代文官们不想也不能承认这个事实。他们想努力塑造这样一个事实：明太祖朱元璋本不愿让宦官干政，为此还立了一个严禁宦官干政的铁牌。

明朝文官反对宦官干政，往往会搬出这块铁牌来说事。在他们心目中，这不是一块普通的铁牌。据说洪武十七年（1384），朱元璋命人铸造了一块铁牌，竖立在宫门，上面镌刻宦官严禁干政的规定。此说出自明代大学士李贤的《古穰集》，李贤绘声绘色地描述道：“太祖朱元璋鉴于前朝宦官乱政的教训，在宫门口设置了一个三尺高的铁牌，上面铸造八个大字‘内臣不得干预政事’。这个牌子宣德年间还有，可是到了明英宗时，大太监王振专权，这个牌子就神秘失踪了。”

此说一出，不亚于一场政治暴风，士大夫们仿佛抓住了一根救命稻草，加足马力大宣特宣：“看看太祖爷，对严禁宦官干政有明文规定啊，只不过后来权阉专横，把这块牌子毁掉了。”

不过这块铁牌李贤无缘看到，他的消息从哪里得来也无从可考。而且明清以来甚至现今，还有很多人将此奉为圭臬，一提到宦官问题，都要拿出此事来作为明太祖不许宦官干政的铁证！

仔细想想，此说漏洞颇多：明太祖朱元璋的确喜欢倒腾铁牌铁券什么的，他之前给功臣、外戚都曾经发过红牌，告诫他们要老老实实做人，规规矩矩办事。如果说，严禁宦官干政的铁牌存在，文官纂修的《明太祖实录》岂能放过？正好可以堂而皇之写入具备国史性质的《实录》之中，让后世皇帝们都好好看看：你们老祖宗都禁止宦官参政，你们可不要违反祖制哦。

再者，如果真有这么一块铁牌，也应该是立在南京。明太祖一朝首都一直在南京，在王振专权时，大明的首都已经北迁到了北京。那铁牌怎么就跟着去了北京呢？

再看明太祖一朝对宦官的信用，就知道这块铁牌根本就是子虚乌有。李贤老先生，眼见得从王振到曹吉祥，各路宦官不停地在政治舞台上折腾，也许老人家心焦，编造了这样一个铁牌故事，聊以自慰；同时，也给了文官集团一个强大的武器来对抗宦官集团。

二　永乐盛世大放异彩

得罪宦官的建文帝

从乞丐到开国皇帝，一生传奇的朱元璋终于在洪武三十一年（1398）五月，永远闭上了他的双眼。带着万分不舍和对后继之君的殷切嘱托，抛下了他一手创立的大明帝国。

老皇帝眼中的仁孝之孙朱允炆继承了大明皇位。面对偌大一个帝国，年轻的建文帝有些惶恐，他的目光投向了北方，那里有一个最让他放心不下的人，就是他的四皇叔——燕王朱棣。

在太子朱标、秦王朱樉、晋王朱棡相继离世之后，原先排序第四的朱棣晋升为皇长子。朱元璋晚年屠戮跋扈功臣，在北方边关与蒙古残余势力作战的武将很多牵连其中。朱元璋以皇子守边代替功臣武将，这些封地在北方边疆的亲王被称作“塞王”。诸多塞王之中，又以皇四子朱棣军事才能最为卓越。

燕王朱棣封地北平，他的燕王府就是在元大都宫殿基础上建成的。据守如此重要的北边重镇，加之太祖晚年，朱棣军功卓著，多次得到父皇嘉奖，他的心中不可能平静如水。

太子朱标死后，其子朱允炆晋升为皇太孙。朱允炆在朱棣眼中，只不过是一个仁柔的“黄口小儿”，此时的他已经对皇位产生了觊觎之心。而朱允炆也深知，如果不除掉这位能力非凡的四叔，他的皇位也坐不稳。

一场博弈开始了。在江南文臣齐泰、黄子澄、方孝孺等人支持下，建文帝开始了轰轰烈烈的改革。这既是对洪武严霜政治的纠正，也是为了获取江南地主士绅阶层的支持，同时，对建文帝来说，改革也能使他获取民心，提高自己的政治威望。

看似仁柔的建文帝，做出了一件出乎朱棣意料的事。建文元年（1399）八月，朝廷派出一批宦官来到北平，他们此行的目的就是配合北平地方官员，捉拿燕王府护卫官属。可是，朱棣的眼线遍布朝廷内外，在他们行动之前，朱棣就已经提前得知了消息，并有所防范。

前来捉人的官员被朱棣一网打尽，成了为建文朝殉难的第一批牺牲者。与我们传统的认知相反，厉行改革的朱允炆一开始并没有动宦官们的“奶酪”。相反，作为大明帝国政治体系中必不可少的一环，宦官在建文朝初期还是相当得势的。

建文帝重用宦官，他派出宦官到各个亲王辖区之内，往来于都城南京和各地之间，负责监视皇叔们的一举一动，各地军队中也充斥着宦官，他们负责监督军队，传达朝廷的命令。

在很多重要城镇，宦官与地方官员一起负责保卫地方，监督军队作战。靖难之役打响之后，朱棣在多次战役中俘获朝廷派驻地方的宦官。建文三年（1401）的真定之战，朝廷的南军被燕军击溃，南军监军宦官长寿被俘虏。翌年的灵璧之战，朱棣一举攻下城池，俘虏了四名朝廷派驻此地防守的宦官。

建文帝信用宦官，甚至还成为了朱棣造反的口实。在造反诏书中，朱棣指责自己的这位侄子：派遣宦官四处寻找美女，充斥后宫备其淫乐。不仅如此，朱允炆还信任宦官，跟他们商量军国大事。他放任宦官欺凌善类，作为朝廷言官的御史们都被宦官凌辱捶打！

欲加之罪，何患无辞？不过抛开这些罪名中夸大的成分，有一点，朱棣倒是说得很对：朱允炆确实很信任宦官。不过，这种信任在朝廷军队节节败退之后，发生了动摇。燕军在战场上节节胜利，凯歌猛进，朝廷上下开始反思战败原因。于是，派往各地监军和出使的宦官们，被推上了风口浪尖。

建文帝毕竟还是太年轻了，面对军事上的失败，他开始乱了方寸。文官们口口声声要惩办宦官，朱允炆开始病急乱投医，他下了一道诏书：如果出使地方的宦官放纵不法，地方官员可以就地拿下送往京城治罪。

这道圣旨一颁布，引发了宦官们极度不满。从被信任到严加约束，这种心理落差是巨大的：没想到为主子出生入死，到头来落得如此下场！很多心怀不满的宦官开始为自己另谋出路。于是有宦官暗中勾结朱棣，告之京城防卫空虚，自己愿意为内应，请燕王率大军绕道直捣京城，一举推翻建文朝廷。

这稍纵即逝的战机，朱棣岂能放过。建文朝廷那些勋贵和内官做了“内鬼”，在燕军兵临城下之时，谷王朱橞和曹国公李景隆打开金川门，任敌军入城。

建文朝廷早已人心离散。燕军兵临城下之际，竟有宦官公然劝说建文帝退位，还有的宦官盗窃了宝符去投奔朱棣。燕军入城，宫中火起，建文帝从此人间蒸发。

得罪了宦官的建文帝吃了大亏。他对宦官严加治理的时机不对。在国家危亡之际，团结一切可以团结的力量才是重点，而他的那道诏书实则将众多宦官推向了燕王的阵营。

当然宦官也不都是叛徒，镇守山东的宦官胡伯颜同铁铉一起英勇抗击燕军。朱棣称帝之后，他还在兖州一带打游击，截击朱棣派出的使者，甚至将朱棣派往迎接宁王朱权的使者也截获了。最终，胡伯颜还是死在了燕军手中。不仅胡伯颜，在京师被燕军攻陷之时，建文宫廷内的宦官有半数自杀殉国！后人记载建文迷踪时，建文帝身边也有宦官相随逃亡。只不过，史家在记录那些建文忠臣事迹的时候，又曾用多少笔墨来刻画这些或有名或无名的宦官呢！

朱允炆到底去了哪里？人们争论了六百多年，众说纷纭。有人说他去了湖南湘潭，有人说他去了湖南九嶷，还有人说他去了海外，在东南亚甚至非洲！在新证据出来之前，我们不能妄下结论，但是笔者更倾向于建文帝并没有死于那场大火，因为他有足够的时间来逃亡。也许他真的逃亡到了民间，最终安度晚年。还有一种说法，认为建文帝逃亡到了海外，朱棣为了找他，竟然数次派遣郑和下西洋。

郑和下西洋

很少有人预料到，一项震撼世界的伟大航海事业，是由一个宦官来实现的。直到今天，还有人在问："郑和真的是太监吗?"

一切还要从洪武十四年（1381）十二月说起。三十万明军在傅友德、蓝玉、沐英的率领下，正以摧枯拉朽之势横扫盘踞在云南的梁王部元朝残军。曲靖白石江之战，元军全军覆没，明军高歌猛进，一路杀向了梁王的老巢昆明。

一场血战就此展开。激战之中，梁王携妻子儿女自杀。明军杀入昆明，乱军之中，不少百姓成为刀下之鬼。有不少幼童因为父母死在乱军之中，因而成为了明军的俘虏。这些幼童被阉割后，作为宫廷内官的储备。其中有一个年方十三岁的俊美幼童，名字叫马和。

马和祖父名叫拜颜，祖母马氏。其父佚名，后人称之为马哈只。马氏一族出身回族，信仰伊斯兰教。到过麦加朝觐的人被称作阿吉，也就是"哈只"。因郑和的祖父和父亲都曾去过麦加朝觐，所以被人们尊称为"哈只"。

洪武十八年（1385），傅友德和蓝玉率领所部守备北平，他们负责协助燕王朱棣防守北方。马和以及一大批被阉割的幼童跟随军队踏上北上之途。从这一年起，马和开始侍奉燕王朱棣，凭借自己的聪明才干，他得到朱棣赏识，渐渐被引为心腹之人。朱棣决定发动靖难之役时，一起密谋的人员之中就有马和。朱棣为了培养自己身边的心腹内侍，延请文官或者儒生来到王府教授内侍读书识字。燕王府中丰富的藏书，也为马和等一批内侍学习提供了良好的条件。

在跟随燕王的十多年中，马和的才干得到进一步成长。丰富的学识加之俊朗的外表、魁梧的身材，马和已经成为一位文武双全的青年俊秀。他经常跟随燕王出战塞外，走访民间，深谙世事，非一般迂腐书生可比。

在靖难之役中，马和追随燕王征战四方，冲杀在千军万马中，立下了赫赫战功。尤其是在郑村坝一战中，燕军以少胜多，击溃朝廷李景隆统率的大军。这一战中，马和不顾个人安危，冲杀在前，血染战袍，给朱棣留下了深刻的印象。他暗自叹服马和的勇武，内心也对其更加信任。

朱棣登上帝位之后，开始筹划一项震古烁今的伟业，那就是派遣庞大船队出访东南亚各国，宣扬明朝国威，同时告知各国自己即位之事。朱棣通过靖难争夺皇位，毕竟难逃篡位之名，这也始终困扰着他。他一心要做出惊天动地的伟业，以证明自己是名副其实的帝王，并借此堵住悠悠众口。

另一方面，促进朝贡贸易体系的建立和发展也是郑和下西洋的重要目的。因为明初特殊的历史环境，迫使明太祖朱元璋实施海禁政策。海禁不等于完全断绝与外国的交流，取而代之的是朝贡贸易，也就是朝廷官方开展的海上贸易。虽然朝廷秉承“厚往薄来”的理念，但是与海外各国的朝贡贸易也能为朝廷带来丰厚的利润和稀缺物资。同时，下西洋也包含军事意图，那就是向海外宣扬明朝之强盛，同时以强大舰队震撼邻国，尤其是那些不太安分的国家，如安南和日本。

这是一项前无古人的事业，明朝永乐之前，还未曾有哪个朝代有过如此大规模的航海和外交行动。没有历史的经验可以借鉴，这项事业充满了挑战。在朱棣的规划中，需要动用一两百艘巨舰，派遣两三万人组成庞大的使团，他们的目的是访问二三十个海外国家！

如此艰巨的任务，到底应该交给谁来完成？朱棣日夜思考着这个问题，一个个熟悉的文武官员面孔浮现在眼前，他反复斟酌，最终确定了马和为船队负责人。

马和眉目俊朗，身材魁梧，气宇轩昂，颇有大将风度。而且他口齿伶俐，善于言辞，是外交的好人选。朱棣钟意马和，他为了坚定自己的判断，还特意向善于相术的袁忠彻咨询。袁忠彻的回答是马和外貌才智，在内侍中无人可比，而且通过相面，也更加确信此人可以胜任。

朱棣想到马和有卓越的军事才能，又信仰佛教，这也是他成为使团领导者的重要原因。当时的东南亚国家，很多信仰佛教，如果使团的领导者熟悉当地的信仰，无疑从感情上可以与当地人拉近距离。

永乐二年（1404），朱棣亲笔写了一个“郑”字赐给马和。赐姓乃是表彰其功绩。同时，为了提高其威望，朱棣又擢升他为内官监太监。内官监是当时内官衙门中的第一大官署，担任内官监太监，无疑是太监中权力最大的。

朱棣确定了使团领导人选之后，开始全方面准备下西洋的诸项工作。为了完成这项浩大工程，朝廷上下乃至民间做了充分的准备。永乐初年，朱棣即开始为大规模的下西洋做前期准备工作。他将洪武年间建造的船厂进行扩建，改名为“龙江宝船厂”，成为当时全国规模最大的制造海船的工厂。同时，又大力发展太仓和福建沿海地区的海船制造业。

刚登上帝位不久的朱棣就向安南、爪哇、琉球、日本、苏门答腊、暹罗等邻国派出使者，颁布了“即位诏”，欢迎各国来华贸易。在这一批最早出使海外的使者中就包括郑和。海上探险离不开精确的航海图。为此，从永乐元年（1403）到永乐三年（1405）郑和下西洋之前，郑和、杨敏、李恺等人就多次前往西太平洋和印度洋各国，收集各国海图和航海资料，熟悉海道，并绘制了详尽准确的航海图。

明朝国内在永乐元年到永乐三年期间，开展了大规模建造、改造海船的工作。按照计划，第一次下西洋需要组织一支两万七千多人的庞大船队，这就需要动用海船二百多艘，其中大中型的宝船就要六十三艘！大型宝船长约一百四十七米，宽约六十米；中型宝船长达一百一十七米，宽四十七米半。宝船的载重量达数千吨。大型宝船有十二根桅杆，挂有十二张大风帆，舵杆长达三十余米，而且舵是升降式的。在船舷部设有长橹，多人摇摆操控，可以在无风或者小风的情况下推动船体行进。宝船气势恢弘，在当时堪称海上巨无霸，这样的大船需要二三百人同时操控才能运行。

郑和乘坐的“旗舰”更是雄伟富丽。其上层建筑包括头门、仪门、官厅、穿堂、后堂、侧室、书房、公廨等等，雕梁画栋、舒适豪华，堪称一个浓缩版的帅府。

郑和船队中还包括战船，这些战船配备了当时最先进的武器。除了传统的冷兵器以外，还配有火药箭、火球、火枪、火蒺藜、铁嘴火鹞、大中型铳炮、铜制手铳等先进火器。船队还配备了粮船和水船，以补充船员每日海上所需。

郑和船队的人员建制完善齐全：由正使太监、副使太监、少监、监丞、内监组成领导层；由都指挥、指挥、千户、百户、旗校、军士组成海军；由阴阳官、阴阳生、火工、舵工、铁匠、木匠、余丁等组成航海技术队；由鸿胪寺官员、买办、通事组成外事队；由户部郎中、书算手、舍人、医官、医士等组成后勤保障队。

一切准备就绪，就等皇帝一声令下。永乐三年注定是不平静的一年。这一年国际风云动荡，也促使朱棣最终在这一年下达了下西洋的旨意。

朱棣即位之初，安南就一直觊觎明帝国的广西、云南地区，屡屡在西南边疆制造麻烦。建文四年（1402），帖木儿在安卡拉一战中击溃了奥斯曼土耳其，从此再无西顾之忧。他一心要恢复昔日元帝国的荣光，统率二十万虎狼之师，大举东征，妄图一举灭亡明帝国。虽然他死在了征途之中，但面对如此劲敌，朱棣也不会掉以轻心。西北方强敌压境，朱棣的战略正是通过派遣郑和下西洋，来加强与印度西岸各国的联系。一旦明朝和帖木儿帝国开战，印度西岸各国结成联盟，可以从侧后牵制敌军。

关于郑和下西洋的目的，清修《明史》中提出两点：一是朱棣怀疑朱允炆流亡海外，特意派出郑和去寻找；二是耀武扬威，展现中国的富强。关于这两点，其实并非朱棣派遣郑和下西洋的真实目的。

朱棣不太可能为了寻找朱允炆派遣大规模船队。建文帝仁柔寡断，在位期间以全国之力尚不能消灭燕王，何况失国逊位之后？朱棣对建文帝应该不至于如此惧怕，专门派出数万人的船队寻找。退一步讲，即使朱棣要寻找朱允炆，也应该派遣锦衣卫等暗中寻访，而不是大张旗鼓，造出如此浩大声势。

朱棣派遣如此大规模的船队出使，重点并不在于震撼或者征服邻国，他更多的是想跟各国建立睦邻友好关系，同时开展朝贡贸易，这一切都跟大航海时代欧洲列强的殖民行径大相径庭。所以夸示中国富强说也不确切。朱棣派遣郑和下西洋的目的，如前所述，主要是出于国家战略层面的考量。

永乐三年（1405）六月十五日，朱棣正式颁布诏书，派遣郑和出使西洋各国。太仓凭借优越的地理环境和港口条件，被郑和选定为第一次下西洋的始发港口。

在正式启程之前，郑和还有一个未了的心愿。此去西洋，路途遥远，充满艰险，他不知道自己能否安然回归。在走之前，他特意委托礼部尚书李至刚撰写了父亲马哈只的墓志铭。他无暇亲自为父亲立碑，就委托李至刚将碑文带回老家，请兄长马文铭为父亲立碑。

永乐三年十二月初，停泊在南京宝船厂下游龙湾一带的六十二艘大中型宝船出发，驰向太仓港。从全国各地卫所挑选的两万七千多名官兵齐集太仓，在此训练，很多士兵并没有出海的经历，他们需要在此接受与航海有关的严格训练，以便适应即将到来的海上挑战。

一个多月后，一切就绪。永乐四年（1406）正月这一天，郑和船队拜别了大明的父老乡亲，驰向蔚蓝大海。他先来到福建长乐的太平港，在这里做好了下西洋的最后准备。启航之前，正使郑和、副使王景弘等人率领使团成员和船队官兵，来到了长乐天妃宫祭祀天妃，他们怀着虔诚的心祈祷天妃护佑他们出海顺利，保佑他们平安归来。

他们海外航程的第一站是占城国。此时占城国的形势不容乐观。建文二年（1400）安南的黎氏篡夺了大权，他致力于对外扩张，对邻国占城和大明侵扰不已，造成了当地的局势紧张。朱棣即位后，派遣使者谴责安南侵略占城的行径。安南表面上假装恭顺，暗地里仍然加紧吞并占城的行动。

朱棣一开始希望能和平解决问题，他派人护送原国王陈氏后人陈天平回国即位，却没料想，陈天平被安南军半路截杀。忍无可忍的朱棣决心用武力解决。他于永乐四年派出成国公朱能、新城侯张辅率领大军征伐安南。

在出兵之前，郑和船队开赴占城国的行程更具有战略意义。朱棣通过占城国来华使者得知了安南国海军实力不容小觑，他们曾使用海军入侵占城。朱棣派遣郑和首站赶赴占城，正是带有军事目的。下西洋的船队是一支能胜任两栖作战的精锐海军，一旦大明与安南开战，郑和的船队可以在海上攻击安南海军，同时陆路可以借道占城从侧后攻击安南，并配合由广西、云南入境的明军。

郑和船队在休整期间，已经发生了安南截杀陈天平之事，大明与安南之战一触即发。永乐四年四月，朱能、张辅率大军讨伐安南，此刻郑和正在占城国访问，同时派强大的海军在安南至占城一带海域巡弋，随时准备配合陆军的军事行动。

安南之战中安南海军并没有什么行动，加之大明军队进展顺利，郑和的海军并没有用武之地，不过，船队给安南国造成的强大压力也是不可忽视的。郑和船队于永乐四年五月结束占城的访问后，一路航行，历时二十多天，到达爪哇国。此国即为今天印度尼西亚的爪哇岛，当时在南洋地区是势力强大的国家。

爪哇国当时分东西两部，由两王统治。东西两王相互攻击，东王战败被杀。郑和船队登陆之地正是东王属地，官军上岸贸易，却遭到了西王军队的突袭，明朝官兵一百七十多人遇害。郑和得知消息后，强压怒火，派人将此事立刻奏报朝廷，请示下一步的行动。

西王都马板担心明朝兴师问罪，连忙派人前来谢罪。朱棣对使者怒斥一番后，勒令他们赔偿死难军士黄金六万两。此刻，明朝大军征伐安南震动了整个东南亚，各国对大明畏惧不已，西王都马板既然已经认罪，朱棣从大局考虑，不再采取军事行动。

郑和在爪哇国期间，加强与当地华侨的团结，同时大力发展与爪哇国的友好关系，船队人员也借此机会开展贸易活动。爪哇国的行程结束后，郑和船队经旧港来到满剌加。满剌加之前备受暹罗欺凌。永乐元年，朱棣曾经派遣宦官尹庆出使满剌加，满剌加酋长拜里米苏拉借机遣使随尹庆回朝进贡。

永乐三年九月，朱棣下诏书封拜里米苏拉为满剌加国王。此时，郑和来到满剌加，一项重要任务就是代表明朝册封拜里米苏拉为王，同时赐予诏印。郑和满剌加之行，还有一项任务就是建立一处据点，以便于能借助一年一度的季风，远航南亚和阿拉伯诸国。满剌加国王很爽快地协助郑和船队在满剌加建立航海基地。

郑和在满剌加留下部分官兵建造房屋库藏，然后继续率领船队前往苏门答腊。之前此国备受爪哇国侵扰，这一次郑和秉承朱棣旨意，封宰奴里阿必丁为国王。为了表示感激，苏门答腊国王应允明朝在此建立航海基地，并建立官厂。

郑和船队之后相继访问了南渤里、锡兰国、小葛兰国、柯枝国，最后驰向了此次行程的最后一站——古里国。古里国是古代印度半岛西边一大商港，是东西方贸易重要的中转站，也是西洋各国中实力较为强大的一个。永乐元年，宦官尹庆曾经出访古里，酋长沙米的也派遣使者随尹庆一行访问大明。永乐五年（1407），郑和来到古里，宣读了朱棣册封沙米的为古里国王的旨意。郑和着重发展与古里国的友好关系，为在印度半岛建立航海基地奠定基础，同时也可以加强与西亚各国的海上贸易。

郑和一行在古里期间，感受到当地淳朴的风俗民情，同时又大力宣扬大明的礼教。他在古里立石题词："其国去中国十万余里，民物咸若，熙皞同风，刻石于兹，永昭万世。"表达了大明愿与各国共享太平之福，一同沐浴永乐盛世的美好愿望。

郑和船队结束古里之行后开始返程，谁也没有预料到，返程途中，一场惊天阴谋正在等待着郑和和他庞大的船队。原来郑和经过旧港时，当地的海盗头子陈祖义为患海上，对当地的经贸造成了极大的破坏。郑和一开始想和平解决问题，于是对陈祖义进行诏谕。

陈祖义表面上接受诏谕，背地却密谋劫掠郑和船队。郑和船队在旧港停留时间很短，所以陈祖义只好等船队返回旧港时下手。陈祖义召集党羽，打算在深夜船员酣睡之际，发动突袭。他还暗中派人窥探郑和船队的底细，随时准备下手。

幸好，旧港当地华侨施进卿及时告知了郑和这个阴谋。其实郑和早就对陈祖义暗中提防，得到密报后，他立刻召集将领商议作战方案。郑和曾经追随朱棣参加靖难之役，有一定的军事才能，他排兵布阵：天黑之前，船队保持原有队形不变，摆成一字阵，给陈祖义以毫无防备的错觉。夜色降临之后，船队迅速改变队形，呈张开的口袋状排列，等着陈祖义上钩。

陈祖义从远处窥探到郑和船队所在海域漆黑一片，以为他们都已经沉沉入睡。他亲自带领海盗分乘小船，悄悄地杀向郑和船队。当海盗船进入了官军的埋伏圈，还不等他们偷袭，只听得一声炮响，郑和船队已经将海盗船团团包围，各种火器一齐开火，加之漫天弓箭齐发，海盗伤亡大半。官军们奋勇无比，他们跳上海盗船，挥刀斩杀海盗。

一场激战下来，陈祖义前来劫掠的十七艘战船被烧毁十艘，其他七艘被俘，海盗五千多人被全歼，陈祖义则被生擒活捉。这场歼灭战打得畅快淋漓，一举解决了困扰旧港海域多年的盗患。这也彰显了郑和船队的作战能力和郑和本人卓越的军事才能。

事后，明朝在旧港设置了旧港宣慰司，让施进卿担任宣慰使。从此，旧港成为了大明朝的海外“领地”。旧港宣慰司的设立也为日后明朝与海外诸国开展大规模贸易提供了良好条件。

郑和船队在结束此战后，顺利返回祖国。跟随郑和下西洋的官兵们不仅享受了官府和亲人们隆重的欢迎，还有的官兵把自己购买的海外特产，如胡椒、安息香、丁香、乳香、西洋布、玻璃器皿、珍珠、玛瑙等珍奇物品拿到市场上交易，有的人甚至因此致富。

明初的海外贸易跟历朝相比，有其特殊的历史背景。明太祖朱元璋在夺取天下的过程中，相继消灭张士诚、方国珍等劲敌，但是他们的残余势力逃亡近海岛屿，并勾结日本倭寇，频繁侵扰沿海地区。朱元璋派遣汤和、周德兴等大将在东南沿海地区严密布防，同时严禁沿海地区居民私自出海贸易。与此同时，政府主导的海外朝贡贸易却在不断发展。朱棣即位后，下令在福建、广东、浙江市舶司设立驿馆，对海外各国贡使来华贸易，采取热烈欢迎的态度。

郑和第一次下西洋与诸多国家开展了贸易，从各国获取了大量的珍稀特产和奇珍异宝，获得了相当可观的盈利。

永乐五年（1407）九月，龙江天妃庙建成，与此同时，郑和奉命第二次出使西洋。四十八艘大中型宝船从南京龙江湾出发，驶向太仓刘家港。在这里，船队短暂停泊休整，与等候在此的船队会合，一百多艘巨舰，载着两万七千五百多名使团成员，浩浩荡荡奔向大海。

这一次航程到达暹罗国。当时暹罗与占城、苏门答腊等国发生了严重争执，它自恃强大，随意欺凌两国，造成了东南亚局势动荡。这次大明船队到来，郑和奉敕对暹罗国进行了谴责。暹罗国慑于明朝强大的国力，加之郑和一行人对之晓之以理，动之以情，国王自知理亏，表示认罪。郑和拜谒暹罗王城最大的佛寺，这也加强了明暹两国的友好联系。

这一次下西洋期间，还发生了一件盛事。使团的王景弘带领分舰队访问渤泥国，封麻那惹加那乃为渤泥国王。永乐六年（1408）八月间，渤泥国王带领王妃和侍臣来到大明回访。这是明朝开国后第一次有外国国王来访。他们受到了朱棣的盛情款待。

不过，天有不测风云，国王麻那惹加那乃不幸病逝在南京。临终之际，他嘱咐下属一定要世世代代铭记大明天子的恩德。渤泥国王被朱棣下令葬在南京城南的石子岗。朱棣封国王之子遐旺为新王，封渤泥国山为“长宁镇国之山”，并亲自为之撰写碑文。

郑和船队访问占城、暹罗、爪哇、满剌加等国之后，转行印度洋，达到锡兰山国。永乐七年（1409）七月，郑和船队顺利回到南京。在南京，郑和向朱棣汇报了第二次下西洋的概况。这次下西洋获得的巨额利润及与各国开展的广泛贸易，令朱棣十分满意，他要求郑和抓紧准备第三次下西洋。

永乐七年十月初一，郑和率领四十八艘宝船组成的庞大船队，从南京启航，开始了第三次下西洋的航程。

在太仓准备出海期间，郑和还选拔了下西洋需要的各类人才。比如费信，他作为船队的翻译入选。他把自己的后半生献给了下西洋事业，并且根据自己的航海见闻，写下了《星槎胜览》，这成为研究郑和下西洋的重要史料。

当船队来到锡兰山国时，谁也没有预料到，在这里，船队将经历一场战火的洗礼。锡兰山国王亚烈苦奈儿拥有五万大军，经常出兵劫掠来往使者，还侵扰邻国，在南亚为霸一方。郑和船队来到该国，一项重要使命就是宣谕国王，不要恃强凌弱，要与各国和谐相处。其实郑和第一次来到锡兰山国的时候，亚烈苦奈儿就有加害之意。这一次，他出兵对郑和船队进行了小规模的骚扰。大明官兵愤怒不已，一致要求出兵惩罚锡兰山国。

郑和考虑到船队里还有各国访华的使者，如果开战，会影响后续访问各国的行程，于是力劝大家要以大局为重，先去完成剩下的访问任务。官兵们听从了郑和的建议，船队来到了甘巴里、小葛兰、柯枝国、古里国等国家，进行了外交和贸易活动。

郑和在古里忙着开展贸易活动时，锡兰山国却派出使者求见郑和。使者首先表达了悔罪之意，国王对于士兵与明军发生冲突之事表示道歉，而且国王愿意接受册封并向明朝进贡。俗话说，无事献殷勤，非奸即盗。亚烈苦奈儿打探到郑和船队携带了大量的金银珍宝，垂涎于这些宝物，他打算假装道歉，诱骗郑和船队到锡兰国，再乘机下手。

郑和想到能不战而屈人之兵，是最好的结果，于是船队返程经过锡兰山国时，郑和提出要觐见国王。国王却不接见，而是让其子向郑和索要宝物，被郑和断然拒绝。亚烈苦奈儿大怒，派出军队，准备强行劫掠郑和船队。面对数量占优势的敌军，郑和冷静思考，他认为敌人倾巢而出，国内必然空虚，决定出兵攻其国都。

郑和亲自率领两千多官兵，趁夜抄近路攻入了锡兰山国王城。这次斩首行动相当顺利，还在做着美梦的亚烈苦奈儿，及其一班高层官员被明军一举俘虏。捉拿国王后，郑和命令官兵坚守王城。国王派出劫掠郑和船队的大队士兵听说国王被俘，连忙从四面八方赶来，将王城围了个水泄不通。经过六天的围攻，锡兰山军队一无所获，损失惨重。

围城第七日，郑和押解着国王等一干俘虏，冲出城门，经过一番血战，终于返回了宝船。郑和下令船队启航回国。这一次锡兰山之战，明军两千多人对战五万敌军，却能突围成功，实属不易。由此也可见，郑和船队官兵彪悍的战斗力。

在如何处置亚烈苦奈儿的问题上，明朝君臣产生了分歧。不少大臣主张诛杀锡兰山王，以儆效尤。而朱棣从大局出发，认为他毕竟是一国之君，若将其诛杀，会严重影响大明和锡兰山国之间的关系。朱棣又考虑到他是因愚昧无知犯了错误，最终，还是将他释放，让其暂时居住在中国。

对于锡兰山国王之位，自然不能由其继续担任。朱棣选择了耶巴乃那做新一任国王。新任国王对大明十分友好，多次派遣使者前往中国朝贡。锡兰山之战的胜利，使得南亚海域的海盗问题最终得以解决，大明在海外的声威日隆。

第三次下西洋结束，郑和回国，这一次在国内停留时间较长。这跟朱棣对第四次下西洋的要求有关。他希望郑和的船队能航行得更远，去往古里以西的国家。

郑和第四次下西洋的人数又创新高。船队由一百多艘巨舰组成，航行人员达到了两万八千五百多名。这次出使的正使依然是郑和和王景弘两人。永乐十年（1412）十一月，朱棣下达了第四次下西洋的命令。郑和一行人在长乐驻泊一年之后，经过精心的准备，于永乐十一年（1413）冬季，驰向占城国。

在访问过南亚、东南亚诸国后，郑和、王景弘等船队主要领导人决定由郑和率领主船队从锡兰山的别罗里港口直接横穿印度洋，到达非洲国家访问。郑和主船队扬帆起航，开始了横渡印度洋的壮举。途中，郑和船队来到了一个称作“溜山国”（今马尔代夫）的国家。郑和拜访了国王优素福，赠送给他丰厚的礼品。

郑和船队离开该国不久，在海上遇到了风暴。经过艰苦的航行，船队终于穿过风暴区，继续前行。郑和船队到达非洲，访问的第一个国家是木骨都束。郑和庞大船队的到来，震撼了这个国家。木骨都束国王举行了盛大的庆典，欢迎郑和船队来访。郑和使团在木骨都束开展贸易活动，获取了大量的非洲特产如龙涎香、象牙等，以及当地野生动物。木骨都束之行后，郑和使团又先后访问了卜剌哇、竹步、麻林等非洲国家，同各国建立了友好关系。

其实，按照当时郑和船队的先进航海技术，驶过好望角，直接沿着非洲海岸北上，到达欧洲是完全可以做到的。但是，欧洲的毛织品和酒类等物产，明朝人并不感兴趣，而且当时的欧洲刚刚经历了黑死病的洗礼，贫瘠落后。相比来说，明朝人对物产丰富的非洲更感兴趣。

在这次下西洋结束后不久，非洲的麻林国派遣使者来到大明，进献了瑞兽“麒麟”，也就是长颈鹿。这件事轰动了明朝上下。自古以来，麒麟在中国就是祥瑞的象征，这次海外国家不远万里来到中国献上“麒麟”，表明大明的声威远播海外，正是国力强盛的象征。

永乐十三年（1415）十一月，朱棣亲自在南京奉天门主持迎接麻林国使臣的大典。郑和也陪伴各国使节，目睹了这一盛况。虽然已经获得了空前成功，但朱棣的下西洋宏图并没有停止。永乐十四年（1416）冬，朱棣再次命郑和第五次下西洋。

这次使团有巨舰一百多艘，人员两万七千四百人。永乐十七年（1419）七月，郑和回国，圆满完成了第五次下西洋的任务。

郑和一般被人称作三宝太监，三宝为何？永乐十八年（1420）五月，郑和捐赠云南五华寺，当时他写了一篇发愿文，提到三宝这个词。此乃佛家之语，佛家以佛、法、僧为三宝，因为佛说法而僧又保守之，所以尽皆为宝。郑和信佛，在发愿文中提出“常叨恩于三宝”，所以宫内都称呼他为三宝太监。

永乐十九年（1421）正月三十日，郑和又开始了第六次下西洋的航程。这次下西洋使团除了郑和之外，还设有六位副使太监，他们是洪保、孔和卜花、唐观保、李恺、杨庆、杨敏。这也是永乐时代最后一次下西洋，主船队到达满剌加、苏门答腊访问，分船队前往各国访问。船队共访问三十六个国家。郑和主船队永乐二十年（1422）回国后，其他分船队还在海外继续他们的航程。杨敏的分船队直到洪熙元年（1425），还航行在乌龟洋，他们对国内朱棣去世的消息茫然无知。

各个分船队中航行时间最长的达四年之久，最南的到达了今澳大利亚沿海地区，最西的可能绕过了好望角，已经到达了非洲西南沿岸。

第六次下西洋之后，郑和为了解决旧港宣慰使继承问题，又专门去了一次旧港。在旧港期间，郑和得知了朱棣在榆木川驾崩的消息。他既悲痛万分，又忧心忡忡，他不知道新帝对下西洋事业的态度，对未来，他心中一片茫然。随后的事实证明，郑和的担心不是多余的。明仁宗朱高炽即位，这位新皇帝喜静不喜动。

他支持文官们的主张，以儒家仁政治国，曾亲自去监狱释放了因触怒父皇而被下狱的户部尚书夏元吉。

仁宗听从夏元吉的主张，于永乐二十二年（1424）八月下诏，宣布停止下西洋。郑和被朱高炽任命为南京守备太监。郑和花费了不少力气，终于说服皇帝保留了下西洋的船只，它们被完好地封存在了龙江湾，下西洋的官兵建制也得以完整保留。郑和依然统领着全体下西洋的官兵，担负着镇守南京的职责。之前郑和忙于下西洋事业，常年奔波于海外各国，现在他奉命镇守南京，终于有机会享受一段难得的平静时光。

朱高炽有还都南京之意，因此命令郑和和王景弘对南京的宫殿、天坛等处进行修缮。修缮的工作延续到仁宗驾崩之后，宣宗又命从原先参加下西洋的官兵中抽出一万多人，参加南京各项工程的修缮。

在南京各项修缮工程中，大报恩寺是最引人注目的。这座朱棣为了报答生母养育之恩而建的佛塔，从永乐十年（1412）到宣德三年（1428），整整经历了十六年，才彻底宣告完工。这座宏伟建筑的完成，凝聚了郑和的心血，而大报恩寺也被此后来华的欧洲人称作世界奇观。

在南京的岁月里，虽然清闲而祥和，郑和却一刻也没有忘记历次下西洋的点点滴滴。他不甘心这项伟大的事业就此终止，随着自己年龄越来越大，他深感如果再不抓住机会，恐怕此生再也无缘继续。郑和曾经劝说宣宗继续进行下西洋的伟业，可是文官们反对声四起。夏元吉和黄骥都以下西洋劳民伤财为辞大力反对。

尽管第七次下西洋遥遥无期，郑和、王景弘等人还是收集了航海图，整理成全幅下西洋航图。他们即使无缘再下西洋，也要给后人留下宝贵的资料，期待有朝一日后人会继续他们的伟业。

宣德五年（1430）正月，户部尚书夏元吉病逝。他是反对下西洋最坚决的代表人物，他一死，朝中反对下西洋的文官们失去了主心骨。同时，明朝的国际形势也发生了一系列变化。

六月初九，宣宗正式下旨，派遣郑和第七次出使西洋各国。宣宗本次派遣使者，也有为了将自己即位的消息告知各国，重现皇祖朱棣永乐年间海外来使盛况的目的。

郑和和王景弘受命为船队领导人。在正式出海之前，郑和奏请宣宗重修南京净觉寺。这一次下西洋，船队包括巨舰一百多艘，船员两万七千五百五十人。

宣德七年（1432）七月八日，郑和船队到达了满剌加。郑和宣读了宣宗的敕书，表达了明朝对于解决满剌加和暹罗之间纠纷的态度和立场。经过郑和一个多月的外交斡旋，终于帮助满剌加解除了来自暹罗的威胁。离开满剌加，郑和主船队和分船队又造访了苏门答腊、榜葛剌国、锡兰山、小葛兰、柯枝国、忽鲁谟斯、天方国等地。

郑和船队与亚非多个国家开展了广泛贸易，马来半岛和阿拉伯半岛为其在东西方的两大主要贸易区。满剌加是东南亚的商业中心，也是郑和建立航海贸易基地所在；忽鲁谟斯作为中世纪著名的国际贸易中心，也是郑和远航的航海贸易基地。两大贸易基地的建立，对于海上丝绸之路的建设起到了巨大的推动作用。

宣德八年（1433）四月初，郑和在古里病逝，第七次下西洋遂成为绝唱。王景弘带领船队完成了剩下的航程，最终于宣德八年六月回国。之后，明朝虽然屡次有人（多是宦官）建议皇帝再下西洋，但是最终都无法成行，下西洋成为历史的记忆。为何郑和之后，再无郑和呢？

有一种观点认为，下西洋终止是因为明朝的海禁政策和闭关锁国。下西洋之前、过程中和之后，明朝都有海禁，海禁并不是针对下西洋而定。海禁禁止的不是政府层面的大规模远航。郑和下西洋结束后，市舶司仍然在运转，朝贡贸易也从来没有停止过。

在明朝初期，朝贡贸易和海禁是明朝对外政策的两个方面，二者并行不悖。一方面，明朝政府主导开展与海外各国的邦交和贸易关系，即朝贡贸易层面；另一方面，对民间海外贸易，政府坚决打击走私活动，禁止中外私人贸易。洪武四年（1371）十二月，明太祖出台海禁政策是因为当时的特殊背景。方国珍和张士诚虽然被消灭，但是余党流落沿海岛屿，并勾结倭寇频频入犯。对海上安全的关注，成为海禁政策出台的一个重要因素。

对于明朝政府来说，开展朝贡贸易百利无一害。朝贡贸易可以树立明朝的国际威望；可以互通有无，实现物资交流；可以获得安定的国际环境，减少战争；国家垄断海外贸易，还可以获取更多利益。

海禁并不源于明朝，之前历朝历代都有禁止私人走私贸易的条文，元朝也存在四次海禁。所以说，郑和下西洋终止于海禁是无稽之谈。至于闭关锁国，看一看永乐年间及之后海外贸易的盛况，就知道这种说法并不成立。那郑和下西洋是不是因为耗费巨大，从而导致朝廷物力不支呢？

成化、弘治年间的名臣刘大夏曾经说，郑和下西洋耗费了钱粮数十万，军民死者上万，纵然得到宝货，又于国家何益？但事实并非如此，郑和下西洋带回大量的胡椒、苏木。第一次下西洋结束后，每斤胡椒在中国的价格是原产地的十倍。明朝政府获利巨大，并开始以胡椒、苏木折俸，发给官员和士兵。

宣德九年（1434），在宝钞严重贬值的情况下，政府依然以每斤胡椒折价一两银的比价折俸，明朝政府也从中获取了高额利润。用胡椒和苏木折俸，并作为货币替代品，从而力图缓解钞法失败带来经济危机的做法，一直持续到成化初年。

当然不可否认，郑和下西洋确实耗费巨大，但是国家从中获利更多，不是下西洋导致了国家物力难继，而恰恰是停止了下西洋，才导致了国家的财政危机。宣德年间，工部尚书黄福就拿永乐年间说事儿，说那时候迁都北京、征伐安南、北征蒙古等都耗费巨大，但是国家财政也没有困难；而宣德朝国家没有多大耗费，却发生了财政困难。这也从一个侧面说明郑和下西洋给明朝带来了巨额收入，从而得以维持各项重大工程。

天顺二年（1458），有太监上奏英宗说，自从停止下西洋近三十年来，国家府库衰竭，出现了财政危机。可见，耗费巨大导致下西洋难以为继的说法也不确切。那到底是什么原因，使得下西洋这项伟大的事业终止了呢？

一方面，郑和下西洋使得宦官的势力进一步增长。郑和船队的正使、副使等主要领导人员，基本由宦官担任。这样一支庞大船队，包括了两万多名帝国最精锐的海军战士，都统一在宦官集团的领导之下。而且海外邦交的巨大成功，也使得作为使团领导人的郑和等宦官威望日增。

另一方面，朝贡贸易带来的繁荣，也凸显了市舶司的重要性，而掌管市舶司事务的也正是皇帝外派的宦官。面对永乐朝宦官集团突飞猛进的发展势头，文官集团给予了有力反击。宣宗即位后，翰林院编修周叙就建议杨士奇联络朝中重臣，劝说皇帝剥夺宦官集团的采办和下西洋等权力，只保留镇守之权。文官集团对下西洋事业的强烈反对，其实也有打压宦官势力的意图在内。

最重要的是，以物代俸，严重损害了文官集团利益。本来明朝与历代相比，官员实行的就是低俸制。永乐年间，国家为了解决钞法危机又开始以胡椒、苏木折俸。这些奢侈品虽然价格昂贵，但是官员领到这些东西以后，还需要变卖才能获取生活用品，无疑给他们增加了麻烦。而更糟糕的是，随着胡椒、苏木大量涌入，它们也开始贬值，这样一来，折俸的官员们经济利益受到了侵害，他们的生活受到严重影响，自然会对“罪魁祸首”的下西洋事业群起而攻之。

郑和下西洋引起的地缘政治经济格局的变化，也是一个重要原因。郑和下西洋带动了满剌加的崛起，满剌加已经成为了中国和印度、西亚乃至非洲之间最重要的贸易中转站。这样一来，满剌加作为中央集散地，相当于拉近了中国和海外市场的距离。因此，明朝不必舍近求远，再去下西洋，而只需要通过满剌加这个商品中转站，即可实现海外贸易。而之后的史实也验证了这一点，中国沿海地区移居东南亚的人越来越多，并且他们大力发展海外贸易，实际上从另一个层面继承了郑和的事业。

靖难之役中的军功宦官

很多人对明代宦官的了解，主要来自影视剧。例如电影《新龙门客栈》中的曹少钦（当然此公有历史原型，就是英宗朝大太监曹吉祥）、《龙门飞甲》中的雨化田等，这些太监在电影中，无不武功高强，令人畏惧。而在明代历史上，确实有一批宦官能在战场上搏杀，武艺超群。甚至在一个时期，还形成了一个群体，这就是军功宦官集团！

明代宦官来源十分广泛，除了汉族之外，还有蒙古、女真、瑶、回、苗等民族；除了明朝境内之人外，还有来自安南、朝鲜等国的人。在靖难之役中，燕王府中的内官们奋勇作战，立下赫赫战功。例如女真人王彦、王安、刘通和刘顺兄弟，西番人孟骥，回族人郑和、李谦，蒙古人云祥、田嘉禾等。

王彦，建州松花江人，原名王狗儿。王狗儿之父名叫萨里蛮，明初他率部归附明朝，王狗儿则自幼侍奉燕王。作为燕王府旧阉，王狗儿在靖难之役中身先士卒，攻城夺寨都是一马当先，立下了大功。如建文二年（1400），朱棣在山东对战盛庸时，派遣都指挥朱荣、刘江和内官王狗儿率领三千精锐骑兵偷袭朝廷军。此战，燕军大胜，斩杀朝廷军数千人，并俘虏了高级将领多人。建文四年（1402）的淮河之战中，王狗儿与陈文配合，突袭朝廷军营，取得了辉煌战果。

朱棣称帝后，给王狗儿赐名王彦。永乐初期，王彦被派往辽东镇守。在镇守期间，他多次配合永乐帝的远征行动，并且护送朝鲜世子入明朝朝觐。总体来说，王彦镇守辽东三十多年，屡次立下战功，为辽东边疆的安定做出了卓越贡献。王彦曾被皇帝赐妻吴氏，并拥有大量田园和奴仆。他信仰佛教，在镇守辽东期间，大量兴建佛寺。正统年间，他被调回北京，又祈请朝廷在昌平兴建佛寺，即为广宁寺。

刘通、刘顺兄弟在永乐至宣德朝的政治军事舞台上扮演了重要角色。二人出身女真三万户大族，父亲阿哈，母亲李氏。当时，恰值时为燕王的朱棣在北边大建奇功之际，朱棣乘着朝廷招抚三万户，女真部落多归附于新建的三万卫之时，在这些内附的女真人中招募精壮人马，并阉割了其中年幼的女真男孩作为心腹内侍，以备将来不时之需。其中就有刘氏兄弟二人。二人幼年被阉，却也是精于骑射，加之朱棣着力培养，渐渐成为孔武有力的壮士。

靖难之役时，刘通十八岁，而刘顺只有十五岁，兄弟二人可谓少年英武。他们在夺取北平九门的战斗中脱颖而出，令朝廷军胆寒。随后兄弟两个追随朱棣，几乎参加了靖难之役中大大小小所有的战事。兄弟二人不但武艺超群，还是朱棣得力的情报助手。他们安排眼线，刺探朝廷动向，建文朝廷的一举一动几乎都在他们掌握之中。

在攻入南京皇宫之后，刘通还被朱棣秘密委以重任。其墓志有载“肃清宫禁”！很显然，朱棣交给他的任务就是寻找朱允炆的下落！刘通带人闯入南京皇宫，发现了一具焦黑的尸体，身下还有一块玉佩。他实在无法辨认，但是又想到主子的要求，于是他回报朱棣说这具尸体就是朱允炆。

对刘通兄弟的表现，朱棣是满意的，他称帝之后，授予刘通正五品的尚膳监左监丞，刘顺正五品的御马监左监丞。兄弟二人在仕途上开始平步青云。

刘顺在永乐四年（1406）出镇辽东。永乐六年（1408），他又负责防卫沿海。在这一年与倭寇的安东之战中，他表现勇武，与倭寇奋战一昼夜，将敌人击退。永乐时，北边蒙古分裂为鞑靼、瓦剌、兀良哈三部，其中鞑靼、瓦剌是明朝的劲敌。永乐七年（1409），朱棣派遣淇国公丘福出战漠北，结果轻敌冒进的丘福在胪朐河遭遇鞑靼骑兵包围，几乎全军覆没，丘福战死。当时，刘顺也跟随大军出征。在敌军重重包围之中，他率领所部死战，遭敌酋葛孩追击，刘顺弯弓搭箭将葛孩胯下战马射死，敌军才退去。刘顺最终得以率领部下逃脱。

永乐八年（1410）二月，朱棣第一次亲征漠北，刘顺随驾出征。他追击敌酋本雅失里，随后又与东路克台哈答答诸部作战。在战斗之中，他下马迎敌，身上受伤达五十多处，却是越战越勇，最终将敌军击败。永乐十二年（1414），跟随朱棣亲征的刘顺又在九龙口遭遇瓦剌骑兵，刘顺战马被杀死。他步战敌军，亲手射杀敌军首领，又率领大军将瓦剌军击溃。永乐十八年（1420），刘顺在开平又俘虏鞑靼知院满子台等敌军首领十多人。永乐二十二年（1424），刘顺在征伐兀良哈之战中，擒获了酋长孛克扯儿等五人，并射死敌酋一人。朱棣因其战功卓著，将刘顺晋升为御马监太监。

弟弟威武，哥哥也不遑多让。在朱棣亲征朔漠的大军中，也少不了刘通的身影。永乐八年，刘通在儿威河之战中，与鞑靼军大战三日，斩敌无数，最终击败了敌军。敌军败退，刘通却没有认为这是结束，于是壮观的一幕出现了：为了加快速度，刘通把自己坐骑的马鞍扔掉，轻骑独自追赶逃亡的鞑靼军，一直追击了七十多里地，生擒两名敌军而回！

永乐十二年在九龙口，刘通与瓦剌军遭遇，他打败敌军，亲手擒获了两名敌酋。此战后，刘通被晋升为直殿监太监。永乐二十年（1422），舍儿墩之战，刘通获得战马三千余匹，牛羊二十多万。

在多次追随朱棣北征的过程中，刘氏兄弟神勇无比，立下赫赫战功。为了表示嘉奖，朱棣赐予刘通府邸，并且许配王氏之女为其妻子。要知道，在洪武朝，如果宦官胆敢娶妻，是要剥皮实草的！刘通在前线奋勇作战，其老母却无人侍奉，朱棣为他娶妻也是为了帮其打理家事，侍奉老母，免去后顾之忧。刘顺也娶妻潘氏，并且还收养了义子。

刘通在宣德朝又跟随宣宗亲征汉王朱高煦，宣德三年（1428）又扈从皇帝出战喜峰口。其后，刘通镇守永平、山海关。宣德十年（1435）秋八月，刘通病逝家中，享年五十五岁。

刘顺在仁宗驾崩的紧要关头，被委以重托，亲率骑兵到固城迎接太子朱瞻基回京即位。其后，刘顺也参加了宣德三年征伐汉王朱高煦之战，并且在这一战中，与阳武侯薛禄一起作为前锋出征。宣德二年（1427）开平之战中，刘顺与薛禄等人再次合作，生擒敌首晃合帖木儿。刘顺深得朱棣信任，在御马监任上，一直掌管一支上千人的禁军。这支禁军由各卫所挑选出的精壮士兵再加上蒙古地区逃归的壮男组成，他们隶属于御马监，负责皇帝的保卫工作。

皇室对刘顺的信任，一直延续到了英宗朝。正统四年(1439)，刘顺不知为何，故意放走了御马监军士迭里米失，兵科给事中王永和弹劾刘顺故意纵逃之过。奏疏上达之后，明英宗却未对这位历经四朝的老太监有任何处分。

刘顺身长七尺，容貌伟岸。他临战能与手下同甘共苦，有了功劳则多归功下属，因此人人乐于为其出力。与敌军作战之时，他又气定神闲，而且善于计谋，颇有古代良将之风。他侍母极孝，对待兄长异常恭敬，侍奉在皇帝左右，办事得力，兢兢业业。正统七年（1442），刘顺病逝。

刘通、刘顺兄弟深得帝宠，平时积累的大量财富也多用于礼佛。北京法华寺就是以刘通私宅为基础建造的，并且兄弟二人以师礼待高僧，礼佛之心可谓虔诚。特殊的时代造就了这批军功宦官，他们跟随朱棣出生入死，在靖难之役中血战立功。靖难军功宦官集团从永乐延续至正统时代，为稳固明代边疆起到了举足轻重的作用。

然而，永乐一朝，宦官在政治舞台上起到的作用，并不都是正面的。也有大太监凭借皇帝的信任，暗中参与皇子夺储之争，兴风作浪，造成了政局不稳。

兴风作浪的黄俨

靖难之役时，朱棣身边有一位忠心耿耿的老内官，他就是燕王府的承奉正黄俨，也就是燕王府的大总管。他是王府的老人儿，伺候朱棣已经二十多年，鞍前马后，尽心尽力。朱棣对他也十分信任，将王府内大小事务都交予他打理。

黄俨虽是奴仆，但因为其资格老，又掌管王府诸事，王府上下并无人敢小瞧他。建文三年（1401）七月，正值朝廷军队大举围攻北平之际，城内混入了一名朝廷的内探，他就是锦衣卫千户张安。他担任着一项重要的任务，从南京临行之前，方孝孺送他出城，千叮咛万嘱咐一定要他把密信送到。

张安此信要送给燕王世子朱高炽。但是行事不密，他一进城就被朱棣的得力助手内官刘通盯上了。刘通第一时间请示黄俨是否要抓捕张安，黄俨却叮嘱他先紧密关注张安动向，不要打草惊蛇。另一方面，黄俨亲手写了一封书信，派义子王彦将此信送往朱棣军中。

朱棣此刻正在北平南郊大营内，王彦将黄俨的亲笔信呈送朱棣过目，暗中窥视王爷表情，发现朱棣神色越来越差，最后“啪”的一声，将书信重重拍在桌上。他大怒道：“我早该料到逆子如此！”

原来，黄俨的书信中将朝廷内探张安到达北平城一事做了详细汇报，并点明张安的密信正是要送给世子朱高炽！朱棣对世子的不满由来已久。朱高炽仁柔，加之身体肥胖，走路吃力，一副病态，跟朱棣一点也不像。而且在朱棣兴兵靖难之前，众将纷纷表示要与朝廷决一死战，而身为世子的朱高炽，却主张上疏朝廷申辩，这样一种不决绝的态度，让朱棣十分不满。如今在自己与朝廷军作战的紧要关头，他竟然暗中与朝廷内探来往，这是要来个里应外合，把自己一网打尽吗！

想到这里，朱棣再也抑制不住内心的愤怒，他大吼道：“你既不仁，别怪我不讲父子之情了！”大帐之中的文武官员，纷纷替世子捏了一把汗，大家都知道朱棣乃是杀伐果断之人，难道父子相残的人伦惨剧就要上演了吗？

此刻，却有一人内心狂喜不已，他就是朱棣的二子——朱高煦。跟仁柔的大哥不同，朱高煦善于骑射，作战勇敢，曾在战场上救下朱棣的性命。朱棣对世子不满，早有易储之心，对此朱高煦心知肚明。他对世子之位觊觎已久，现在只要坐实了大哥勾结朝廷的罪名，世子之位非自己莫属！

但朱高炽也并非等闲之辈，张安将密信带给他时，朱高炽十分震惊。不过在震惊之余，朱高炽立刻做了一个正确无比的决定：将张安当即捉拿，跟那封没有拆封的密信一并带到朱棣军中。朱棣打开信件，原来此信是建文帝身边的大臣方孝孺所写。信中以忠义激励朱高炽，劝说其改旗易帜，投靠朝廷，事成之后，朱高炽会被封为燕王。朱棣恍然明白，这是朝廷的诡计，要离间他们父子，让其自相残杀。

此事暗藏玄机，黄俨跟朱高煦走得很近，如果世子得祸，黄俨也是受益人。在密信事件中，黄俨扮演的角色就很值得深思了。

靖难成功，朱棣登上龙位，黄俨也晋升为司礼监太监。他受命多次出使朝鲜，在朝鲜搜求美女，并暗中索贿，给朝鲜造成了不小的扰乱。并且在朱棣后宫之中，黄俨挑拨离间，也酿成了朝鲜美女吕美人被诛杀的惨案。

永乐朝政治波诡云谲，原先被众人看好的朱高煦渐渐也失去了朱棣的欢心，在一班近臣的力劝之下，朱棣终于还是维护了朱高炽的太子之位。

黄俨眼见得老皇帝朱棣身体每况愈下，太子即位是早晚的事情，而太子即位，自己肯定下场不妙。他想到了三皇子赵王朱高燧，于是又把宝押在了赵王身上。

早在燕王府时，黄俨与朱高燧就有师生之谊。如今他更是力挺三皇子，期待有朝一日，能劝说老皇帝再次改变主意。朱棣晚年疾病缠身，将政务交给太子处理，父子之间却很少见面。于是，黄俨抓住机会，在朱棣面前污蔑太子。而皇太子朱高炽面对危局，处之以静，他对父皇愈加恭顺，逆来顺受，一丝也没有表现出对父皇的逆反。

这般孝顺，让那些污蔑太子的谣言不攻自破，正是这种忍常人不能忍的功力，才使得朱高炽保住了自己脆弱的太子之位。而黄俨、江保等人不停地在老皇帝面前诋毁太子，虽然没有撼动太子之位，却间接促发了一场胎死腹中的宫廷政变。

这次政变的主谋是指挥孟贤、都知监太监杨庆的养子、钦天监官员王射成，他们计划谋杀老皇帝朱棣，然后拥立赵王朱高燧即位。一切都在紧锣密鼓的筹划之中，幸好，有个小人物改变了历史。他就是总旗王瑜。得知消息的他及时告密，让这场政变被扼杀在了萌芽状态。

赵王虽然不知情，却也被朱棣狠狠训斥，从此之后，他收敛了夺储之心，乖乖地做王爷。而黄俨在此事中，极力维护朱高燧，保他安然无恙，但是自己的政治赌博却因为这场乌龙政变而彻底失败。

最大的受益者是太子朱高炽，父皇对三弟彻底失望，也不再信任黄俨等人，他的太子之位算是彻底保住了！政变之后一年，朱棣在远征途中病故，太子朱高炽顺利即位。老好人朱高炽掌握了皇权，并不打算再忍让了：太监黄俨、江保被诛杀，一段永乐朝宦官祸政的历史也宣告结束。

北征中的宦官

朱棣为了解决北边蒙古问题，五次亲征漠北，每一次身边都有大量宦官跟随。前面我们讲了军功太监刘通、刘顺、王彦等人的事迹，下面，我们重点讲一讲另外两名宦官。

第一位是沐敬。此人原是建文帝身边的内官，之后投靠了朱棣才得以发迹。朱棣晚年频频征伐漠北，尤其是永乐二十二（1424）年最后一次远征，明军在一望无垠的荒漠之中，搜寻了四十多天都没有看到蒙古人的影子。

每次亲征，朝廷都要征用大量的人力物力，光是随军服役的民夫动辄都以数十万计。国家负担沉重，文官们屡屡劝说皇帝，有的人甚至因此被关入大狱。比如这次亲征之前，户部尚书夏元吉表示出对后勤粮草供应的担忧，就被暴怒的朱棣关入监狱，朱棣临行前还撂下一句狠话："等我奏凯回朝后，再来收拾你！"

眼看这次远征又要劳而无功，身边又有人诤谏，请求皇帝班师回朝，但朱棣坚决不听，还将劝谏之人镣铐锁拿。面对此情此景，沐敬再也不能安坐了。他挺身而出，跪求皇帝回师。朱棣暴怒，大骂道：“你这个蛮子要造反吗？竟然敢这样！”面对杀气腾腾的皇帝，沐敬仰起脸，徐徐回答道：“不知道谁是造反的蛮子？”

沐敬真是大胆，居然敢揭朱棣的短。朱棣命人将他推出斩首。被五花大绑的沐敬依然喋喋不休，还在说着皇帝一定要退军之类的话。在行刑之前，朱棣突然改变了主意，他也深知沐敬劝谏是出于一片忠心。他命人释放了沐敬，还说：“如果我们家养的人都像他这样，何必担心天下不治！”沐敬敢于顶撞暴脾气的皇帝，却没有送命，除了朱棣对他的信任之外，还因为朱棣念及当年沐敬在建文宫中曾为他递送情报之功，才手下留情，饶了他一命。

由沐敬死谏的故事可知，明代的宦官有时候也会表现得铮铮铁骨，他们敢于逆龙鳞，比言官士大夫还要刚烈！此类宦官谏臣在后面的故事中，还会不断出现。

永乐二十二年的这次远征注定劳而无功，六月二十一日，朱棣极不情愿地下达了班师命令。七月十四日，身体极其虚弱的朱棣询问身边内官海寿何时能返回北京，海寿回答说至少还要一个多月。朱棣略微皱了一下眉头，轻轻点了一下头，他知道自己已经时日无多，恐怕不能返回北京了。

两天后，病体沉重的朱棣对身边近侍感叹道：“夏元吉爱我。”夏元吉之前因为反对远征被下狱，这时候，朱棣才真正感受到了老臣的忠心耿耿和对自己的爱惜。不过，一切都已经晚了。七月十八日的榆木川大地苍茫，一片萧瑟，只有几只孤雁在天空哀鸣。病榻上的朱棣用尽全身力气留下了最后的遗言：皇太子即位，丧事一切从简，遵循太祖之制。说完，他带着万般不舍永远闭上了疲倦的双眼。

此刻，知道皇帝驾崩消息的只有少数几个近侍太监和文武官员，其中就有内官监太监马云。马云出身燕王府邸内官，忠心耿耿侍奉燕王多年，眼见得主子离世，悲不自胜。担心帐外有人听见，他努力抑制自己的悲声，任眼泪流淌而下。哭罢多时，惊惶无措的马云赶紧跟大学士杨荣、金幼孜商量，大家一致认为：现在大军在外，一定要先秘不发丧，防止军心浮动。于是，一切事宜依然照常进行，只不过此刻的朱棣已经被秘密入殓了。

另一方面，杨荣请马云将朱棣临终前的传位遗命制造成册，报告皇太子。启本则委托杨荣和少监海寿先行呈给皇太子朱高炽。太监马云、御马监少监海寿跟大学士杨荣、金幼孜一起通力协作，保证了皇位顺利传承，防止了因为皇帝驾崩可能引发的政治动乱。从这个意义上来说，重用宦官的永乐大帝也可以含笑九泉了。

东厂之设

世人言及明朝弊政，常常厂卫并列，而东厂之始作俑者正是明成祖朱棣。篡位始终是朱棣一个挥之不去的污点。登基之后，朱棣一直生活在篡位的阴影之中，他内心敏感脆弱，篡逆之名时时刻刻压得他喘不过气。

为了尽量洗刷这个罪名，他励精图治，事事以父皇为榜样，又力图超越父皇。几项重大工程的开展，正是为了在历史上留下明君的美名，也许在朱棣后半生中，他最崇敬的还是唐太宗李世民。相似的登基境遇，让数百年后的朱棣对其产生了惺惺之情。

朱棣既然是通过篡位上台的，自然遭到很多建文遗臣的反对，方孝孺等人誓死不降的悲壮场景时时浮现在他的脑海中。他需要一群人监察百官，侦探反对派。他还担心文武官员哪天也效仿自己再来一次“靖难革命”。由此，一个特务机关应运而生了。

东厂的设立跟一个人的“飞扬跋扈”有重要关联，他就是锦衣卫指挥使纪纲。此人善于察言观色，办事能力超群，投靠朱棣之后，屡次立功。朱棣任命其掌管锦衣卫，纪纲因而成为了皇帝的得力鹰犬。随着权势不断扩大，他也一步步开始走向疯狂：害死大才子解缙；伪造诏书，勒索官盐四百多万；僭越，使用违制器物；阉割无辜少年百人，作为府中奴仆；更过分的是，他竟然偷偷霸占嫔妃的候选人，私尝禁脔！这些都足以构成死罪。最终，纪纲在他的酷吏价值消失之后，死在了永乐大帝手中。

纪纲时代的锦衣卫一家独大，无人监督，缉访大权集于一身。朱棣从纪纲事件中也看到了问题所在。锦衣卫之权必须要有所制衡，这也符合明朝立国后各个权力机构分权制衡的原则。于是在纪纲死后的几年之中，东厂诞生了。东厂归宦官提督，与锦衣卫相互制衡，避免其权力膨胀，不受约束。当然，另一方面，锦衣卫也制约东厂，二者相互监督。

东厂设立，就是为了监控天下文武官员，缉访谋逆造反、大奸大恶、妖言惑众之事。东厂直接对皇帝负责，东厂太监向皇帝奏事时，连司礼监掌印太监都要回避。东厂在整个明朝有功有过，它在打击、整治贪污以及监控官员不法行为方面确实也发挥了重要作用。

这样一个机构恐怕不能单单以弊政视之，它在明朝发挥更多的是权力监督的作用，是整个权力运行体制中必不可少的一环。它更多的是令不法官员胆寒，而非寻常百姓。

朱棣何以信用宦官?

永乐一朝的宦官风云故事留给人们的思考很多：为何在下西洋、征伐安南、远征蒙古、出使诸国、营造北京等军国大事中都可以看到宦官们忙碌的身影？他们全面渗透到了从中央到地方政治、军事各个层面，难道英明如朱棣，真的是一时昏庸，下了一着臭棋，以至贻害子孙江山？

很明显，朱棣信用宦官乃是出于当时特殊的政治环境。朱棣起兵靖难之时，力量薄弱，王府宦官们在与朝廷军的战争中发挥了不可或缺的作用，他们忠诚勇敢，为朱棣打江山立下汗马功劳。

朱棣登基之后，可以信用的人员范围过于狭窄。建文遗臣强烈反对他篡位，加之他自身起兵藩邸，对诸位兄弟亲王自然也是多加提防，至于外戚后妃，更是从太祖时代就明令不得干政。他手下的文官力量有限，只能依靠起兵靖难时的武将和宦官们为其治理国家。这是朱棣面临的实际形势，历史没有给他更多的选择。

明代政治体制也决定了朱棣必然重用宦官。朱元璋废除丞相，已经在政治中枢留下了权力真空。朱棣虽设立内阁填补，但内阁初设，大学士们难以进入内廷，随时听从皇帝召唤咨询。皇帝身边亲近的宦官，自然成为了参与中枢政务的人选。宦官参预中枢政务在永乐朝已经成为常态。

而且，从宦官的忠诚度和办事效率来看，任用他们也是正确的选择。通过前面的讲述，我们知道以郑和、刘通刘顺兄弟、王彦、王景弘等人为代表的一大批宦官在政治、军事、外交等领域都做出了卓越的贡献。这个群体朝夕侍奉在朱棣身边，对他忠诚，让他感觉放心。

当然，永乐一朝在信用宦官的同时，也对他们严加监督，宦官不法之事相对后世还是比较少的，这也使得整个永乐朝成为中国历史上的一个异数，宦官全面参与军国大政，却没有产生明显弊端，造成政治混乱，整个国家处于蓬勃发展之中。

风起云涌的永乐时代结束了，在朱棣子孙的太平盛世里，宦官们的表现还能如此抢眼吗？

三　治世中不甘寂寞的身影

宦官参政制度化

朱瞻基是明帝国第四代继承人，他沐浴着祖辈的荣光，既经历过尸山血海的战场，又接受过最严格最优秀的皇室教育，可谓是才兼文武。他文采卓越，画作传神，喜欢各种体育运动，骑射功夫也是相当了得，这样极具才情的皇帝，在政务处理上花费的精力，自然不如他的祖父朱棣那么多。他是帝国的幸运儿，祖、父两代给他留下了一个内无大乱、外无大患的太平江山，他只需要做一个合格的守成皇帝即可。

朱瞻基也正是这样做的，在享受快乐人生的同时，也没有让国家一团糟。其实，这很大程度上要归功于他的宦官政策。永乐一朝，宦官在军政舞台上异常活跃，国家重大的军事政治活动，都离不开他们忙碌的身影。东厂监督天下臣工，监军太监监督武将和军队，宦官使者出使邦国，这一切都让宦官的权势达到了顶峰。

只可惜，那时的宦官“参政”还没有制度化、常态化，更多时候跟朱棣的个人好恶有关。而在宣德一朝，朱瞻基从制度上让宦官切切实实成为了国家的官吏，成为了明代政治体制的重要组成部分。

朱瞻基主要通过三项制度改革，推动了宦官参政制度化的实现。第一，是司礼监批红制度化。永乐时代，宦官机构中权势最大的内官监就开始参与到中枢政务当中，内官监太监马云在处理朱棣驾崩的危机中，一度起到了主导作用。而仁宗朱高炽时期，杨士奇、杨荣等内阁大学士被重用，皇帝处理国家大政都会召集他们商讨。有时候皇帝甚至让他们将奏疏带回去拟定处理意见，这就是票拟制度的雏形。

皇帝批阅奏疏后，会用红笔在奏疏上写下意见，这就是批红，只有批红的奏疏才能对外发布生效。仁宗时代，皇帝尚能做到自己批阅奏疏。到了宣德皇帝即位后，形势为之一变。朱瞻基是才情天子，他不想每日被繁重的政务缠身，要花费大量时间在业余爱好上。于是，他想到了一个处理政务的好帮手，那就是司礼监太监。

司礼监本就负责御前文件勘合和文册管理，又有对内监察权。宣宗又将其权势进一步提高，对于政务，他会征求司礼监太监的意见，同时将堆积如山的内阁票本交给他们审阅，经过他的同意，再将内阁票本批红。这样，原本应该是皇帝亲自审阅的内阁票拟却由司礼监太监代看，本来是皇帝亲笔批红的票本却由司礼监太监代批。司礼监太监成为皇帝得力的“眼”和“手”。

这项举措极大地“解放”了朱瞻基的工作，使他有更多的时间来发展个人爱好。这样，司礼监的权势越来越大，渐渐超越内官监，成为了内官的第一署衙门。而司礼监批红权的获得，又使得司礼监参与中枢政务制度化、常态化，这也逐渐形成了内阁和司礼监共同参与中枢政治的“监阁体制”。

第二，中官镇守地方制度化。明初地方管理的基本框架是三司制，也就是布政使司主管民政，按察使司主管地方司法，都指挥使司主管地方军事。同时有巡按御史负责巡察地方，监督地方政务运转情况。

前文我们谈到自洪武朝开始，就有宦官外派地方参与军政之事。到了建文、永乐朝一直延续这种传统，宦官外出地方或采办物资，或监督军队，或出使番邦邻国。不过，他们基本都是有事外出，事情完成就要回到京城，尚未形成太监常驻地方的制度。即使永乐朝有宦官出镇辽东，洪熙朝有宦官出镇交趾和南京，但毕竟属于特例，而且镇守太监也没有形成承继关系。

在宣德一朝，边疆和内地开始普遍设立镇守中官职务。太监、少监、监丞等宦官会被派驻地方镇守，并且形成前后相继的替职惯例。前任镇守中官结束任期后，会有后任中官接任。

这种制度沿袭发展，逐渐取代了先前地方上的三司体制。到了正统朝以后，形成了地方三堂体制，也就是镇守总兵、镇守中官和巡抚都御史统领下的地方州县制度。这种制度之下，中官可不是随派随走的临时差遣了，而是有长期任期，全面参与地方军政民事的守土之官。这也使得宦官参与地方政治有了制度保障。

第三，内书堂教授宦官制度化。明代文书制度发达，参与政治中枢运行，必然要具备深厚的文化修养和公文处理能力。总体来看，明代的宦官政治，在文化修养较高的宦官参政时期，政治运行平稳，没有太多动荡。

宦官的识文断字，是从明太祖朱元璋开始的。就是从他开始，宦官被委任以文职事务。朱棣即位后，开始令教官教习宦官。当时已经出现了内书堂的前身，称作内馆或者内书馆。宣宗时期，宦官教育专门学校——内书堂正式设立，各项规章制度趋于规范。教师、学生、学规、教授地点、教材等都有了规定。

也正是内书堂的成立，使得宦官教育开始趋于规范化、制度化。跟外廷的科举取士相类似，经过内书堂教育毕业的学生，走上司礼监这样显赫部门的机会大大增加。同时，明廷也正是通过内书堂教育，为选拔优秀宦官参与中枢政治提供了“正途”。

内书堂的教师以翰林词臣充任，他们与内书堂弟子之间往往结成师生之谊，他们之间的关系对明代政治也产生了深刻影响。内书堂教育意义深远，通过这种方式培养了大批知识型宦官，他们获得比较高的政治地位，跟士大夫平起平坐，有时候甚至还超越位高权重的高级文官。

三项制度的实现都在宣德一朝，可以说这是明代宦官政治发展的黄金期，明代中后期宦官政治的主调已经在这一时期奠定。

误用宦官与交趾之失

永乐年间南征北讨，多有大动作。其中南征指的就是朱棣派遣张辅三次征伐安南，最终平定一方，并建置了交趾行省。不过，平静只是暂时的。安南的反抗力量从来都没有消停过，再加上明朝的统治政策失误，最终导致了交趾的丢失。永乐十七年（1419），安南潘僚发动了大规模反叛。潘僚继承父亲职位，做了交趾按察副使。本来他是死心塌地要给大明“服务”的，只不过有一个人的出现彻底改变了他的人生。此人就是朱棣派往交趾的钦差宦官马骐。

马骐前往交趾，主要任务是督办金银和海珠的赋税。谁知马骐到了交趾后，天高皇帝远，竟然嚣张妄为，在本职之外，开始渐渐干预地方军政事务。

永乐十八年（1420），交趾布政司的左参政冯贵和右参政侯宝，在征伐安南叛乱时战死。冯贵曾因跟随英国公张辅征伐安南，督办后勤粮草，因表现出色被升职。他成为交趾行省的左参政后，抚慰流民得力。但是，他没有注意到身后正有一双嫉妒的双眼紧紧盯着自己，此人就是马骐。马骐看中了他训练的由当地人组成的两千人劲旅，找各种理由将这一支劲旅收归自己帐下。同时，他又强令冯贵出城跟叛军作战。万般无奈的冯贵只好跟侯宝一起率领疲弱士兵出城，结果全军覆没，英勇战死。

马骐并没有因此受到任何惩处，直到仁宗朱高炽即位，下旨将各地外出差事的宦官都调回京城，他才回到了北京。交趾的局势变得一发不可收拾，仁宗已经是焦头烂额。宦官山寿想为主分忧，主动请缨前往交趾。仁宗知道此人底细，他也是来自于燕王府的旧阉，曾跟从先皇参加靖难之役，并且参与北伐蒙古之战。山寿算是老资格的宦官，也立过战功，此刻他能主动请缨，朱高炽像抓住了一根救命稻草。

朱高炽任命山寿为交趾镇守中官，并交给他一项重大使命，那就是带着朝廷的敕书招降安南叛乱头领黎利。敕书中说要赦免黎利之前的叛乱行为，并且打算授予他清化知府一职。山寿信誓旦旦地向仁宗保证，此行必定成功。仁宗听了他的话，对他表现出了极大的信任，要求交趾行省地方文武官员一切军政事务，都必须跟山寿协商后才能施行。

之前坏事的那位马骐，此刻继续兴风作浪。他为了再次回到交趾担任镇守，竟然假传圣旨，命令翰林院写敕书给他，让他再次去交趾采办金银珠宝。翰林院在未审真伪的情况下，竟然写了敕书，然后按照惯例上奏皇帝，仁宗看到后大吃一惊，他立刻阻止了马骐的行动，但是却没有治马骐诈传圣旨之罪。

遇到如此好脾气的皇帝，可真是马骐的造化，但是疯狂者走向灭亡的步伐谁也无法阻挡。宣宗朱瞻基登基后，马骐竟然又通过运动关节，谋到了一份前往交趾的外差！

山寿到了交趾，见到黎利之后，打算用他的三寸不烂之舌说动黎利接受朝廷招安。只可惜他小看了黎利。黎利老谋深算，他早看透了明廷的意图，给他知府之职，实则是调虎离山，以后再慢慢收拾他罢了。于是黎利表面答应，又找各种借口不去上任，暗地里则招兵买马，积蓄力量，准备再次反叛。

时机成熟后，黎利终于撕下归顺的假面具，带兵攻杀了茶笼州知州琴彭。到了如此地步，山寿竟然还幻想通过招抚搞定黎利。驻扎交趾的兵部尚书陈洽实在看不下去，上疏朝廷要求使用武力，彻底放弃招抚。宣宗这次听从了陈洽的建议，决心使用武力，只不过他的用人又出现了问题，加之轻视黎利，最终咽下了苦果。朱瞻基首先派出的是荣昌伯陈智和都督方政两人统兵。哪知二人之间素有积怨，这次面对强敌，依然不能精诚合作，最终战败。

宣宗又派出了“将二代”王通，只不过此人也是中看不中用，竟然不顾皇帝下达的坚守城池并等待旨意的命令，暗中派人与黎利议和，不等得到朝廷旨意，就率领全军撤出了交趾。朱瞻基本来就难以支撑了，只不过为了脸面不想主动提出放弃交趾，既然大军撤回，自己也就无话可说。

只不过他心头怒火难以平抑，违背旨意的王通等一班文武大臣被论以死罪，而太监山寿被论罪为“庇护叛贼”，马骐被论为激变之罪，都被论以死罪，而且抄没了家产。山寿入狱后，却没有执行死刑，并很快出狱，在正统朝又被任命为云南、四川等地的管矿太监。而马骐吃了多年的牢饭，直到正统四年（1439），终于遇到大赦，释放出狱。只不过他已经是平头百姓，一无所有了。

交趾之失，马骐的为恶地方、山寿的招抚失策确实要负一定的责任，只不过，丢失交趾的主因却不在此。背后有更深层次的问题值得后人思考：首先，明廷治理交趾的政策失误。交趾被并入大明，大明却对其敲骨吸髓，年年勒索剥削，在当地并没有彻底平抚的情况下，派出宦官征集特产珍宝，给当地人民造成了沉重的负担。其次，交趾行省偏远，内地之人都不愿意去任职。朝廷只好派出因犯罪被迁转的官员出任，他们之前或是贪腐或是无能，本身素质较低，到了交趾后，又不思一心为民，自然地方的治理变得一塌糊涂。

交趾必须要派遣极具震慑力的名将来镇守，才能镇住当地的反叛力量。但是朝廷却一再派出不堪用的将领，最后导致局面无可挽回。当然，安南民风彪悍，这样一块强行用武力打下的领土自然不会轻易屈服，再加之此地脱离中原王朝统治已经数百年，跟中原王朝感情上的隔阂也不是短期内可以弥合的。

宣德年间的整肃风暴

明宣宗的才情不单在明朝帝王里面属于翘楚，就是在中国历代帝王中也可以名列前茅。他的书画作品尤其令人惊叹。他有一幅《武侯高卧图》，图中描绘的是出山之前的诸葛亮，他袒胸露腹，头枕书匣，卧躺于茂林修竹下的草丛之中。其神态安逸，飘飘然如神仙下凡。画功之上乘自不必多言，透过这幅画也传递出了一个信息：朱瞻基正是想做这样一个安逸的帝王，高枕无忧，尽情享受人生。

当时四海升平，加之朱瞻基本身就是才情皇帝，自然要想办法整出些玩乐的项目来。不知怎的，他喜欢上了斗蛐蛐儿。北京地区的蛐蛐儿已经不能满足他的要求，为了得到更上乘的优质蛐蛐儿，他还下令宦官们去各地搜集征购。

朱瞻基对斗蛐蛐儿的热爱虽然没有到败家亡国的程度，但他派遣内官到苏州府广求蛐蛐儿，也造成了地方上的混乱。宦官们秉承皇帝旨意，南下苏州府宣读圣旨。当时的知府正是名臣况钟，他把苏州府治理得井井有条，是闻名天下的干员。听说有公公来宣读皇帝旨意，他连忙摆下香案跪倒接旨。

宦官把圣旨一读，况钟呆如木鸡，半晌没有反应过来：“密令我进贡一千只蛐蛐儿！”如果这时候有一个成语迅速划过况钟的脑海，那一定是玩——物——丧——志！可是做臣子的又能说什么，皇帝竟然这么郑重其事地令宦官专程传旨！况钟只好照办，这一千只蛐蛐儿可不好找。农民们也不能安心种地了，他们放下锄头，拿起网兜，纷纷在田间地头搜捕蛐蛐儿，一时间闹得沸沸腾腾。不仅影响了百姓的生活，甚至还因此闹出了人命。

清朝的蒲松龄根据此事改编了一篇《促织》，把朱瞻基讽刺了一番。说来也有趣，苏州府并不是盛产上好蛐蛐儿的地界，为何宦官们要去苏州访求？这极有可能是宦官们觉得苏州是个富裕地界，去了可以乘机捞一笔油水，勒索一下地方官和当地百姓，为自己的小金库好好增加一笔进账！

朱瞻基虽然是密令况钟访求蛐蛐儿，但是民间已经闹得鸡犬不宁，百姓怨声鼎沸，于是又传唱出：“促织瞿瞿叫，宣德皇帝要。”朱瞻基的才情不为后世所知，但他这个“蛐蛐儿天子”的名号却是广为流传。

当然，朱瞻基的欲望不仅于此，他还屡屡派出宦官到地方上征收奇珍异宝，给地方造成了不少扰乱。按理说，宦官秉承皇帝旨意出京办事，若公平买卖，采购物资，事毕回京，应该不会对地方上有多少骚扰。而且，明代还有覆奏制度，宦官到外间传旨办事，官员必须覆奏皇帝以便于核实，防止假传圣旨的情况出现。可是，面对越来越多外出传旨的宦官，文官们也难以做到事事覆奏，这就难免给了一些宦官假传圣旨的机会。

宣宗知晓其中弊端，也多次下旨强调宦官到外廷传旨，百司必须覆奏明白才能施行。只可惜，积弊难返，不覆奏的情况依然比比皆是。结果，宣宗派出采办物资的宦官们，打着皇帝的旗号，狐假虎威，借助给皇帝办事的机会，在民间胡作非为，给百姓造成了骚扰。这也成为了朱瞻基在位时的一大弊政。

宣德皇帝对此也不是一无所知，早在宣德二年（1427）十二月，朱瞻基曾经下令诛杀内官张善。他被皇帝派往饶州监造瓷器，因为在地方贪酷，又将监造的御用之物分给同伙。其事败露，皇帝下令将其在闹市斩首。但是，这只是偶发事件，并没有起到震慑全局的作用，那些外派宦官依然无法无天。

朱瞻基的行事风格与其父皇朱高炽迥然不同，他可不是父亲那样的老好人，骨子里他更像祖父朱棣，杀伐果断，令人不寒而栗。从宣德六年（1431）开始，朱瞻基突然对部分为非作歹的宦官痛下杀手，狠狠搞了一次“整肃”风暴。

宣德前期的大贪官左都御史刘观被罢黜之后，继任者是能臣顾佐。他对贪腐文官开火，狠狠打击了一批腐败分子。之后，面对外出办事宦官无法无天的情形，顾佐上了一道密奏给皇帝，指明内官监太监袁琦指使手下胡作非为，危害民间。得到密奏的朱瞻基非常震惊，他打算出手整治这些大大小小的不法宦官。

袁琦在朱瞻基当皇太孙时，就已经侍奉其左右，是老资格的宦官。他之前曾经奉命出使，给赵王朱高燧送过皇帝的家书，之后又协同武将巡守宣府等处。宣德六年十一月，在接到顾佐密奏后不久，朱瞻基突然下令捉拿袁琦。在严刑拷打之下，袁琦招供，说很多宦官都是通过行贿于他，才获得了外出公干的机会。

而诸多不法之事，则是手下宦官杨四保、陈海等人帮他完成的。皇帝大怒，十二月，就将袁琦在北京西市凌迟处死。随后不久，公布其罪行：袁琦依仗皇帝信任，欺骗朝廷，假借外出公干给皇帝办事的名义，奏请宦官外差，这些外出办事的宦官欺凌官民，敲诈财物，所贪金银成千上万。

不仅如此，朱瞻基又连续派遣御史前往各地，将朝廷派出办事的不法宦官全部捉拿回京问罪！“亮剑”行动开始了。宣德皇帝曾经派遣宦官阮巨队前往广东猎取虎豹，这些虎豹当然是皇帝放置在皇家动物园观赏或者狩猎之用。阮巨队到了广东之后，勒索当地军民，榨取了不少财物。有个叫陈谔的地方官，设宴招待阮巨队，席间请求他给自己一张虎皮。老阮三杯酒下肚，忘乎所以，想也没想就随口答应下来。结果陈谔回去后起草了一封奏疏，说阮巨队杀掉捕获的肥壮老虎来宴请宾客，用那些瘦弱之虎上贡来糊弄朝廷，他手中的这张虎皮就是证据。

阮巨队知道此事之后，大为惊恐，连忙摆下筵席款待陈谔。陈谔假装酒醉，问老阮：“听说你不是阉人，最近还娶了妾，是不是真的啊?”老阮心头一惊，心想这家伙不好惹，他酒后胡言，被皇帝听了去，就算他不会告自己黑状，也难保身旁左右没有人传扬出去，到时候假的也成了真的，自己可就百口莫辩了。

想到这里，老阮赶紧捂住陈谔的嘴，说：“请先生跟我到内室看看。”陈谔随他进入内室，映入眼帘的是一个个硕大无比的罐子。陈谔心下明白，里面盛的是老阮勒索的金银珠宝。他眼珠一转，计上心来，问罐子里面是什么东西。老阮搪塞说里面装的是酒。陈谔大笑道：“我来正是为了美酒啊!”说完，一声令下，让身边左右进来抬罐子。

老阮看着那一罐罐被抬走的金银珠宝，心如刀割，又不能明说，此刻他是哑巴吃黄连，有苦说不出，恨不得要给陈谔跪下来了。他苦苦乞求，陈谔才给他留了一半。可见，整治为恶宦官，也需要智取，多几个陈谔，为害地方的宦官也许会收敛不少。

在宣德六年的治宦风暴中，阮巨队被御史高超捉拿回京，不等严刑拷打，他就供认是大太监袁琦指使的。在地方上为害最多的还是裴可烈。他打着为皇帝办事的旗号，来到了浙江。浙江当地有个汤姓千户，甘愿鞍前马后为裴可烈所用。他们狼狈为奸，祸害地方。浙江按察使林硕打算先拔除裴可烈的爪牙，于是捉拿了汤千户。

“打狗还得看主人”，裴可烈岂能善罢甘休。他以毁坏诏书的罪名狠狠告了林硕一状。林硕被宣德皇帝下旨带到京城问罪。朱瞻基亲自问他为何损毁诏书，林硕不卑不亢，大声回道：“臣被皇帝重用，哪里敢对诏书不恭敬，这是有小人担心臣执法严厉，不能行使私事，故意设计陷害我罢了，请皇上明察圣裁！”一番辩白，反而让皇帝无话可说，朱瞻基心中也知道林硕忠心无他，便将其无罪释放，官复原职。朱瞻基当然对裴可烈在江南的罪行有所耳闻，可是他那时还没有下定决心痛下杀手，于是才拉了偏架。

当然，做个样子还是必不可少的，他下诏将诬告的裴可烈狠狠骂了一顿。复职的林硕深知老裴根基之深，从此不敢再跟他正面交锋。不过，老裴的好日子就要到头了，因为又来了一个叫郑珞的宁波知府。

郑珞将裴可烈在宁波当地所做的不法之事，写成奏疏上奏。他时机把握得很好，正赶上了宣宗的整肃风暴，于是一击中的，老裴被捉拿回京法办。宣德皇帝这次可谓痛下杀手，他将袁琦凌迟处死。与袁太监一起被押赴北京西市的还有阮巨队、阮诰、武莽、武路、阮可、陈友、赵谁、王贵、杨四保、陈海十名宦官，他们个个作恶多端，最后一起被斩首示众。

有个内官叫马俊，他办事完毕回京，还没有到京城，在半路上听说袁琦等人被杀，惊惧之下，竟然上吊自杀了。地方官奏报皇帝，朱瞻基还恨恨地说："这个人是袁琦同伙，也是祸害百姓的家伙！"天网恢恢疏而不漏，在南京公办的宦官唐受，在当地害民为恶，也被人举报。朱瞻基命锦衣卫将其逮捕下狱，审问之后得知其罪行，又将其押回南京，在闹市凌迟处死，并且斩首示众！

朱瞻基这回来真的了，处死了这些不法宦官后，他命都察院晓谕中外：之前派出公办的宦官如果有侵占官民财物的，各自审问明白，归还原主。如果有帮忙藏匿宦官财物的，可以自首免罪，如果隐匿不发，与犯人同罪。同时，朱瞻基又命司礼监太监王瑾、吴诚等人贴榜内廷，告诫所有的宦官：以后恪守本分，不能害民虐政，如有发现，国法不赦。

经过这一番整肃之后，宣德朝的宦官们确实有所收敛，宣德皇帝大力整饬不法宦官，也鼓舞了官民，大家渐渐开始不怕宦官了，甚至也由此演出了一场闹剧。宣德六年十二月，司礼监太监刘宁跟随御史前往江南捉拿不法宦官，不料，他们在回京途中，发生了一件令人啼笑不得之事。

刘宁一行人到达故城县时，遇到了一个醉汉，他不分青红皂白，上来就揍了刘宁一顿。事后得知，醉汉是故城县的县丞陈铭，他一向不喜欢宦官，那日正好三两酒下肚，恰好听说有宦官过境，于是就上演了全武行。不过，他不知道的是，刘宁却是一位办事忠诚谨慎，没有什么劣迹的好太监。

陈铭殴打朝廷官员，自然被逮捕入京。宣德皇帝十分大度，赦其无罪，还让他继续担任县丞。可见，宣德六年的这次大风暴确实给宦官们造成了不小的冲击，只不过，宣德帝并不认为是他派遣宦官外出才造成了这些祸端，反而将一切罪过推到了被处死的袁琦等人身上。正是他为了满足私欲，才四处外派宦官，这种外差不结束，情况不会有彻底转变。

宣德十年（1435）正月，朱瞻基生在命中最后的日子里，仿佛有所省悟。他下令停止南京和辽东的各项采办事务，召外派宦官回京。只不过上天不会再给他更多时间来终结这项弊政，这一切只有留待他的儿子朱祁镇和另一位大太监协力解决了。

百姓争做宦官

自古入宫为宦者，都需要经过一道惨无人道的手术，这项手术的死亡率极高，而且即使成功，也不再成其为完整的男人。为何还有那么多人自愿当宦官？说自愿，其实很大程度上，穷苦人家的孩子多半不是心甘情愿的，而战争中的俘虏就更没有选择了。

但是在明朝却出现了一个令人匪夷所思的现象，那就是自宫人数的泛滥。早在洪武五年（1372），朱元璋曾经有严格的禁令：如果有人敢于阉割他人之子，犯罪之人也要被处以阉割之刑，而且要没入官府为奴。这是针对两广、福建一带富豪之家，他们喜欢阉割他人之子，作为自己府上的奴仆使用。洪武二十八年（1395）六月，朱元璋下诏禁止阉割之刑。《大明律》更有明确规定：敢于阉割他人者，杖责一百，流放三千里。

明初自宫现象仅属于偶发事件，不过随着局势的变化，新的社会现象也随之出现。明初宦官多有来自外国者。安南在永乐年间并入大明，在多次征伐安南的战役中，很多被俘虏的幼童阉割后成为宫廷奴仆。而朝鲜在明初也经常为明廷提供阉人。但随着宣德帝放弃交趾，独立后的安南不再提供阉人给明朝；而此后朝鲜也跟风停止向明廷进贡宦者。

明宪宗之后，宫廷的外国籍宦官就基本销声匿迹了。而另一个宦官重要来源的少数民族地区，此刻情况也为之大变。少数民族宦官很多来自战争，例如天顺朝，镇守湖广、贵州一带的太监阮让一次性就阉割苗民幼童一千五百多人，因为手术感染，死亡者超过五分之一。这样的事情被朝廷默许，恰恰说明了宫廷确实需要大量阉人服务。

之后随着战争频次的减少，少数民族宦官也越来越少。宫廷以及各个衙门，还有各地王府和官员家中都需要阉人。社会对阉人的需求持续增长。但是，明初阉人的两大主要来源即外国和少数民族地区，却面临枯竭。这也导致了民间出现了一股自宫风潮。

永乐十九年（1421）七月，明廷第一次下诏严禁自宫。继位的仁宗皇帝对自宫更是深恶痛绝。长沙有老百姓自宫后上疏，要求成为内官。朱高炽勃然大怒："这等懒惰不孝之人，怎么忍心跟父母断绝，这种人怎么能留他在左右？"

一名叫徐翊的卫所军人，他儿子在宫中做宦官，他上疏皇帝请求免除自己的军籍。朱高炽知道其子是自宫入宫后，于是大怒："你为人父亲，应该教育儿子成材，而你却不能教子，让他自伤身体。都是因为你，才导致儿子背弃亲恩、灭绝人道，败坏教化。"愤怒的朱高炽将徐翊之子驱赶出宫，让其代父服军役，徐氏父子竹篮打水一场空，损失巨大。

针对自宫之事，仁宗多次下诏谕禁止，并特别强调自宫要以不孝论处。可是诏令没有下达多久，宣德皇帝刚即位，就有数人自宫求进。朱瞻基震怒，下令将他们送到交趾前线。宣德三年（1428）六月，一个叫傅广的指挥同知竟然"不爱武装爱宦服"，他自宫后表示要入宫为皇帝服务！按照规定自宫者应该充边，这次皇帝网开一面，依然让他担任原职。只是不知道，这位傅广若有妻室，当如何自处！

此后，明英宗倒是严格打击自宫，到了景泰年间，朱祁钰下旨今后若还有敢于自宫求进宫廷和王府之人，皆以不孝之罪处死！如果里甲邻居知道有人自宫而不告发的，也一并治罪。

可是景泰皇帝自己却录取自宫者入宫为宦。法令成为了摆设，这也开了一个很坏的头，民间自宫者从此再无顾忌，自宫现象愈演愈烈。接下来的成化皇帝、弘治皇帝加强法令，规定自宫者处死，全家还要充军。可是法令并没有得到严格执行，因为社会对阉人有大量需求，统治者本身也隔几年就会录取一批自宫者。万历元年到六年（1573—1578），宫廷两次就录用了阉人近七千人！而崇祯时期，三次录用自宫者，数量达到了万人之多。

明代中后期的自宫风潮已经达到了“疯狂”的程度。曾有一个村几百人自宫，自宫者涌入京城，请求录用。这已经成为了明代中后期社会一大痼疾。明代自宫者主要集中在京城及周边地区。明代中后期为何会形成自宫风潮？在严酷法令之下，又为何屡禁不止？

首先，明代宦官机构庞大，而且持续发展，这就需要大量阉人充任员属。而除去罪犯和通过官方机构投充宦官之外，自宫者成为了阉人的主要供应人群。

而且在明代做宦官，在很多人眼中是一条成功捷径。作为宦官，虽然丧失了做男人的尊严，却极有可能获得富贵和权势，从而恩泽家人。对于一些走投无路或者希图富贵者，这是一个不错的选择。当然也有的是出于激忿，想出人头地而自宫。万历时的大太监陈矩本是农家子弟，他父亲在服役期间负责迎接来巡察的宦官，因为没有及时提供物资被责打。陈父愤懑不已，回去之后，竟然阉割了自己的长子，也就是陈矩，送他入宫。陈矩父亲是看到宦官权势滔天，羡慕并希望将来自己的儿子也能成为权宦，才做出如此不近人情之举。

再者，有些地区自古就有自宫风气，比如八闽之地唐宋时期就是宦官产地，这种风气沿至明代。

明廷对于自宫者一方面频频严令禁止，另一方面却又纵容这种风气。朝廷会不定期录用自宫者入宫，对于违反禁令的王公贵族又不能给予严厉惩治，在这种情况下，上行下效，民间自宫风潮自然屡禁不止了。

四　正统年间的传奇故事

营建北京城

朱瞻基于盛年之时离世，遗命九岁的皇太子继承皇位，他就是两度登基、一生传奇的明英宗朱祁镇。朱祁镇承续父祖遗绪，延续仁宣之治的余光，在位初期倒也是四海平安。正统六年（1441）发生了一件大事，明朝悬而未决的定都问题终于尘埃落定。明英宗下旨去除北京各衙门的“行在”字样，正式将北京确定为京师，而南京成为留都。北京至此才正式成为了大明王朝的首都。

从朱棣开始，出于军事和政治考虑，明廷就确定要迁都北京。为此，朱棣开展了工程浩大的前期准备工作，那就是营建北京城和宫殿。宦官衙门中的内官监负责管理皇家工程的开展和监督，北京城和宫殿的营建自然就少不了宦官的身影。

这里我们重点介绍在营建北京城过程中做出巨大贡献的两位宦官。第一位叫倪忠，贵州人。由于家乡动荡，倪忠四岁就背井离乡。十一岁时入宫，他年龄虽小，却见识超群。最初服务于建文帝的宫廷之中，靖难之后，他投靠朱棣。永乐元年（1403），倪忠受命监造南京灵谷寺，灵谷寺完工，他又受命监造朱棣的陵寝天寿山长陵。

天寿山工程结束，倪忠因为提督工程有功，被朱棣提拔为内官监奉御。永乐十五年（1417），北京城的宫殿开始动工。北京紫禁城的营建样式基本是模仿南京紫禁城，在建造北京宫殿之前，倪忠奉命丈量南京宫殿，并绘制成图，以便于营建北京宫殿所用。北京宫殿完工后，倪忠以其功劳被提升为内官监左监丞。宣德皇帝登基，他又被擢升为了内官监太监。

英宗朱祁镇甫一即位，就命年届六旬的倪忠来负责督办皇陵所需石料。倪忠擅长工程营造，他把一生都奉献给了朝廷和皇家营造事业，北京宫殿的营建他居功至伟。

永乐时代的北京城各项工程并未完备。就拿北京城墙来说，九门缺少城门楼，而且宫城内三大殿也是一片废墟。这是永乐末年的一场大火造成的，因为永乐末期同时进行几项大工程，朝廷也未能及时修缮。到了仁宗时代，朱高炽对南京情有独钟，他曾经打算还都南京，宣布北京只是临时的“行在”，只不过他在位时间太短，而未来得及实施。

宣宗朝，朱瞻基也没有动工完善北京城的各项营建。直到明英宗朱祁镇即位，正统元年（1436）十月，朝廷才终于下决心修建北京的九门。当时负责修建北京九门城楼的是工部尚书吴中、都督同知沈清和太监阮安。文武官员和宦官齐上阵，在众人的努力之下，经过四年，北京九门城楼终于完工。

太监阮安调动了京城士兵万余名，以高额报酬激励他们，他居中调度有方，在不扰民的情况下，完成了预计要调动十几万民夫才能完成的浩大工程。他本名阿留，安南人。永乐时英国公张辅征伐安南奏凯，顺便带回了很多俊美的安南男童，将他们阉割送入宫中服务，其中就有阮安。

阮安聪明伶俐，善于思考，精通数学、建筑等。他曾经在永乐朝参与营建北京城的设计工作。正统三年（1438），通济河决口，朝廷命阮安协同武进伯朱冕、工部尚书吴中一起治河。阮安经过实地考察，认为正确方法是顺水势引导，而不是消极筑堤坝拦堵。他在河西务处开凿河道，工程完成后，果然消弭了通济河水患。英宗大喜，特命内阁大学士杨士奇撰写《通济河碑记》，并立碑纪念。

九门城楼建造好后，阮安又奉命主持紫禁城内三大殿及二宫的营建。正统六年，奉天殿、华盖殿、谨身殿、乾清宫等宫殿完工，大明王朝正式确定了北京为京师，南京为陪都。

北京城墙用砖石和土铸造而成，一遇下雨天就很容易毁坏。因此正统十年（1445），阮安又跟成国公朱勇、修武伯沈荣等一起督工修缮城墙，将城墙内外都用城砖包砌，城墙由此变得坚固无比。

在景泰三年（1452），阮安又会同工部尚书石璞一起筑造了沙湾堤。第二年，他又受命前往山东治理张秋河水患。但是天不假年，他半途病逝。阮安多次主持国家大型工程，堪称宦官中的“鲁班”。营建工程本来是非常容易贪污的，但是阮安为人清廉正直，他多次主持国家重大工程，却分文不贪，朝廷历年赏赐他的钱物，他也全部上交国库，以至去世时，身上只有不到十两银子。

“第一权宦”登场

后人治明史，谈及宦官专权，多有“四大权宦”之说，论者认为此四位大太监呼风唤雨，专横跋扈，集中体现了明代宦官政治的黑暗。此说正确与否，待读者看过本书自会得出结论。这四大权宦中的第一人，就是明英宗正统朝的大太监王振。

王振是蔚州（今河北蔚县）人。他本是穷苦人出身，幼年被送入宫中，因为得到了朱棣的喜爱，得以侍奉太子朱高炽，得到主子认可后，朱高炽打算好好培养他，于是让人教他读书。

王振在众多宦官中表现卓越，之后他又得到朱瞻基的器重，并让他侍奉太子朱祁镇。宣德帝给了他一个东宫典玺局郎的职务，换句话说就是太子东宫内的宦官首领。他受命辅导太子的学业，并照顾其生活。

宣德年间，王振就已经得宠。宣德元年（1426）他奉命传谕左都御史刘观。宣德五年（1430），王振已经做到了司礼监太监。宣德九年（1434）九月，朱瞻基巡边，在离开京城之前，命令留守京城的文武官员遇到紧要大事，需要同太监杨瑛协商施行，皇城之事则由太监杨瑛、李德、王振、僧保、李和五人全权负责。

虽然此时王振的排名还不是十分靠前，但是他已经参与到中枢政治之中，对政治的影响也不容小觑。当然，王振一生中最辉煌也是最失败的时刻，都是在正统一朝。

我们先来说说明英宗朱祁镇。大明开国以来，已经历经六位皇帝，其中五帝都是在青年或者盛年时代登基，只有朱祁镇是以年方九岁之龄登上龙位。九岁年龄，在今天也就是三四年级的小学生！

娃娃当皇帝，是大明开国头一遭，这可愁坏了一帮顾命老臣。首先，上朝就成了大问题，那么小的孩子要面临殿下一帮“赳赳武夫”和皓首白头的老臣，他们上奏的军政要事，九岁的小皇帝哪里能全部听懂？更何况，北京的冬天奇冷无比，大冷天的让小皇帝天不亮就上朝听政，冻病了谁负责？

但上朝毕竟是祖制，谁也不敢公然提出废除。权衡之计还是有的，大臣们想出了一个办法：每日上朝，大臣所奏之事不能超过八件，而且上奏之事尽量都要挑选简单易懂的。皇帝呢，也不必说太多话，只需要简单地答复“是”“某部知道”等即可。

这样的折中办法倒是让小皇帝上朝不再成为难事，只不过谁也没有意识到，明初以来的朝政处理方式正在发生着潜移默化的改变。洪武朝以降，皇帝都是通过上朝亲自在朝堂上处理政事，这就要求皇帝有极高的政务处理能力和经验，还需要头脑极其清醒灵活，才能将政务当场处理得透彻明白。

而且这种上朝对君臣都是极大的考验，且不说频繁地上朝需要耗费皇帝多少精力，就是每日天不亮，文武官员都要从暖和的被窝起来，然后踏上夜路赶往皇宫，天长日久，也着实令人难以忍受。于是，大臣开始学会了“翘班”，官员们想尽办法逃避这又苦又累又无聊的上朝。经常有上百甚至一千多官员不参加朝会，对此，皇帝除了罚俸，似乎也没有太好的办法。

朝会已经渐渐失去了处理政务的价值，礼仪和象征意义渐渐居于主导地位。而随着明英宗朱祁镇幼年登基这一特殊情况的发生，朝政的处理方式发生了更大的改变。朝会既然流于形式，朝政总要处理。从仁宣时代开始的奏疏票拟制度渐渐成为处理朝政的主要方式。

明代奏疏处理有一套制度化的流程：外廷所上奏疏，如果是京城官员所上，要通过左顺门投进，负责接本的宦官在此接收；京城之外地方官民所上奏疏，由通政司奏进，也由宦官收进。奏疏收进之后，文书房宦官发到内阁，内阁大臣初步提出处理意见，然后下发六部，六部官员根据奏疏内容，提出该部处理意见，这称作“部覆”。部覆奏本由内阁大臣票拟提出批示意见，然后用墨笔书写于纸票之上，粘贴附在奏疏之中，再由收本宦官上奏皇帝。皇帝本人参照内阁票拟的意见，用朱笔在奏疏上写下最终批示，这也就是批红，然后下发各部门执行。

在此流程中，内阁的意见（票拟）很大程度上会影响皇帝的最终决策，而皇帝只是在堆积如山的奏疏中挑选一部分象征性批红，其他都交给司礼监太监代笔，这样批红就成为了决策的最后一步。

正是拥有了批红权，才使得司礼监对决策的影响力大于内阁。当然，皇帝只是授权司礼监批红，并不代表司礼监可以为所欲为，批红的内容必须要皇帝首肯才行，而且大部分情况下，都是依照内阁票拟的处理意见照抄一遍，依葫芦画瓢。更何况，内阁中还藏有丝纶簿，专门用于防止宦官随意批红，用来核对原始文稿的副本。所以，某种程度上，司礼监太监仍是做着抄写秘书的工作。

之前，宣宗朱瞻基忙于游戏，会放手让太监批红，这时候已经形成了司礼监批红的制度化，而到了英宗朱祁镇时，这种公文处理方式已经成为朝政处理的最重要方式，这也标志着司礼监太监的权力空前增长，超过了之前的内官第一署内官监。

朱祁镇很早就表现出了对军事的喜爱，正统元年秋，他兴致勃勃地登上了朝阳门外的将台，来检阅京城禁军。当天的重头戏是考核禁军的骑射功夫。将士们各显神通，拿出看家本领，都想在皇帝面前展示自己，经过一番精彩的比试，胜出者产生了。成绩没有问题，三箭三中，只不过身份让人有点出乎意料，他就是驸马都尉井源。英宗也非常兴奋，他下令将金樽赏赐给井源。场上众将士一片欢腾，纷纷为之鼓掌喝彩。

可事后朝野之间却产生了一种论调：很多人为井源鸣不平。因为在几个月前，太监王振会同文武大臣也曾经检阅比武，那次获胜的纪广被连升四级，成为了都督。有人说，纪广是走了王振的门路，才得以超擢。不仅如此，在人们口中，尤其是那些文官口中，王振引导皇帝沉迷武事，这才是最大的罪过。好好一个孩子，本来应该苦读《四书》《五经》，太监却让他去观武，岂有此理?

文官们开始对权势越来越大的王振不满，一场权力的博弈正在悄悄展开。应该说，朱瞻基留给儿子朱祁镇的顾命大臣班底是非常不错的。文有内阁三杨，就是杨士奇、杨荣、杨溥三位杨姓名臣。此三位各有特色：杨士奇以学行著称，杨荣以才识闻名，而杨溥则有雅量操守。三位名臣得到了仁宣两代皇帝的极大信任，正是在他们的辅弼之下，仁宣父子两代励精图治，终于实现了仁宣之治。

三人以其卓越表现，成为外廷文官们的领袖。张太皇太后就曾经跟英宗说过：三杨和英国公张辅、礼部尚书胡濙是先帝留下的辅佐大臣，皇帝有事必须要跟他们商量，他们赞成的事情，不能不施行。张太皇太后有事情，也必会派内官去内阁咨询三杨，然后裁决与否。

作为文官领袖，三杨也想用圣学经典辅佐小皇帝成为他们心目中的一代圣君。从洪武到永乐朝，文官基本上处于被压制的境地，到了仁宣时代，文官地位又有了一定程度的反弹。三杨之良苦用心就是想通过控制小皇帝，使得正统王朝向着他们设定的方向发展，从而实现文官集团利益最大化，最好能达到宋代士大夫和皇帝共治天下的局面。

为了培养小皇帝，三杨煞费苦心，他们通过经筵、日讲来给皇帝灌输儒家为君之道。

另一方面，王振对小皇帝的教育也有条不紊地开展着。可以说，王振和三杨在对小皇帝的教育上展开了第一场博弈。表面上看，张太皇太后对三杨推心置腹，信任无比，宦官有事到内阁去，也必然要问杨士奇先生在不在，如果说不在，立刻回去。宦官们跟内阁议事，态度十分谦逊。内廷外廷虽是一片和谐的气氛，底下却暗流涌动。

王振被仁宣两代皇帝赏识，宣宗朱瞻基认为王振其人有才识，善于用人，于是将其拨付太子朱祁镇。除了照料太子的日常起居，王振还担负着太子教书授字的职责。可以说，王振是朱祁镇的第一任启蒙老师。

王振没有辜负皇帝的嘱托，悉心教导太子。他对朱祁镇的教育十分严厉，而朱祁镇对他也很敬畏。朱祁镇登基之后，有一次经筵讲课之时，他逃课去西海子游玩。王振就在张太皇太后面前告了一状，张太皇太后连忙将小皇帝召回狠狠训斥了一番，并且还将扈从皇帝游玩的内侍们下狱治罪。从此皇帝的一切起居行止，都要先行咨询王振，甚至以后朱祁镇临幸哪个妃子，王振都要皇帝身边侍奉之人报知于他。若是皇帝偏宠后宫哪位女子，跟她在一起的时间稍微长久一些，王振都要劝说皇帝起驾回宫，说是应雨露均沾，不可专宠某人。

王振总领内廷，对侍奉小皇帝的宦官要求十分严厉。有一次，王振吃过饭后去侍奉英宗，远远的，王振就听到了皇帝住所传来吹箫之声。原来是小皇帝闲来无事，召来一名小宦官吹箫解闷。那个小宦官看到王振来了，赶紧转身离开。王振追上他，呵斥道："你们这些人侍奉皇帝，应当进谏正言，谈论正事，以辅佐圣德。怎么能用这些靡靡之声迷惑皇上呢?"说完，王振下令将这名小宦官杖责二十以示惩戒。

鼓励宦官以正能量影响皇帝，而不是引导皇帝安逸玩乐。在这方面，王振跟外廷那些口口声声要导君以正的儒臣们似乎并无分别。

除了生活方面，王振还在用人方面给皇帝以正面引导。有次，一个内侍因为侍奉英宗起居日久有功，向皇帝乞求恩典，英宗想授给他奉御一职，传谕给王振。哪里想到，王振并不买账，他对小皇帝说："官职是给有功者的。微小的侍奉之功，只需要赏赐金银布帛即可。"最终，王振也没有给那名内侍奉御之职。

对于皇帝的玩乐，王振可不像一些心怀叵测的宦官，一味鼓励纵容。一日，英宗跟内侍们击球，玩得热火朝天之时，王振来了，兴头上的英宗一看，立刻喊停。王振也比较讲究方式方法，考虑到英宗的面子问题，当着众人，他没有说什么。第二天黎明，英宗准备上朝时，王振突然扑通一声跪倒，脸色庄重地说道："先帝为了击球这个爱好，差点误了天下大事。如果陛下您也这样，那社稷江山怎么办呢?"英宗一听，心中愧疚，久久不能言语。

这件事传到了外廷三杨的耳朵中，三位老爷子不约而同地感叹道："宦官中还有这样的人呀!"可以说，在劝谏君王上，王振做得不比任何一个文官逊色。王振不仅善于劝谏，也讲究方式方法，有时候能巧妙地解决一些棘手问题。

张太皇太后信佛虔诚，经常去寺庙上香，有时候就在寺庙过夜，不当天返回宫中。朱祁镇也是孩童，经常陪同祖母一起在寺庙游玩。王振认为后妃到寺庙游玩并不是盛典，更何况明初洪武爷还规定妇女不能到寺庙进香礼佛。可是张太皇太后是宫中女主，王振又不能犯颜直谏，于是他秘密下令在宫中铸造了一座极其精美的佛像，然后让小皇帝跟太皇太后进言："您的大恩大德，我无以为报。我已经命人将佛像请到功德寺后宫，以报答您的恩德。"太皇太后非常高兴，就答应了，命人书写佛经藏在东西二房之内。从此以后，因为房内放置佛经，为了表示敬重之意，不能在此就寝，太皇太后也不再出宫了。

王振牢记先帝的嘱托，全心全意辅导皇帝为正，并以灵活方式劝导，同时以正确的治国理念影响皇帝，这一切都为英宗日后的成长打下了良好基础。英宗在后来能成为一位还不错的皇帝，跟王振的启蒙之功是密不可分的。

在皇帝的教育上，王振已经胜过三杨一筹。其实，在小皇帝的教育方面，三杨更多偏向于让小皇帝继承仁宣时期的文治道路，辅弼“正统之治”。他们希望英宗成为符合儒家规范的儒雅帝王；而王振在引导皇帝学习儒学的同时，又能不忘武备，继承先帝们的武功。

博弈“三杨”

王振和三杨的较量，更多体现在朝政的处理上。正统五年（1440）关于西南边疆战事的一场争论，让王振跟三杨为首的文官集团之间的裂痕逐渐增大。元朝时，西南存在一个实力强大的地方割据政权，名曰麓川，它是由思氏家族所统治。鼎盛时期势力范围囊括了今云南西部、缅甸北部和印度东北部。元朝时，麓川就已经叛服无常，兵力最盛时达到三十多万人！

明洪武十四年（1381）九月，朱元璋发兵攻取云南。明军深入云南腹地，与麓川政权发生了正面接触。洪武十五年（1382），麓川首领思瓦发进犯金齿、者阑、南甸等地。鉴于北边局势紧张，朱元璋采取招抚政策，在麓川设置平缅宣慰司，以麓川新首领思伦发为宣慰使。

但是，平静只是暂时的。洪武十八年（1385），思伦发叛乱，进犯金齿和景东。洪武二十一年（1388），麓川军与沐英统率的明军发生定边之战，此战明军大胜，歼灭敌军三万多人，沉重打击了麓川的实力。洪武二十二年（1389），思伦发被迫遣使求和，麓川又暂时保持了平静。

从建文到仁宣时期，明廷对麓川采取安抚政策，西南边疆一度保持了长久的安定。正统元年（1436）三月，麓川平缅宣慰使思任发上疏朝廷，表示无力再支付贡银。在三杨内阁主持下，英宗免除了麓川积欠的贡银。可惜，三杨内阁的招抚政策并没有满足麓川政权的野心。

正统三年（1438），思任发进犯金齿、腾冲、南甸、潞江等处，朝廷一开始依然寄希望于招抚，可是麓川扩张的步伐已经难以阻止了。思任发自立为“法”（滇王），起兵叛明，一开始明廷采取守势，但是仍然无法阻止麓川局势的恶化。这时候，镇守云南的黔国公沐晟上疏朝廷，要求派兵剿灭，麓川和战问题摆在了明英宗面前。

面对挑战，三杨内阁依然援引永乐、仁宣故事，主张招抚思任发，然后以利诱之，同时以兴兵为辞恫吓对方。可是思任发丝毫不为所动，仍然攻城夺寨，西南局势大乱。面对此困境，王振等人主张发兵征讨。正统四年（1439），黔国公沐晟，都督方政、沐昂统兵大战思任发，结果明军大败。正统五年，沐昂与麓川军大战，又一次失败。

面对节节失利的明军和气焰滔天的麓川军，朝廷在正统六年（1441），再一次召开廷议，讨论对麓川用兵问题。会议上，朝臣们讨论得热火朝天，基本分为主和派和主战派。主和派以内阁大学士杨士奇、刑部右侍郎何文渊和翰林院侍讲刘球为首，主战派以英国公张辅、兵部尚书王骥、司礼监太监王振为主。何文渊认为麓川国穷民弱，只需要明军固守，打一场消耗战，时间一久麓川自然支撑不住。

主战派则强调思伦发若不剿灭，外邦会小瞧大明，边患从此难免，贻害后世。明英宗同意主战派主张，毅然派出兵部尚书王骥、定西伯蒋贵、太监曹吉祥等人率兵征伐麓川。这一次征伐麓川，明军大获全胜，但是思任发父子三人逃脱。正统八年(1443)，思机发看到明军撤走，乘机死灰复燃，再次占据麓川，出兵骚扰明朝地界。面对这种情况，主和派仍然坚持绥靖政策。以“兵者凶器”这样的陈词滥调继续反对用兵。以王骥、王振为首的主战派依然强势主战，大军再一次出战麓川。之后，又经历了两次征战，终于迫使麓川投降，思禄发发誓再也不过金沙江。明军四次征伐麓川，终于一举解决了困扰西南边疆多年的痼疾，西南边境得以安宁。

关于征伐麓川，有些史学家认为前后耗费十年，发兵五十多万，耗费粮饷无数，从而导致了国库空虚，也使得朝廷重兵困于西南，也先瓦剌乘机坐大，进而导致了土木堡之变。于是征伐麓川就作为王振的一宗罪状被郑重其事地写入了历史之中。

关于是否用兵麓川，正统六年的廷议开了整整五天，朝臣们广泛参与，大部分朝臣都主张用兵麓川。反对的只是杨士奇、何文渊、刘球等少数文臣，事实证明，他们的招抚政策只是一厢情愿，只能让西南局势进一步糜烂而已。王振以一种振兴祖宗武功的使命感和洞悉西南局势的眼界，支持朝廷大部分人的正确意见，力主用兵，这本身并没有什么问题。明英宗登基之初，在王振支持下，两次阅兵将台，就已经展示了新朝振兴祖宗武功的姿态。

在麓川的和战争议中，三杨站在主和派一边，以仁宣朝故事力主招抚，而王振希望英宗借此建立边功，从而振兴武功，最终英宗选择支持王振，这一回合中，三杨又落了下风。也是这次和战之争，使得王振和三杨的裂痕进一步扩大。

杨士奇在太皇太后面前提出应为皇上谨慎选择左右侍奉之人，若是心术不正的，要立刻斥退，暗地将矛头指向了王振。既然三杨已经劝诫英宗和太皇太后疏远王振，王振也不能坐视不理，他抓住三杨的把柄加以还击。

正统五年，广西桂林的靖江王朱佐敬派遣千户刘顺进京奏事。除了将奏本投入通政司之外，他还准备了一份奏稿的抄本，连同一些金银，嘱托刘顺暗中找到杨荣。原来，朱佐敬有私事嘱杨荣助其完成。王振控制下的厂卫探听到消息，很快，此事就被密报给了王振和英宗。英宗写了一封信斥责靖江王，大意说朝廷之事并不由臣下主导，朝廷赏罚都应该由皇帝裁决，而不是由臣下决定。

杨荣也并非廉洁之臣，早在永乐朝就因为收受贿赂，受到朱棣的训诫，这一次又被王振抓住把柄。杨荣当时正在老家省墓，得报之后，连忙星夜赶回北京，不料中途病逝在了杭州。三杨内阁已缺一人。而前一年，也就是正统四年，发生了一起廖谟案。廖谟是福建按察佥事，不知何故，他将驿丞杖死。被打死的驿丞是杨荣的老乡，而杀人者廖谟是杨士奇的老乡。二杨因为此事发生了争执，杨荣认为杀人者应偿命，杨士奇则说廖谟打死人是出于公事，该从轻判决。二杨争执不下，最后闹到宫里，他们请太皇太后来裁决此事。

王振发表意见说："两位阁臣都有私心，都是为各自乡亲说话。杀人抵命判罚太重，因公判罚又太轻，应该对品降调。"太皇太后觉得王振所言有理，于是将廖谟降职为同知。王振这番分析入情入理，判罚得当，得到了太皇太后的赏识，而他也借助此事，将二杨处事不公的印象嵌入了太皇太后脑中。

杨士奇的儿子杨稷在老家飞扬跋扈，欺压乡里，做出诸多不法之事。此事被王振得知，将杨稷论死下狱。受此沉重打击，杨士奇以年老多疾为辞致仕回乡。至此，曾经叱咤风云的三杨内阁仅剩下杨溥一人。新补的阁臣马愉、高谷、曹鼐资历尚浅，威望也轻，缺少治国理政经验，且与英宗关系不及王振亲密。此刻，杨溥在内阁孤立无援。随着杨溥在正统十一年（1446）的离世，内阁已经无力与王振制衡。

三杨期望正统政治沿着仁宣两朝的轨迹继续前进，但是王振却察觉到仁宣政治有其弊端，正统政治需要有一番振作和革新，不能沿着前朝旧路前行，正是政治主张的差异导致了王振为首的司礼监和三杨为首的内阁之间的一系列博弈。

同时，英宗在文官势力日益坐大的情况下，希望通过王振制衡他们，同时通过振兴祖宗武功，从而加强皇权，以慢慢夺回三杨内阁手中的权力。与其说王振在与三杨博弈，不如说是英宗为加强皇权，与文官士大夫集团发生了一场权力争夺。

整治百官

王振在英宗的支持下，主持了一场局部改革。这场改革是效法太祖朝严以治官精神开展的。只不过，这场改革也夹杂了王振的个人情感，以其与文官集团的对立表现出来。

明初确定的《大明律》，主旨精神就是宽以治民，严以治官。文官集团之所以在洪武朝战战兢兢，正是因为太祖皇帝的这种“法制”精神。但建文朝文官地位有所提升，文官犯罪轻罚的风气开始渐渐形成。延至仁宣两朝，士大夫们的春天来临，官场中重罪轻罚的做法大行其道。

英宗皇帝以冲龄即位，军政大事一决于内阁，随着英宗年龄渐渐增长，其重掌国家控制权的愿望愈加强烈。为了防止大臣欺瞒，同时也为了改革前朝积弊，在王振主导下，开展了一场重典治官的运动。

正统元年（1436），兵部奉旨奏议边事，比规定回复时间迟了五天，依然没有回音，英宗大怒，将兵部尚书王骥和侍郎邝埜双双下狱治罪。这种因循办事的态度在前朝也许受不到太大惩处，在英宗一朝，却治以下狱之罪，这无疑是小皇帝和王振给了文官集团一个下马威。

正统三年（1438），因为办事不力，礼部尚书胡濙和户部尚书刘中敷先后下狱，这对朝臣的震慑相当巨大。胡濙是从永乐朝就被皇帝信用的老臣，他也是宣宗留下的顾命大臣之一，连他都可以被下狱，其他人可想而知。

随后的正统六年（1441），户部尚书刘中敷和侍郎吴玺、陈瑺又因为御马分牧民间之事有违祖制被下狱论罪。刑部主事魏源因为贪腐和决狱不当被下狱。正统十一年（1446），代理刑部尚书金濂因为推诿之罪，又被下狱。作为文官品级最高的六部尚书频频落马下狱，这也颠覆了仁宣两朝以来宽和刑狱的作风。

对于英宗朝重典治官，传统史家认为这是王振借助皇权欺凌百官的摄权之举。其实却是英宗借助重典震慑百官，从而加强皇权。正统初，在三杨强势内阁的统摄之下，六部官员唯三杨马首是瞻，已经成为了内阁势力的辅佐力量，皇权受到进一步的压制。为了伸张皇权，王振和英宗一方面压制内阁势力，另一方面又对六部恩威并用，在对六部尚书下狱论罪的同时，又能很快让他们官复原职，通过这种即打又拉的方式，使内阁和六部势力分裂，最终实现六部权力为自己所用的目的。

这一时期，通过王振的努力，言官系统也为英宗完全控制。言官秉承王振和英宗旨意，寻找大臣们的过失，大量官员遭弹劾，或者下狱，或者荷校示众。一时间，官员人人自危，仿佛穿越回了洪武时代。

面对王振的强力打压，文官集团中仍有不少人依旧采取不合作和抗拒的态度。李时勉在当时可谓声名鹤立。在洪熙朝，他就因在朝堂上顶撞皇帝，被仁宗打断了几根肋骨，差点送了命。仁宗皇帝还因为这一气，加上积病复发，很快就驾崩了。宣宗皇帝登基之后，听别人说李时勉气死了父皇，一怒之下，要亲手杀了李时勉报仇。没有想到李时勉运用如簧巧舌，生生感动了宣宗，保住了性命和官位。

他在正统朝仍不买王振的账，得罪了王太监。王振有一次来国子监视察，身为“校长”的李时勉丝毫不给王振面子，以奴婢视之，未能以礼相待，结果王振记恨在心。正统八年（1443）七月，李时勉在国子监讲学，有一棵古树妨碍到学生们列班听课，老李这次忘记了保护树木人人有责，竟然命人将古树砍倒。

王振正好借此事大做文章，说李时勉砍伐树木，是为私人所用。于是李时勉被判罚带着大枷跪在国子监门口示众。王振在这件事上做得确实过分了，激起了国子监学生的众怒，惊动了太皇太后，在她的干涉下，李时勉才得以释放。

薛瑄是明初著名理学家，他四处讲学，声名大噪，人们尊称其为“薛夫子”。王振曾经问三杨：“我老家乡亲里有没有能做京官的?”三杨就推荐了薛瑄，于是在王振的引荐下，英宗任命薛老夫子为大理寺少卿。

三杨觉得薛瑄被破格任用，原是出于王振的引荐，至少出于礼貌，他也应该去拜谢一下王振。李贤受三杨委托，将此意传达给薛夫子，不料却吃了闭门羹，被老夫子一口回绝。不来拜谢，王振倒也不是太在意。廷臣议事东阁，大家见到王振无不趋拜，只有一人岿然不动。王振得知此人就是大名鼎鼎的山西老乡薛瑄，他并没有发火，而是主动上前作揖示好。孰料，薛老夫子只是冷冰冰回了一个揖，并无其他言语回敬。在众目睽睽之下，王振感觉脸面尽失，于是暗中记恨上了老夫子。

正统八年，王振侄子王山看中了京城一名官员的小妾。该官员病死，小妾贪图王山家的权势，想攀龙附凤，无奈官员之妻不松口，搅扰了小妾的鸳鸯富贵梦。小妾一怒之下，就诬告官员妻子毒杀亲夫。严刑拷打之下，官员妻子被迫承认莫须有的罪名。

人命案到了大理寺复核环节，薛瑄觉得案情蹊跷，要求重审。王振偏袒侄子王山，又想借此打击一下薛老夫子，于是指使言官弹劾薛瑄收受犯人贿赂，老夫子被下狱论死。眼看临刑的日子越来越近，王振一日经过厨房，看到他的老厨子在房内偷偷哭泣，王振好奇，问他为何，这位厨子哭着说："我听说薛老夫子要被处死，忍不住难过流泪。"

看来薛老夫子魅力着实不小，竟然能让一个老厨子为之伤心落泪！王振内心也深受触动，觉得薛瑄罪不至死。再后来，有人上奏申救，王振也乐得做好人，将薛瑄改判，罢官为民。王振打击报复的目的达到了，薛瑄也保住了性命，从此专心研究学问，终成为一代理学大师。

南京的国子监祭酒陈敬宗文采过人，王振希望其为己所用，于是通过周忱表达自己的心意，陈敬宗却以为人师表岂能拜谒宦官为名严词拒绝。王振不罢休，又以求书为名向他示好，陈敬宗无奈答应其求书请求，却退还了礼金。这种不合作的态度令王振十分无奈。

王振对待外廷群臣的态度是打拉结合，对于敢于直接冒犯自己权威的人，坚决打击，毫不留情；而另一方面，又尽量拉拢外廷可以合作之人，为自己所用。当然，得罪或反对王振的人，不是每个都有薛瑄那样的好运气，很多时候是以送掉性命为代价的。

正统十三年（1448），因为公事，南京刑部侍郎齐韶杖死了指挥佥事贾福，齐韶被下锦衣卫大狱。锦衣卫指挥马顺经过审问，跟王振汇报说，齐韶曾经自称是王振的乡亲，而且还说王振的侄子王山、王林二人也是他的侄子。这位冒充王振近亲的齐韶，在南京刑部期间，屡屡兴起大狱，导致一百二十多人冤死。另外，经过审问，齐韶还有诸多僭越之罪。于是他被押赴西市处死！其实，齐韶最大的过错就是不该冒充王振乡亲，由此得罪了王太监，人头不保！

前面我们讲到，在正统六年关于是否出兵麓川的廷议中，刘球曾站在主和派一边。正统八年，刘球应诏上疏，提出朝廷的过失，一共提了十件事，要朝廷上下一起反省。刘球的上疏中提到应谨慎选择太常寺官员。翰林院修撰董璘听说此事，就毛遂自荐，想做太常寺官。言官们把这两件事联系在一起，说董璘为了谋求太常寺官职，和刘球相互勾结。

于是，二人皆被下狱论罪。清修《明史》中记录下了刘球被害的场景：马顺深夜携刀来到关押刘球和董璘的监狱，手起刀落砍下了刘球的人头并将其肢解，碎尸被埋在了诏狱大门之下。董璘眼见得刘球惨死，偷偷将沾满其鲜血的衣服一角藏起来。后来，刘球之子又找到父亲的一只手臂装殓入葬。

但是，关于刘球之死的记载漏洞很多。马顺如果要杀刘球，下毒甚至带出监狱暗中处决，有的是办法，何必当着董璘的面杀掉，事后还能让董璘安然无恙出去，保留现场目击人的证据？

刘球死在监狱中是事实，但清修《明史》的这段记载多是出于臆断。事实上，刘球是死于得罪了王振。他在奏疏中劝导英宗万万不可权力下移。恰好，刘球曾经得罪过王振的心腹——钦天监监正彭德清。彭德清将此事告诉了王振，刘球的这句话正是暗指王振专权，劝说皇帝千万不能放权给他。

权力之事，触动了王振最大的忌讳，刘球正是死在了这上面。总体来看，朝廷上下对王振不满的大有人在。正统八年十月，内使张环、顾忠写了一封匿名信揭露王振的罪行，事发后，二人被下锦衣卫诏狱。最终二人在市曹凌迟处死，王振还命令所有宦官都要去刑场观刑。

正统十年（1445）正月，一封揭发王振罪行的匿名信贴满了京城大街小巷。东厂和锦衣卫不敢怠慢，连夜查访，最终揪出了这些匿名信的主人，原来是锦衣卫卒王永。王永的下场当然不会太好，被以妖言惑众之罪斩杀。两起匿名信事件，一个主谋是宦官，一个主谋是锦衣卫，可见王振的权势也引起了部分宦官和锦衣卫的不满。

其实也不奇怪，王振对自己的“同类”，也就是宦官群体，同样治理严格，毫不留情。正统八年，王振传达英宗旨意，严令禁止宦官与外廷官员相互勾通结交。

从英宗即位之后，王振就大力惩治宦官不法行为。

正统元年（1436）五月间，司礼监的内使范听奉命到广东进贡方物，索取百姓财物，事情传到朝廷，范听被锦衣卫囚禁，其赃物没收入官。六月，内官监火者宋义私养逃亡军人为奴，在一次暴怒之后，杀死了这个逃亡军人。王振传达皇帝旨意将其送都察院审问，然后按罪斩杀，并且出榜文再次重申朝廷对内官的禁令。

正统二年（1437）四月间，太监僧保、金英等人私自创设屯放货物的榻店十一处，指使手下无赖子弟强行囤积商人货物，一时间，成为市面一害。英宗和王振命锦衣卫协同监察御史处置此事。十月，监察御史李在修等人弹劾南京守备太监罗智、袁诚纵使手下奴仆杀人以及贩卖私货，过关不交税，结果这些恶奴被御史韩阳抓获。罗智等人应该承担纵容之罪，皇帝下令依法治罪。

正统八年九月，清平伯吴英，宦官吴亮、范弘、金英、阮让等人私自在南海子放牧，强夺百姓的草料，被锦衣卫侦之，皇帝和王振将他们五人全部下锦衣卫诏狱监禁。一个勋贵和四名太监，就因为强夺了老百姓一点草料就被下狱治罪，足可见英宗和王振治官之严。要知道范弘和金英在宣德朝就已经担任了司礼监太监，并且还被宣宗赐予了免死诏。

面对权贵宦官屡屡触犯法令的情况，在王振主持下，朝廷颁布了两道敕谕。其中一道是给宦官、内使等人，再次严禁内官、内使与外廷衙门私自交结、透漏内廷机密；或假借公务营私舞弊、徇私枉法等。并且告诫他们，既往不咎，如果今后再有触犯，必然按照祖宗法度，严厉治罪，不再宽容。

在勋贵外戚面前，王振也毫不落下风。

对于驸马都尉，王振借助一些小事“小题大做”。正统九年（1444）七月，驸马都尉石璟被下锦衣卫诏狱。理由很奇葩，就是因为石驸马府中的阉人吕宝偷盗，被驸马发现后一顿臭骂。骂人的话当然不可能好听，无外乎什么阉贼之类的脏话。史书上说王振听了这些话，觉得物伤其类，因此生气治了石驸马的罪。其实，王振也是通过此举，告诫那些瞧不起宦官阉人的权贵们。

当然，王振可不是只会铁血杀戮的莽夫，他也会拉拢朝臣协助自己。吏科给事中张睿因为当道给王振下跪，被他表奏英宗，授予户部侍郎一职，从正七品到正三品，连升四级。在这种示范效应之下，很多官员纷纷来拍王振马屁。结好王振的官员当中，当然也有很多是干吏能员。比如石璞，他曾经担任江西按察使，处理案件公正严明，地方妇孺都知道石廉使大名。不久，石璞因为政绩卓著，升迁为山西布政使。

王振老家在山西蔚州，他有一次回乡省亲，石璞抓住机会，极力讨好奉承王太监。王太监马屁被拍得舒服，一高兴，回朝后，在英宗小皇帝面前举荐，石璞被升任为工部尚书。王振对很多有才干的文官也是发自内心地推崇。比如前面我们讲的薛瑄，被王振引荐，而且王振想主动结好薛夫子，只不过被薛老夫子一副冷面孔拒绝了。

吏部尚书魏骥为官能坚持原则，维持大体，因为他卓越的办事能力，王振对其很是赏识，以“先生”称呼。要知道，在满朝文武战战兢兢，甚至见面都要下跪的情况下，王振独能对魏骥如此敬重，也让人称奇。

耿九畴在做盐运司同知时，能改革弊政，两淮盐政在他治理下卓有成效。后来，耿九畴因母亲离世要离职丁忧，数千名百姓来到京城乞求皇帝挽留耿九畴继续任职盐政。王振跟英宗说：“此人廉洁耿介，众所周知。可以同意挽留他继续任职。”英宗同意了众人所请，复起他为盐使司都转运使。

治理江南的名臣周忱跟王振也有交结。当时朝廷正在修缮宫殿，需要一万多斤牛胶，于是下令江南立刻筹集。巡抚江南的周忱因为公事进京，途中巧遇传旨的使者。使者请周忱立刻返回江南置办牛胶，周忱心知肚明，此时再回江南置办必然耽误时日，而且会给地方造成骚扰。于是他来到京城求见王振，跟他说："京城库房中储藏的牛皮已有多年，其中多半腐朽，不如清理出来煮炼牛胶，等下官回到江南，立刻再买新牛皮归还府库。"就京城库房来说是以旧换新，就周忱而言是节省时间，节约人力物力，可谓一举多得。周忱的办事能力得到了王振的赏识。此后，周忱的奏请朝廷无不允肯，这当然都离不开王振的相助。

当然，另一方面，周忱也大力讨好王振，以便自己能在江南大展拳脚，有一番作为。周忱听说王振正在修建一座府邸，便用重金买通了王振身边的一个小宦官，得知了新房子的尺寸。然后，周忱让松江府连夜赶制地毯，等到府邸竣工，地毯也完工了。然后周忱派人将地毯送给王振，作为新宅落成的贺礼。地毯往新房里面一铺，尺寸分毫不差，乐得王振拍手称赞。

在征伐麓川时，周忱及时供应钱粮，确保了最终的胜利，这也让王振极其满意。可以说，王振和周忱的关系，很像后来万历朝的冯保和张居正，太监加能臣，这种内外结合不一定都是坏事。

讲了这么久，王振其人对正统初年的政治清明到底起到了什么作用？先看明英宗朱祁镇的一道即位诏书，其中提到：先帝宣宗派往各地采办各种绸缎布匹以及纸札、铸造铜钱、烧造瓷器、铸炼铜铁等事全部停止，因为以上诸事外派人员全部回京，违者治罪。今后非奉朝廷明令，内外官员人等一律不许擅自骚扰百姓，违者治罪。各处捕鹰、捉拿鸟兽和采办虫鱼花草果木之类，只要即位诏书一到，全部停止。外出买办、采办、造办的内外官员，如果有私自侵占官民田地和建造房屋，或者役使军民为自己做私活者，诏书到达之日起，官民田地归还原主，私建房屋没收入官，被私自役使者各归本业，如果有违反者，治以重罪。

这道即位诏书并不是泛泛而谈，它正是英宗君臣在意识到宣德年间的诸多弊政后，开出的一剂针砭时弊的良药。朱瞻基为了满足私欲，派宦官外出采办，给地方造成了极大骚扰。王振正是针对此弊，严令禁止宦官外出采办，避免了再度骚扰地方，民间也得以休养生息。

三杨内阁的治国理政方法不离窠臼，延续仁宣政治显然也不能适合新形势的发展。正是在王振的辅佐下，英宗针对因循守旧之风，欲有一番振作，对官场开展了大力整治。而放眼当时的群臣，三杨、胡濙、张辅等重臣已然老迈，他们思想上因循守旧，无法承担改革重任。英宗放手支持王振改革时弊，也取得了一些成效。

惩治因循守旧的朝臣，严厉约束不法宦官，力主出兵麓川，任用治国能臣干吏。可以说，在王振和英宗的锐意进取之下，大明帝国重新焕发了生机。

正统末期，东南邓茂七、叶宗留、黄萧养起事，半个东南陷入战火。这三人起事造反，原因各不相同，不能简单以农民起义视之。起事民军中，鱼龙混杂，夹杂了土匪、强盗、流氓等亡命之徒，所过之处，百姓被杀戮，财产被抢劫，东南社会经济受到了极大打击。

面对严峻局势，朝廷官员应对不力，造成了局势进一步恶化。如巡按御史柳华、柴文显、汪澄三人都因为在平定民乱过程中或昏聩无能或贪生怕死，最终导致了官军失利。

王振对柳华等三人的过错极为震怒，他请示英宗，将三人处以斩首极刑，以儆效尤。正是在这种杀伐果断的高压下，内外官员引以为戒，齐心协力，最终将民乱一一平定。

可以说，英宗对王振是极其信任和尊重的。在英宗眼中，王振可不是一个普通的奴仆，他每每以“先生”呼之以示尊重。

正统十一年（1436）正月，英宗赠给王振等各宫太监白金、彩币等财物，并命王振侄子王林为锦衣卫千户，世袭指挥佥事。不仅如此，英宗还向天下发布敕文大力称赞王振。敕文中提到，王振前后二十年间兢兢业业辅佐侍奉历代皇帝，忠心耿耿，对朝廷贡献良多。这种高度评价也昭示着王振在英宗心目中无可替代的地位。

王振的权势和声望也在这一刻达到了顶峰，照此发展下去，王振很可能会荣光一生，名垂青史。只不过历史的进程实在吊诡，谁也预料不到四年之后，王振和他“忠心”守护的大明王朝将遇到一场塌天大祸！

土木堡之变，谁之过？

从洪武到永乐，明朝最为雄才大略的两位帝王强势打击北元残余势力，最终北元朝廷崩溃，蒙古势力又分化为鞑靼、瓦剌、兀良哈三部。鞑靼具有黄金家族血统，因此具有正统地位的优势，所以，永乐一朝对鞑靼部实行了重点打击。

在鞑靼阿鲁台被朱棣沉重打击之时，瓦剌部正在暗中积蓄力量。永乐初年，瓦剌部和明朝曾经有过一段短暂的蜜月期。永乐七年（1409），朱棣册封瓦剌首领马哈木为顺宁王。之后，瓦剌每年都要入贡明朝。

两者之所以能实现短暂的和平，是因为对于明朝和瓦剌来说，此刻共同的敌人是鞑靼部。但是鞑靼被削弱之后，瓦剌渐渐显现出野心。永乐十一年（1413），马哈木率兵到达明朝边境兴和窥探动静。朱棣敏锐地感觉到瓦剌实力已经不容小觑。三月间，朱棣亲征瓦剌，一番大战之后，瓦剌被歼灭上万人。

这时鞑靼又乘机重新积蓄力量，朱棣再次拉拢被沉重打击的瓦剌，共同对付鞑靼部。马哈木之子脱欢继承了父亲顺宁王的爵位，乘机向东南方发展势力。他率军击败东察合台汗国歪思汗，迫使其迁都到了亦力把里。明成祖朱棣此后的三次亲征都是针对鞑靼阿鲁台，鞑靼部损失巨大。永乐二十一年（1423），脱欢又在饮马河打败阿鲁台。之后，脱欢又合并了不服从自己的土尔扈特部，瓦剌实力进一步增强。

宣德六年（1431），脱欢再次大败鞑靼阿鲁台和阿岱汗。他还拥立血统高贵的元皇室后裔脱脱不花为可汗。宣德九年（1434），瓦剌杀阿鲁台。宣德末年，在脱欢的支持下，兀良哈部屡屡进犯大明边境。正统三年（1438），瓦剌杀阿岱汗，一统漠北。脱脱不花成为了全蒙古的大汗，而脱欢则成为太师。正统四年（1439），脱欢去世，其子也先继承太师之位，继续率领瓦剌强势扩张。一直到正统十二年（1447），也先征服兀良哈三卫，蒙古各部全部臣服在也先麾下。

随着实力不断增长，也先的野心也不断膨胀。他胁迫脱脱不花可汗南侵明朝，声称能得到大城池即可，如果得不到，达到骚扰边境的目的也可。此时的瓦剌已经成为自北元崩溃以来，蒙古草原上最强大的一个政权。其兵力雄厚，战斗力极强，已经具备了跟明朝一争高下的实力。

瓦剌等部跟明朝经济交流的主要方式就是朝贡贸易。瓦剌以朝贡为辞，派出大量人员入贡。明朝方面厚待来使，要给他们赐宴，提供食宿、粮草，还要大量赏赐财物。提及土木堡之变发生的原因，很多人都归咎到王振减损马价事件上。

通常，明朝秉承厚往薄来的原则，对朝贡使团极其大方，高额的招待费用不说，使团来明后飞扬跋扈，而且还夹杂着特务人员，负责窥探明朝内地虚实，明朝不胜其扰。尽管明廷一再下诏强调瓦剌部只需要一年一贡即可，可是也先却装傻充愣，对明朝皇帝的话充耳不闻，一年之中频繁朝贡。明廷要求瓦剌朝贡使团限制为三百人，也先派来的人却动辄上千。

正统十年（1445）瓦剌使团入贡，一共来了两千多人，明朝接待使团，用了牛羊三千多只，酒三千多坛，麦一百多担，至于鸡鹅花果更是不计其数。官粮的供应不足，只好让卫所出银两完成。正统十四年（1449），也先又派遣使者来明朝进献马匹，这次使团一共两千多人，诈称三千人。王振验看使团人员，发现瓦剌虚报人数，他大怒，命令将马价减少。以往瓦剌使团也常常用劣等马以次充好卖给明朝，明朝睁一只眼闭一只眼，花了不少冤枉钱。没想到瓦剌得寸进尺，把明朝当成了摇钱树，这次不但送劣马充好马，更是虚报使团人数以期骗取更多赏赐。

王振这次忍无可忍了。他在减少马价的同时，又下令按照瓦剌使团实际来明人数赏赐，不许多给。平心而论，在减损马价一事上，王振并没有做错。在外交上，明朝处理此事有礼有节，并没有因为瓦剌虚报人数而给予其他处罚，而是照实际人数赏赐，马价也是按照实际价格付款。可以说，于情于理，王振的处理方式都无差错。王振减缩马价只是也先挑动战争的借口罢了，而不能将其视为引发战争的主要原因。

正统十四年（1449）七月，瓦剌兵分四路入侵明朝边境。中西路由也先亲自率军侵入大同，东路由脱脱不花率军进攻辽东，中东路由阿剌知院入侵宣府，西路则攻击甘州。

早在六月间，明英宗就通过谍报得知也先要攻击大同的消息。他派遣驸马都尉西宁侯宋瑛统率大同三路军队，严防以待，一旦瓦剌入侵，就给敌军以猛烈还击。朱祁镇还不放心，在六月三十日午后，召开左顺门晚朝，派出成国公朱勇带领精锐马步京军四万五千人，由平乡伯陈怀、驸马景源统领，前往大同、宣府协助防卫。七月初，英宗又得报，说瓦剌有大举入犯之意，他连忙派出御史、给事中等前往边镇犒赏将士，准备迎战。

七月十一日，也先亲率的中西路军大举进攻大同。镇守大同的参将吴浩带兵在猫儿庄与瓦剌军血战，最终兵败阵亡。同时，阿剌知院率军围攻宣府东北的赤城堡。当天，猫儿庄之败就传到了北京，明英宗在这一天下诏亲征。

亲征令发布的次日，英宗开始给京军将士们发放兵器、粮饷和赏银。七月十四日，吏部尚书王直牵头，带领京官们联合署名，上奏劝谏英宗亲征。大家的理由很简单：一、后勤保障困难；二、皇帝亲征，国家事务不能及时处理；三、亲征难保无虞，万一失利，皇帝安危事大。兵部尚书邝埜和兵部侍郎于谦又各自单独上奏，请英宗以社稷为重，不要亲征。

七月十五日，驸马西宁侯宋瑛、武进伯朱冕、都督石亨率大同军又在阳和城与瓦剌军激战。结果明军全军覆灭，宋瑛和朱冕阵亡，石亨独自一人逃脱。也就是这一天，明英宗朱祁镇命弟弟郕王朱祁钰留守北京，带着二十五万京军及私属浩浩荡荡，踏上了北征瓦剌的征途。

撺掇朱祁镇亲征瓦剌之事，一向被士大夫认为是王振最大的罪过。一句“挟帝亲征”就给王振定了性，如果没有这个太监，英宗岂能亲征？若不是亲征，又岂能落入敌手，成为瓦剌俘虏？

清修《明史》就言之凿凿地认定正是王振逼迫皇帝亲征，才导致了土木之难。王振胁迫皇帝亲征的目的是什么？事后，明廷众臣认为王振是山西人，他看到瓦剌军锋直逼大同，担心故乡被攻击，为了保护故乡，同时又想带着皇帝到自己老家炫耀一番，才想出了亲征的主意。

只不过，这种挟帝亲征说是站不住脚的。

英宗朱祁镇当年已经二十四岁，早已是独立处理国政的皇帝，而不是大权旁落的傀儡，亲征决策若不是他自己提出，王振又怎么能“挟持”？而且，英宗正是在明军猫儿庄大败之日，收到消息，做出了御驾亲征的决策。英宗和王振判断，精锐的大同边军竟然惨败给了瓦剌，局势之严峻也到了必须御驾亲征的地步。

更重要的是，永乐朝京军设置三大营之后，皇帝是军队最高统帅。武将只能统率部分军队，或者担任偏将，率领全部京军出征的最高统帅必须是皇帝本人。这也是朱棣之所以五次亲征漠北的主因，也是明英宗在意识到局势危急之后，带领几乎全部京军亲征瓦剌的原因。京军统率体制的改革，是景泰朝于谦实行了改设团营之后才完成的，那时候的京军已经不需要皇帝御驾亲征了。

况且，御驾亲征在明朝中前期是传统。从明太祖朱元璋身冒镝锋打下江山，到明成祖朱棣五征漠北，再到明宣宗朱瞻基平定汉王之乱和巡边兀良哈，历代皇帝都建立了赫赫武功。应该说，这是朱祁镇一直仰慕和想极力效仿的。

在朱祁镇还是皇太子时，那时的他刚刚学会说话。有一天，朱瞻基将朱祁镇抱到膝盖上，问他："将来你做了太子，能使天下太平吗？"朱祁镇干脆利索地回答道："能！"宣宗又问道："有干扰国家法度，犯上作乱之人，你敢于亲自率领六师前去征伐吗？"朱祁镇再一次用稚嫩的童声响亮地回答："能！"宣宗皇帝大喜不已，以为社稷后继有人。

幼年如此，长大后的朱祁镇更加留心武事，关注戎政。朱祁镇羡慕历代先帝的武功，想模仿他们御驾亲征，创造属于自己的辉煌。总之，朱祁镇是自己做出了亲征的决定，并不存在王振的胁迫。他是高估了明军实力，低估了瓦剌战斗力才做出这样草率的决定。

当然，亲征的决定不能说跟王振完全没有关系。王振在正统年间，一直提醒小皇帝不要忘记战事，从明英宗初年两次检阅京军到力主用兵麓川，王振的思想对英宗的影响不可谓不大。这次明英宗提出御驾亲征的决定，王振也属于坚定的拥护派。

从英宗下达亲征之命到七月十六日正式出征，皇帝仅仅给了出征大军五天准备时间。当时军情紧急，明廷确实也没有更多的时间来准备。二十五万京军和私属仓促就道，大军八日之后抵达宣府。到了宣府，天气忽然变坏。跟随皇帝亲征的文武官员纷纷请求皇帝在宣府驻扎，不要继续前行，以免出现差池。面对这种畏战情绪，英宗大怒，命王振将劝说驻军的大臣遣送到军队里，跟着士兵们一起行军，让他们感受战争的气氛。

第二天，亲征大军继续西行，到达鸡鸣山。这时候军中的畏敌情绪更加严重，为了压制此风，在英宗授意和默许下，王振故意凌辱群臣，命成国公朱勇觐见时，膝行向前。管理大营的户部尚书王佐和兵部尚书邝埜，无故擅离职守，王振罚令二人跪在草地之中，夜晚才让他们回去。

军情紧急，王振身边的亲信钦天监监正彭德清劝说："敌人强大，不可继续前进，万一皇帝失利被俘就坏了。"内阁学士曹鼐也以皇帝之命关系社稷安危相劝，要求退军。结果，都被王振拒绝了。

明军继续前进，到达前线大同。大同镇守太监郭敬秘密告诉王振，若大军继续出战，将正中也先下怀。郭敬显然是得到了军事情报，才禀告了王振。因为就在明英宗进军时，以往战无不胜的瓦剌军竟然悄无声息地退出到塞外。

当时跟随的文官李贤也看出了端倪，他后来在笔记中说敌人故意退却，以引诱明军深入围歼。

在群臣和王振的极力劝说下，明英宗极不情愿地同意大军班师。针对回师的路线，镇守大同的都督佥事郭登建议大军从紫荆关回师。但是明英宗却没有同意这个建议，他选择的路线是向东，从居庸关回师北京。

关于回师路线，《明英宗实录》给出的说法是王振想邀请英宗亲自驾临其故乡蔚州，才建议亲征大军从紫荆关回师。但是，王振又考虑到亲征大军会踩坏了故乡的庄稼，给乡亲们造成重大损失，才又建议英宗改道宣府经居庸关回京。因此才导致英宗在土木堡中了瓦剌埋伏，全军覆没。如果真是这样，王振对土木堡之变可要承担重要责任了。

而事实上，王振跟郭登意见一致，也请求英宗从紫荆关回师，这样更远离敌军，相对更安全。《明英宗实录》刻意将这个决定的责任推到王振身上，就是为了给明英宗推脱责任，从而坐实宦官误国这一说法。

明英宗不选择从紫荆关回师是有他自己的想法。首先，回师就是他极不情愿的决定，如果走居庸关东北一线，在山川众多，地形不利于敌方骑兵展开的情况下，遭遇瓦剌军，还有可能打上一场胜仗，给自己的回师挽回些面子。年轻气盛的皇帝不甘心一仗不打，就这样灰溜溜退军。

其次，即使选择走紫荆关一线也并不能保证万全。正统十四年（1449）之前，从大同到蔚州的路途，并非后世人们想象中城堡众多，贯通联结为一体，有密集的防御工事。当时的边墙修筑只是断断续续，在正统之前，据《明实录》记载，明朝只在永乐十年（1412）有过一次修筑边墙的行为。明朝大规模修建长城是嘉靖朝的事情。

宣府这样的重镇在正统年间，正是处在没有墩台、城堡、关隘、边墙连接为一体的状态，大小城堡之间各自为战，难以相互救援，也无法形成合力阻击敌军。宣府等边镇犹如一个四处漏风的篱笆院，瓦剌骑兵可以随意进出，防不胜防。

在这种情况下，明军即使选择走偏南的紫荆关一线，也充满了危险。万一瓦剌骑兵深入内地，就可能在南线一带平原地区追击上明军。

英宗在拒绝了郭登和王振从蔚州附近的紫荆关回师的建议之后，沿着北线行军以便寻找瓦剌主力决战。初七日，亲征大军到达了白登，大军又转向东南，向着蔚州方向前进四十里。为何英宗又走了一段被自己否定的路线呢?

这就跟英宗内心的反复不定有关系了。在阳和城外见到了尸横遍野的场面，一心要寻找瓦剌军决战的英宗内心也有所触动，毕竟是第一次亲征。众多文武大臣还有王振出于对皇帝安全的考虑，也在旁一直劝说皇帝走蔚州方向。英宗也考虑到蔚州一线虽然平川无险，但是毕竟远离边塞，瓦剌骑兵到来的可能性不大。于是在众人压力之下，才有了这绕道四十里的行程。

在洪州方城堡休息了一夜之后，英宗不甘心就这样回师，又改变了主意，不顾文武官员的极力劝说，继续执意前往宣府。王振见英宗陷入巨大舆论压力下，于是主动站出来替皇帝打圆场，说皇帝不去蔚州，是担心大军践踏了家乡庄稼。这才有了之后《实录》里面的记载，将绕道之罪归于王振。其实，仲秋时节，地处塞北的蔚州并没有庄稼供大军践踏，王振此说只是为皇帝解围随口一言。

清修《明史》里面抓住了这绕道四十里之事，说绕道导致了亲征大军疲倦不堪，从而耽误英宗安全返回。可是，绕道四十里之后，接下来连续三天，大军都在夜间休息驻扎，充分休整应无大碍。

绕行又耽误了多少时间呢？回师时，亲征大军从大同到宣府一共花费八天，比出师时从宣府到大同多花了一天。多用的这一天是在大同到阳和的道路上，是因为遇到了雷雨天气，大军前行速度有所减缓。

八月初九日，大军在万全左卫花园驻扎时，文书官袁敏曾经建议，派遣一大将率兵三到四万人，在宣府城南边或者鹞儿岭驻兵，以防止敌军攻击亲征大营。应该说，这个建议是非常明智的。可惜，英宗竟想自己亲自对战瓦剌军，这个建议被他拒绝了。

八月十二日这天，大军放慢行军速度，行二十里，到达雷家站。八月十三日，大军正要启程，英宗得到谍报，也先亲率瓦剌军，准备袭击亲征大军后部，警报终于拉响了。

明英宗朱祁镇在十三日接到了谍报说瓦剌军已经到来时，不但没有加快回师速度，反而停军不动，并派出断后部队截击瓦剌军。

雷家站地势开阔，北临八宝山，南边是一望无垠的广阔平川。这是有利于大军团展开作战的地形，正是跟瓦剌对战的好地界。一路上一心要寻找瓦剌主力决战的朱祁镇，终于等到了跟敌军对战的机会。听说敌人追击的消息，他一点都不害怕，反而摩拳擦掌，跃跃欲试。

瓦剌这一次四路入侵明朝，可谓倾巢而出。北京保卫战中，也先带领九万多军队围攻北京。根据这一人数逆向推算，土木堡之战中，也先也应该至少动用了十万左右兵力参战，而非常见史籍中所言的两三万人。

不得不承认，也先是卓越的军事指挥家。他得知明英宗御驾亲征的消息后，故意示弱退却，然后在漠北设下埋伏，引诱明军进入包围圈，然后围歼。若明军没有上当，他就攻击大同，阿剌知院进攻宣府，这两地都是明朝亲征大军必经之地。

糟糕的是，早在七月十二日，瓦剌大军已经开始围攻马营。这就意味着宣府北边的独石城已经落入敌手。独石城的城防在整个宣府地区仅次于镇城，此地不守，意味着其他更小的城堡更加无力抵抗瓦剌军的猛攻。

独石城失守后，马营城守将杨俊不战而逃。他这一逃，带来的恶劣影响，就是怀来、永宁等地的守军纷纷效仿，弃城逃跑。这样一来，有十一处城池落入敌手，整个宣府北路和东路的防守全线崩溃。永宁卫的丢失，又使得瓦剌军可以来去自由，长驱直入，切断了明军取水的水源地桑干河，后来的事实证明，这正是明军惨败的一个重要原因。

对独石、怀来、永宁等城池的攻占，使得瓦剌大军已经具备了合围明朝亲征大军的可能。而明军的探报却没有探测到如此重要的情报。二十多万亲征大军丝毫没有意识到，从踏入雷家站开始，他们已经一步步走进了也先设计好的包围圈。

八月十三日，明英宗朱祁镇正信心满满地准备在雷家站痛击瓦剌主力，这时他突然接到探马回报，一听探报，他惊诧地差点从马上掉下来。原来，瓦剌军已经袭击了亲征大军的断后部队，勇将恭顺侯吴克忠、都督吴克勤所部三万人陷入敌军埋伏，几乎全军覆没！吴克忠兄弟战死殉国。

得知消息后的明英宗立刻派出成国公朱勇、永顺伯薛绶率领京军四万人迎战敌军。结果大军进入鹞儿岭，又被瓦剌军伏击，四万人全部牺牲，主将朱勇、薛绶阵亡。至此，亲征大军已经损失了七万兵力。明英宗朱祁镇在这一刻，才真正见识到了瓦剌军恐怖的战斗力！

更加糟糕的是，瓦剌大军已经切断了宣府镇和亲征大军之间的联系，宣府镇守将杨洪就是有心救援，也无力出城了。八月十四日，明军进入了土木堡，他们的士气，已经被前面两次惨败打击得荡然无存。

距土木堡二十里处有一处城池，即怀来城。明末清初的谷应泰在《明史纪事本末》中悲愤地说："王振让亲征大军停下，等待一千多辆辎重车，那些都是他的私人财物，落在了后面。因为这一等，才错过了大军进入怀来城的时机，从而最终导致了车驾陷落土木堡。"

而《明英宗实录》提出了另外一种说法：亲征大军每当到达一地驻跸，英宗都要派遣司设监太监吴亮勘察地势，选择营盘所在地。王振因为大军屡屡失利，心中愤懑，心不在焉，也没有让吴亮勘察地形，就选择了在土木堡地势较高之处驻营。大军又饿又渴，掘地二丈，都没有发现一滴水。驻营高地南边十五里处，有一河流，已经被瓦剌占据。《实录》由此提出，正是王振选择驻跸土木堡的重大失误，最终导致了大军的崩溃。

其实以上说法都站不住脚。首先，瓦剌设伏鹞儿岭的军事行动，在亲征大军到达雷家站之前就已经完成了。千余辆辎重应该是在成国公朱勇和恭顺侯吴克忠的断后大军中，两路大军被瓦剌击败，辎重岂能完好无损？

退一步讲，如果那些真的都是王振的私人财物，何不让辎重车跟随自己和英宗左右？在明明得到探报，有瓦剌兵追击的情况下，还要将重要财物放在殿后部队，这在情理上也讲不通。

事实上，怀来城早在亲征大军到来之前，就已经被守军放弃，从而被瓦剌军进占。驻跸土木堡，正是明军在瓦剌大军紧逼下做出的无奈选择，而非王振一时愤懑，做出的错误决定。《实录》记载也不准确。

八月十四日晚，瓦剌军连夜攻击土木堡北面的麻峪口，守卫此处的明军都指挥郭懋拼命抵抗了一夜，最终不支，败下阵来。

八月十五日，中秋万家团圆之日，土木堡的明军已经陷入了绝境。当然，此刻的明军并没有放弃最后的努力，他们筑造堑壕工事，对抗瓦剌军，使得瓦剌军一时间难以靠近。

自从桑干河上游被瓦剌军控制后，明军在近两天时间里无水饮用，还能坚持守卫工事，不让瓦剌军攻破，这足以证明，明军的战斗力仍然不可小觑。如果明军阵脚不乱，瓦剌军还真一时难以啃下这块硬骨头。

也先计上心来，他派出使者到明军阵前议和。明英宗朱祁镇派出内阁曹鼐跟瓦剌使者会晤，然后又派出两人护送瓦剌使者回去。也先假意同意撤军，饥渴难耐的明军看到瓦剌军后撤，在这一刻他们紧绷的神经终于放松了，纷纷跳出堑壕，寻找水源。

就在明军阵形大乱之时，佯装撤军的瓦剌军杀了一个回马枪，将明军打了一个措手不及。接下来的战斗，简直可以用杀戮来形容了。血色夕阳，一场大战之后，土木堡伏尸遍野。月明团圆夜，六万多明军将士却已经长眠他乡。

土木堡之战时，明军尚且有十八万人。根据亲历者李贤的记载，死者居三分之一，伤者过半，骡马损失了二十多万。可见，有不少明军还是逃离了战场，保住了性命。

瓦剌军在砍杀明军的同时，不忘记抢夺辎重。一名瓦剌兵看到一个盔甲鲜明的年轻人坐在地上，仿佛这杀戮的修罗战场跟他无关似的。他伸手抢夺年轻人的甲胄，将其俘虏。后来经过瓦剌将领辨认，才知道此人正是大明皇帝朱祁镇。

王振之死

关于王振之死，有三种说法：一是为瓦剌军所杀。傅维鳞《明书》和小说《醒世姻缘传》皆持此说。二是为护卫将军樊忠所杀。谷应泰《明史纪事本末》记载：土木堡之战，明军崩溃，护卫将军樊忠睚眦俱裂，他痛恨奸臣王振，挥舞着手中大锤，大声喊道：“我要为天下诛杀此贼！”说完，他一锤下去，将王振砸了个脑浆迸裂。杀了王振后，樊忠想突围，却死于瓦剌军中。三是北京智化寺留存的《英宗谕祭王振碑》中提到：英宗朱祁镇亲眼目睹，王振挥刀自刎，自杀殉国。

第二种说法颇具小说色彩，显然是作者一种情怀的寄托。若樊忠真有如此忠心，何以杀了“祸国”的王振之后，又不顾皇帝死活，自己要突围逃跑？王振若是死得如此不堪，英宗后来为其立碑，又岂能掩天下悠悠之口，公然篡改事实？

应该说，王振自杀的可能性是最大的。眼看明军全军覆没，英宗又被俘虏，自己没有尽到保护责任，愧对了皇帝对自己的恩遇，又辜负了先帝对自己的嘱托和厚待，王振感觉无颜活在世上，遂挥刀自杀。

土木堡之变是明朝建国以来最惨痛的军事失败。京军损失惨重，死于鹞儿岭和土木堡之战的总共有十三万人之多，军械辎重被瓦剌掠夺一空。

而且，皇帝朱祁镇成了瓦剌的俘虏，这也是一大国耻，对明朝军心士气造成了沉重的打击。最后，随行的五十多名文武重臣死于土木堡，这几乎摧毁了明朝半个朝廷。死于土木堡之变的勋贵为数不少，勋贵集团遭受了沉重打击。这也直接导致了明朝权力高层的重新洗牌。

虽然在文人笔下，王振成了替罪羊，但他也要负一定责任。他一直支持英宗亲征，又不谙军事，在亲征途中，未能团结广大文武官员，依仗皇帝，凌辱重臣，导致上层人员离心离德。

英宗被俘虏的消息传到北京后，造成了极大的恐慌。事后，朝廷开始追责。八月十八日早朝，监国的郕王朱祁钰先宣布了孙太后的懿旨，立英宗长子朱见深为皇太子。随后，都察院都御史陈镒首先发难，一纸联名奏疏，建议将太监王振及其党羽严厉处置。

陈镒话音未落，激动的文臣们纷纷七嘴八舌，要求将王振灭族，并且除去王振同党。郕王朱祁钰的态度不明朗，正在此时，锦衣卫指挥使马顺突然站了出来，厉声指责文官们。哪知道，平时看似柔弱的文官们，这时候内心积攒的怒火已经如火山爆发般无法遏制了。

给事中王竑首先冲向马顺，一阵拳打脚踢，还没等马顺反应过来，其他文官也一起涌了上来。饶是马顺武官出身，这时候也架不住人多势众，被一班文官活活打死在朝堂之上！

面对文官们激愤的情绪，郕王朱祁钰只得表态，抄没王振家产。司礼监太监金英代替郕王问大家还有什么要求。大家要求处死内官毛贵、王长随，于是这两个倒霉蛋被人从宫门夹缝中推了出来，又是一阵乱拳，二人当场毙命。王振的侄子王山也在文官们的强烈要求下，被郕王下令押赴西市，凌迟处死。而王振的另一个侄子王林，早死在了土木堡乱军之中，这对他而言，也算幸事。除了被当场打死的几位，还有一些人被列入了王振同党，例如太监郭敬、内官陈屿和唐童、钦天监监正彭德清等，他们的家产纷纷被抄没。

王振的家属二百六十多口，被囚禁在都察院监狱。最终王振本宗被判斩首，妇女没入功臣家里为奴，家里的奴仆被杖责一百后，发配边疆为卒。

王振死于国难，家人亲属却无端受过，其身后境遇至此凄惨至极。不过，具有讽刺意味的是，就在举国都认为王振万死不足以赎其罪时，有一人，他在内心却深深怀念着王振。他就是“理论上”最应该痛恨王振的俘虏皇帝朱祁镇！

景泰八年（1457）正月，刚刚夺门复辟成功的朱祁镇，就下旨将发配到边关充军的王振族属调回京城，在京城卫所充军。这显然是一个信号。这个信号被一个太监敏锐地捕捉到了，他就是刘恒。他在天顺元年（1457）十月，跟英宗提出：王振侍奉皇帝谨慎恭敬，自从在土木堡殉国之后，也未曾给予恩典礼葬。

英宗顺水推舟，下令赐给王振祭葬。天顺三年（1459），僧录司右觉义兼任智化寺主持的然胜上奏称：已故太监王振有功于社稷，奏请为其赐祠额名为“旌忠”，并且立碑。智化寺本是王振生前所建，英宗对王振念念不忘，在寺内还为他建立一间祠堂，赐额名“旌忠”。天顺六年（1462），英宗又同意然胜的请求，赐给智化寺《大藏经》和敕谕，以告慰王振之魂。

以国家名义为宦官立祠祭祀，这代表了皇帝对王振的最高礼遇。英宗祭祀王振的碑文里面提到：历代先帝信用王振，王振忠心耿耿辅佐自己，正统年间有社稷之功，在土木堡殉难。

通篇文字，字里行间都体现了英宗对王振的真情实感。朱祁镇内心明白，王振为自己付出了太多，死后还要顶着罪名被万人唾骂。他于心不忍，用自己的实际行动，强有力地向世人表明，他跟王振是真正的主仆情深。

智化寺的王振像和碑，一直留存了近三百年。迟至清朝乾隆年间，乾隆听从御史之言，摧毁了王振塑像和石碑。不过，王振若是泉下有知，知道自己忠心侍奉的主子朱祁镇，对自己如此挂念，也可以含笑九泉了。

五　宦官与国变

坚守北京

土木堡之变中，英宗朱祁镇成为俘虏，亲征大军全军覆没。也先对于能俘虏明朝皇帝，喜出望外，遂有一举攻克北京，从而恢复蒙元昔日辉煌之意。对北京城而言，强敌来袭，加之精锐京军基本被英宗带去亲征，损失在了土木堡，京城只剩下不到十万老弱兵卒，此时的北京人心惶惶，随着瓦剌的步步紧逼，末世来临之感越加强烈。

有一位叫作徐珵的文官，他精通占卜，善观天象。早在土木堡之变前，他就预测亲征大军命运不佳。他为此还将家属悄悄送回苏州老家避难。果不其然，他预言成真。

面对危局，徐珵想的不是死守北京，而是在朝堂上，公然建议新登基的景泰帝朱祁钰放弃北京，迁都南京。若是他的建议被采纳，恐怕历史就要改写。听了这等胆怯言论，礼部尚书胡濙说："当年文皇帝（朱棣）将陵寝定在北京，也是为了向子孙表达永远不可放弃之意。先帝们的陵寝都在此处，岂能南迁?”随声附和的还有太监兴安（此公的故事容我们后面细说）。

紧接着，一人站出来，怒声呵斥：“谁敢再说南迁的，应当斩首!”他就是兵部侍郎于谦。于谦以南宋故事劝谏朱祁钰万万不可南迁，并建议死守京城。此后，兴安还劝说朱祁钰下诏书，禁止官员们再谈论南迁之事，而且还要严厉禁止京城官员将家属送离北京。

在朝会上，怒斥逃跑派文官的，可不止兴安一位公公，司礼监太监金英也是其中一份子。金英出生于安南，在永乐五年(1407)，张辅收服安南之后，他成为阉童大军中的一员，进入宫廷之中。金英入宫后，先后侍奉成祖、仁宗、宣宗、英宗四代皇帝。永乐末年，他大概三十多岁时，被升为司礼监右监丞。土木堡之变后，金英被朝廷任命为司礼监掌印太监，接替王振，成为宦官权势第一人。

国变之时，京城人心惶惶。金英前往徐珵处问计，老徐仍提出南迁之议。金英又去拜访了成山侯王通，此人因为在宣德年间私自撤军交趾，坐过十几年的大牢，此刻正在家赋闲。金英问计于他，没想到这位侯爷见识浅薄，提出的应付之计不过是深挖壕沟。

朝会上，徐珵又抛出了逃跑言论，金英附和兴安，慷慨激昂，对众人说：“此时我等应该竭尽全力固守京城，以待四方勤王之师救援，谁再敢说迁都，皇上必然对他杀无赦!”此言犹如定海神针，坚定了众臣的抵抗决心。要知道，金英是新帝朱祁钰身边的红人，他的话就代表了皇帝的旨意。从此，朝廷之内再也无人敢言南迁之事，大家同仇敌忾，准备迎击瓦剌。

孙太后心中没底，就私下问司礼监太监李永昌该何去何从。李永昌当即跪倒，一脸严肃地回答："祖宗留下的陵寝宫殿都在北京，仓廪府库还有百官百姓也都在这里。一旦迁都，大事不可为。请您想想历史上宋室南渡之事吧！"

李永昌又详细讲述了靖康之变，态度非常坚定。这下，孙太后心中有底，彻底断了南迁的想法。内廷实力派太监的坚决主战，朝廷上下内外一心，积极准备应战。

瓦剌方面，也先率领十万大军，趁着秋高马肥，于正统十四年（1449）十月，大举南下，妄图一举攻破北京城。说不好，还能再一次上演奇迹，一举俘虏新任皇帝朱祁钰，重演"靖康"故事！

瓦剌大军攻破重镇紫荆关，只用了不到一天时间，明朝方面，副都御史孙祥战死。瓦剌大军带着英宗朱祁镇，一路杀到了北京城外卢沟桥下。瓦剌派出一名谈判代表跟随被俘虏的明朝翻译岳谦，一起来到了北京彰义门外喊话。大意不过是，大军来临，明军赶紧投降，早早与我等谈判之类。

没想到，迎接他们的是一阵砍杀，明军冲出城外，将岳谦当场砍死。也先本想不战而屈人之兵，没想到明朝方面抵抗意志如此坚定。无奈之下，他只好采取下策，攻城！

北京城围四十多里，城墙高大坚固，攻打可不是易事。瓦剌大军来到西直门外，磨刀擦枪，准备攻城。明朝方面负责城防的是兵部尚书于谦和武清伯石亨。这两位文武重臣被朱祁钰授予了先斩后奏大权，若是有人临阵脱逃，二人可于阵前将之斩杀。

另外还有司礼监太监兴安和李永昌负责协同京城防务，这也是宦官开始全面参与京营军务。瓦剌首先攻打彰义门。明军守将武兴和王敬在城外列阵迎战。

明军阵中，最前面是神铳火器手，接下来是弓箭手，紧跟其后的是手持短兵器的步兵，最后是宦官数百人，他们骑在马上，握紧了手中的刀枪。

因为北京城内兵马不足，朝廷号召内官们也来报效朝廷。这百余名内官就是主动请缨，打算血战沙场，报效国家。战鼓响起，瓦剌骑兵首先冲杀了过来，一时间马蹄溅起的尘土漫天升腾。这时，明军火铳响起，敌军骑兵纷纷落马，受挫之后，开始撤退。

这时候，预想不到的事情发生了，在队列最后的内官们，见敌人退却，竟然没有听从号令，拍马向着敌人追了过去！

古代对战讲究的是阵列严整，此刻阵列一乱，瓦剌军见有机可乘，转身又杀了回来，明军抵挡不住，纷纷败退。瓦剌骑兵反败为胜，追击明军到了城西北边的土城。战斗中，明将武兴阵亡。面对猖獗的瓦剌骑兵，土城的百姓们纷纷登上房顶，捡起手中的瓦片，击打瓦剌士兵。

瓦剌军进入了不利于骑兵的地形，加上此刻明军援兵在王竑、毛福寿的带领下及时赶来，瓦剌军只好撤退。内官虽然在战斗中也杀死了不少敌军，但是因为争功乱阵，也导致了武兴的阵亡，可谓有功有过。

在德胜门和西直门之战中，宦官也有出色表现。十月十三日，也先率领主力攻打德胜门。于谦早有准备，事先在德胜门外的民房设下埋伏。小股明军骑兵首先攻击瓦剌军营，然后向着德胜门外民房区撤退，也先大怒，率军追击明军。

此刻，埋伏在民房中的明军火铳、火炮手，在一名宦官的带领下，一齐向着瓦剌军开火。一时间，声如雷霆，瓦剌骑兵纷纷落马。此战中，也先的弟弟，号称铁颈元帅的孛罗，被当场击毙。瓦剌军伤亡万余人，实力大损。

这一战指挥明军神机营作战的，正是宦官弓本。弓本，字以德，济南武定人。宣德年间，进入宫廷，因聪慧谨慎，得到朱瞻基赏识，被授予奉御之职。朱瞻基命他管理自己的小金库并统领神机营。

弓本平时对神机营将士训练严格，此刻正好派上了用场。德胜门之战后，也先不甘失败，又移兵攻打西直门。守将孙镗初战不利，退兵城下。瓦剌随后追赶，结果神机营将士火炮齐发，将追击的瓦剌军打得落花流水。

连番失败之后，也先屯军围城，打算长期围困北京。没有想到，夜深人静之际，弓本率领神机营又连夜炮轰也先军营，击毙敌军上万。损失惨重的也先再也无心恋战，只好灰溜溜地退回了塞外。

北京保卫战取得胜利，景泰帝摆下庆功宴，他听说了弓本神机营的奋战事迹，非常感动，因弓本屡战屡胜，朱祁钰给他赐名“胜”。以后，弓本就名弓胜。不但如此，景泰帝还升他为司玥库右副使。

独石城等八城，在土木堡之变前被明军放弃。这一带地势险要，是防卫重镇。弓胜协助都督孙安，奉旨前去镇守独石等八城。独石等地局势稳定之后，弓胜又奉命镇守永宁。回京之后，他仍然掌管神机营。英宗朱祁镇复辟之后，弓胜依然得到重用。他先后又出镇代州、怀来等地。成化五年（1469），弓胜被晋升为少监，前往宣府镇守。

弓胜在宣府镇守期间，跟当地文武官员关系融洽，大家团结一心，坚固了北边重镇的防守。弓胜功劳卓著，被宪宗皇帝赏赐蟒衣，晋升为都知监太监。成化十四年（1478）九月二十五日，历侍宣宗、英宗、景帝、宪宗四帝五朝的弓胜病故在宣府任上。他病故的消息传来，宪宗朱见深极为悲痛，命人将其归葬北京黑山会。

北京保卫战在内外官员一致努力下，终于取得了胜利，大明王朝经受住了建国以来最大的考验，可以说，在这个过程中，宦官们功劳不小。当然，凡事没有绝对，有忠就有奸，文武官员是这样，宦官也同样如此。有的宦官，在国家危亡之际，扮演了极不光彩的角色，成为了万人唾骂的汉奸。

大汉奸喜宁

应该说，也先之所以在土木堡之变后南下攻明，很大程度上是受了一个太监的怂恿。他就是太监喜宁。

喜宁本是东北一带的胡人。正统二年（1437），他参与捐建法华寺。正统四年（1439），他又参加了金山宝藏禅寺的捐助，这时候的他已经是御用监太监了。之后，他又先后捐助了宝光寺、法海寺，可见，他也是一个虔诚的佛教徒。正统九年（1444），辽东镇守太监王彦病逝，英宗命喜宁前往检阅其家产。在办差过程中，喜宁以公谋私，侵占了王彦家的奴仆、田园和金银财物，王彦的妻子吴氏投诉到了皇帝面前。不知怎的，英宗庇护喜宁，并没有给他治罪，只是让他将私占之物归还原主。

英宗皇帝很宠信喜宁。正统十二年（1447），喜宁一次性奏乞北直隶河间府田地四百多顷，经过勘察，其中很多是民田。英宗还是将其中七千九百多亩赏赐给了他。喜宁在英宗的庇护下，越发胆大包天，后来竟然开始打英国公张辅田宅的主意了。

正统十二年四月，喜宁弟弟喜胜带着家奴摧毁了张辅家佃户的居所，并且还殴打张辅家人，导致其怀孕的妻子堕胎死亡。法司判处喜胜和家奴杖刑，背后的指示人喜宁却无罪。更可气的是，英宗还让喜胜赎了刑，连板子也免了，只是把家奴流放广西了事。

喜胜得寸进尺，反而告发张辅家里擅自招收阉人为奴。英宗便将张辅家里的阉奴流放到广西。喜宁如此得英宗欢心，以至皇帝对他到了溺爱的程度。就是如此得宠的一个太监，竟然将皇帝的信任视为无物，做出了让主子痛心疾首之事。

正统十四年（1449），喜宁随英宗亲征土木堡，和主子一起做了瓦剌的俘虏。朱祁镇万万没有想到，喜宁成为俘虏后，将自己昔日对他的恩遇全部抛到九霄云外，一门心思投靠了也先，死心塌地当了汉奸。同年十一月，明朝官军抓获瓦剌谍报人员三名，一审问，才知道其中两个是喜宁的家奴。

这三人是也先派往大明侦察消息，以便于为明年春夏之际的兴兵入寇做准备。法司审问明白，上奏皇帝，朱祁钰大怒，下令斩杀三名间谍，同时抄没了喜宁的家产。

家产被抄，喜宁更加死心塌地为瓦剌服务。他听从也先命令，多次前往大明勒索财物，并且为也先传达消息。不仅如此，更令人痛恨的是，喜宁多次怂恿也先兴兵南下。喜宁做了可耻的“带路党”，指引瓦剌军攻破紫荆关，明军将领孙祥战死，关隘丢失。跟随皇帝一起成为俘虏的锦衣卫校尉袁彬，忠君爱国之心不变，跟喜宁暗中较劲。他在也先面前，以天冷不便兴兵为辞，劝说也先不要兴兵。喜宁见袁彬和自己唱反调，在也先面前挑拨离间，差点害死了袁彬。多亏英宗冒死相救，袁彬才逃过一劫。

不仅是袁彬的性命受到威胁，英宗也有自身难保之虞。朱祁镇想起昔日自己多次庇护喜宁的不法行为，又看到如今这个刁奴投靠新主后的丑恶嘴脸，心中无限悔恨。明朝使者将孙太后带来的御寒衣物送给英宗。没想到，衣物却被喜宁没收，占为己有。英宗成为瓦剌俘虏后，吃尽了苦头。

更可恶的是喜宁还给也先献出了一条毒计：瓦剌军向西攻打宁夏，然后从宁夏绕道直捣江南，在南京立明英宗为傀儡皇帝，以此形成跟北京景泰政权对峙的局面，以兄制弟。不得不说，喜宁这招确实狠毒。若真这样，大明连南北宋局面都难以维持，有可能被瓦剌一举攻灭。

幸好，也先觉得这样太麻烦，而且经历过攻打北京的失利，实力大损，南下一统江山的雄心壮志也化为乌有。这条建议被他束之高阁。喜宁熟悉明朝内部情况，他建议也先带着朱祁镇到明朝边关各镇，四处勒索。明朝边将面对被俘虏的皇帝，顾虑他的人身安危，多是无奈地给瓦剌一些金银，希望他们不要伤害皇帝。

喜宁这计毒辣，既让瓦剌得到了数额不菲的赎金，又打击了明朝的军心士气。此人亡大明之心不死，其可恶程度更胜瓦剌。明朝方面，已经对喜宁这个大汉奸恨入骨髓了。景泰帝传谕边关将士，一旦遇到喜宁带着瓦剌人勒索，一定要想办法诱杀这个大汉奸，为明朝除去心头大患。

只可惜，喜宁防卫心理极强，边关将士难以下手。景泰元年（1450）正月，大同守将郭登捕获了两名瓦剌谍报人员，送往京城审问。原来，这两人都是也先的亲信。锦衣卫审知，喜宁献计给也先，派出这两人到北京城窥探明朝虚实，打算乘五月送太上皇朱祁镇回朝之际，夺取北京。喜宁一日不除，明朝一日不得安宁。

机会终于还是来了，不过谁也没想到，最终做成此事的幕后“总导演”竟然是被俘的朱祁镇。朱祁镇让袁彬传话给也先，说是打算派喜宁和总旗高斌与纳哈出三人回京传话，顺便可以为也先要一些金银财宝。也先答应了朱祁镇的请求。朱祁镇令袁彬写下一道密旨，带给宣府总兵官，让他务必擒杀喜宁，为大明除害。

景泰元年二月十四日，总旗高斌带领骑兵五十多人，来到了宣府万全右卫。高斌在城下喊话，通报了自己的身份，并说要到北京奏事。宣府总兵官朱谦派出右参将杨俊赶到了右卫城。杨俊担心瓦剌军会有大部队来袭，于是提前安排江福等人带领一支部队在野狐岭设伏。果然发现了瓦剌骑兵一千多人向南边进发。高斌又来到了城下喊话。

杨俊问他喜宁有没有来。高斌回答说喜宁在后面。杨俊连忙下城，跟高斌近距离对话，高斌暗中将太上皇的意思告诉了杨俊。杨俊不动声色，告诉高斌：转告喜宁，宣府地方官员已经备下了酒宴和重礼，就等着迎接喜宁前来了。高斌转告喜宁，喜宁内心不安，仿佛感觉到了危险，于是找借口不去赴宴。杨俊见状，又让高斌告诉喜宁，不需要劳他大驾入关，只要在城墙下见一面即可。

这下，喜宁找不到推辞的借口了。不久，他带领几名瓦剌保镖来到了城墙下。杨俊等人开门出城，好言诱导喜宁，许诺给以重金。谈话间，二人不知不觉离城墙越来越近。这时候，喜宁发现城下官兵众多，觉得情况不妙，正要逃跑之时，后面有一人突然用力紧紧抱住了喜宁，此人正是高斌。

喜宁心头一沉，知道大事不妙。他还想垂死挣扎，高斌紧抱不放，二人一起跌入了城壕内。这时候，明军士兵奋勇向前，将喜宁拿获。景泰帝得知消息，大喜过望，赏赐了有功人员。朱祁镇听闻后，更是喜极而泣："两国干戈不断，百姓受苦，都是喜宁所害。今日抓获了他，边界安宁，我南归也有望了。"喜宁被押赴京城，景泰帝命令将其押送西市，凌迟处死。

易储之争

在喜宁死后，也先征服明朝之心也荡然无存。朱祁镇反而成了烫手山芋，也先打算释放他回国。景泰元年（1450）八月十五日，朱祁镇这位太上皇终于回到了北京。这时候的朱祁钰，心情是极其复杂的。

一开始，他在毫无心理准备的情况下，被众人推上了皇位。在经历了北京保卫战的考验后，朱祁钰终于赢得了胜利。胜利让他威望大增，这时候的他已经尝到了当皇帝的滋味。

如今，皇兄回归，虽然他已经被尊为太上皇，但是毕竟做了十四年的天子，现在朝堂上多半臣子都是他一手培养出来的。

朱祁钰对这个兄长忌惮极深，皇权让这对同父异母的兄弟开始相互猜忌，终于酿成了权力争夺的悲剧。景泰帝朱祁钰将兄长迎回之后，就将他送进了南宫居住，而太上皇朱祁镇也开始了他长达七年的软禁生涯，他回到故国，却又开始了另一段囚徒生活。

朱祁钰放眼周围，文武官员基本都是英宗故旧，只有于谦、石亨、王文等少数几个朝臣算是自己的心腹。既然外臣中心腹太少，景泰帝就只能依靠宦官了。王府中之前的内官王诚、舒良、张永、王勤等人，都入职司礼监，秉承机务。英宗朝留下的司礼监班底兴安、金英、李永昌等人，朱祁钰也想拉拢他们为自己所用，只可惜有的人并不买帐。

金英作为司礼监掌印太监，他的态度和意见，朱祁钰十分看重。有一天，朱祁钰故意假装糊涂，跟金英说："七月二日是东宫太子生日了。"聪明如金英，立刻明白了朱祁钰的小心思。

原来，朱祁钰当年被拥立为帝时，明英宗的母亲孙太后，曾经提出一个条件。那就是立英宗长子朱见深为皇太子，然后朱祁钰再登大宝。这就意味着，不管朱祁钰的皇帝做得多么成功，他百年之后，皇位还是要归属太上皇这一脉的后人。

随着景泰帝皇位越坐越稳，他开始对这个约定不满了，想立自己的独子朱见济为太子。这也是人之常情，在权力面前，毕竟没有几个人能保持清醒和超脱。朱祁钰也不例外，于是他想到了改换太子。不过这之前，他要先试探一下内廷大佬金英，看看他到底是什么态度。

金英听闻后，明白了朱祁钰想要改换太子。他随即跪下叩头，严肃地回应道：“东宫生日是十一月二日。”

景泰帝听了这话，心中气愤已极，却不便立刻发作。不过，他已经狠狠给金英记下了一笔，只等有合适的机会，来个秋后算账。

机会很快就来了。金英为人缺点不少，其中最大的缺点就是贪心太重。金英派家人李庆携带盐引，来到淮河一带支取官盐。李庆沿途所做违法之事甚多，不但多支取了不少官盐，还擅自征用民船，并打死了一名船夫。景泰帝命令将李庆下狱审问，判处其绞刑。当然，景泰帝对这个判罚不满意，他想整治的是李庆背后的主人。言官风闻皇帝之意，立即弹劾金英。尤其是给事中林聪根据皇帝的密旨，对金英进行了严厉弹劾。

最后，李庆被处死，金英虽然暂时没有被处分，但是他的违法之事被朝廷彻查。此事过后，波澜再起。锦衣卫指挥佥事吕贵被人告发行贿金英，以谋求留任。这下，朱祁钰新账旧账一起算，将金英下都察院大狱。经过审问，金英的两大罪状被上报给了皇帝：一是放纵家人乱支官盐；二是接受官员贿赂，帮助他人升官。都察院的判决建议是将金英处以极刑，同时抄没家产。

因为立储之事，金英站错了队伍，没有支持景泰帝，这才导致在很短的时间内所做不法之事被一再揭发，最终下狱。不过，朱祁钰没有打算赶尽杀绝，而是将其囚禁。直到景泰三年（1452），以易储之机，将他赦免出狱。随后，金英到了南京成为守备太监，景泰七年（1456）六月，金英病逝在南京。

当然，不是所有人都像金英这么“不识时务”，司礼监另一位大佬兴安就顺应时事，在景泰帝易储之事上大力襄助，得到了朱祁钰的宠幸。兴安，出身于安南贵族，幼年接受过高水平的教育。永乐年间明军进取安南时，他成为俘虏，被阉割后，跟随明军回到大明。自永乐五年（1407）入宫之后，兴安先后侍奉几代皇帝。宣宗因为其办事谨慎，升迁他为奉御，掌管府库出纳之事。宣德九年（1434），王景弘等人最后一次下西洋回来，宣宗派兴安去查验宝货。

正统二年（1437），兴安被派往苏、松、扬、泰等处清理盐法，并遴选军士。他在江南期间，办事得力，并清理疑案，回京之后，被晋升为左少监，不久，又升为太监。英宗对他很信任，赏赐蟒衣玉带，并给予很高的待遇。正统十四年（1449），英宗亲征瓦剌，留下兴安协同内外官员守备京城。

英宗被俘消息传到北京后，城内人心惶惶，危难之时，兴安呵斥主张南迁的徐珵，坚定了京城官民抵战的决心。景泰年间，一开始掌管司礼监的是金英，金英因罪入狱之后，兴安接替他掌管司礼监。兴安早在英宗回国之前，就已经开始大力讨好朱祁钰了。当时，朝廷商量派遣使者迎回太上皇。廷议选派使者时，兴安先说没有合适的人选，还质问群臣：“谁能胜任使者？谁是当今的文天祥、富弼？”后来，朝廷选派了职位较低的给事中李实前往瓦剌，但是敕书里面却没有提到奉迎太上皇回京之事。

李实看到敕书内容，十分惶恐，打算去内阁请示。中途，李实遇到了兴安，兴安知道他的目的后，厉声斥责：“你只需要奉诏办事即可，去问其他人干什么？”可见，在这一系列的事件中，兴安配合朱祁钰，千方百计阻挠太上皇朱祁镇回到大明。不仅如此，在易储之事上，兴安也为朱祁钰立下大功。

景泰三年（1452）四月，应一个犯罪的广西土官奏请，朱祁钰下旨命朝臣们廷议改立太子之事。朝廷重臣悉数到场，大家对于易储这样的大事都不敢轻易发表意见，只有几个小官说了一些反对的话，而吏部尚书王直，支支吾吾地说不出话来。这时候与会的兴安见廷议毫无进展，心中早就不耐烦，大怒道：“此事已经不能停下了。如果哪位大臣认为不可行，可以不署名，不要这样首鼠两端，犹豫不决！”

他怒声一喝，朝臣们再也不敢虚与委蛇，很多人只好不情愿地在廷议结果上签名表示同意。就这样，景泰三年五月，景泰帝表示顺应朝臣们的意思，将太子朱见深废为沂王，立自己儿子朱见济为皇太子。兴安在这次易储之争中，为皇帝立下大功。因此，朱祁钰对兴安宠信有加，并大力回护。

兴安此人极其信佛。景泰三年，他奏请景泰帝在大兴东大市街西北建造了规模宏大的大隆福寺，此庙耗资数十万，寺庙的壮丽豪华丝毫不亚于之前王振兴建的大兴隆寺。为了建造大隆福寺，兴安甚至拆取了太上皇朱祁镇所居住的南宫的部分木石。当然背后的指使者，就是朱祁钰，他也正是要通过这种方式，向失去实权的皇兄示威。

景泰五年（1454）十二月，内使阮绢为了阿附司礼监太监兴安，私下嘱咐管工太监黎贤，擅自在西海子边为其建造佛庵，并在西山等处建造生坟和佛寺。为了这些工程，他们盗用了官木物料数以万计。此事被揭发后，兴安惊惧不已，连忙归过于阮绢。

都察院逮捕阮绢和黎贤，判处二人死刑。都察院也顺便弹劾兴安不法之事，要求将其绳之以法。只不过，在朱祁钰的庇护下，兴安得以安然无恙，连阮绢和黎贤的罪过也被赦免。最后的处理结果，仅仅是将擅自兴建的庵寺拆毁，收回了盗用的官家物料而已。总体来说，兴安为政期间，并无大过，而且以廉洁著称。除此之外，他还能调护名臣。

兴安与于谦的关系很不一般。景泰七年（1456）春天，于谦因病回家休养。景泰帝不放心，派兴安和舒良每日都去探望病情。兴安一向敬重于谦的为人，即使于谦以前曾经劝说他不要大量度僧道，但兴安却从未记恨于他。这次，兴安来到于谦家里，亲眼目睹这位为国立下再造之功的于谦，生活是如此朴素，饮食也非常简单。自从原配董氏病逝后，于谦再也没有续弦。而且为方便办公，于谦常年住在朝房里。

兴安被于谦的忠心廉洁所感动，回到景泰帝身边，将于谦家中情况如实汇报。景泰帝赏赐了于谦一些生活所需之物。于谦生病所需药物要用竹沥做引子，景泰帝就到万岁山亲自为他伐竹取沥。有人提出于谦的权势过重，景泰帝对他过于宠信。

兴安立刻反驳道："别的我不说。只说日夜为国分忧，不爱钱、不爱官位、不谋家私，还有何人？朝廷正在用人之际，像于谦这样忠公体国的，你们还能找到第二个吗？"那人听了之后，惭愧无语。

夺门之变后，言官纷纷弹劾兴安，说他窃取权力，祸乱朝政，易东宫之位，与于谦、王文、王诚、舒良等人为同党。他们提出的处理意见是，将其斩首以儆效尤！英宗并没有痛下杀手，而是解除了他的职位，命其赋闲而已。

跟于谦相比，兴安还是幸运的。英宗皇帝考虑到他办事忠谨，为人廉洁有操守，并且人缘十分好，内廷的一些大佬也纷纷为其求情，于是就放了他一马。天顺三年（1459），兴安病逝，享年七十一岁。家人根据遗言，以其骨灰供奉浮屠。除了金英、兴安这两位大太监参与到了皇权之争中，另外还有一些中下级的宦官也参与其中，发挥的作用不容小觑。

拼死护驾

景泰三年（1452）五月，太子朱见深被皇叔景泰帝废黜，朱祁钰改立自己的儿子朱见济为太子。史书没有记载太上皇朱祁镇的心情，想必是糟糕透顶。自己被迫做了太上皇不说，连儿子的太子之位也不保。朱祁镇被他这位皇弟欺负得不行，不过，让他没有料到的是，接下来自己又将陷入一场大案之中，如果不是有人忠心护主，恐怕早已性命不保。

英宗在南宫幽禁的岁月中，百般无聊，经济上也拮据得很。皇弟给他的银两有限，南宫一大家子人都要张嘴吃饭。万般无奈，“皇后”只能亲自带着宫女做点针线活，拿来换取一些零用钱贴补用度。没有想到，一次无意中的赏赐，差点给太上皇带来了灭顶之灾。

一日，英宗朱祁镇闲来无事，将自己身上佩戴的一件金绣带和一把金刀赏赐给了身边的少监阮浪。这个阮浪本是安南人，也是当年张辅征伐安南时，从当地带回的阉割幼童。他入宫时只有十几岁，朱棣欣赏他的聪明伶俐，就让他去内书馆读书。阮浪在内书馆读书认真，朱棣又改派他去管理尚衣监事务。宣德初年，他被擢升为奉御，掌管宝钞司之事。

宣德三年（1428），宣宗派遣阮浪前往广南，验收西洋各国入贡的宝物。阮浪办事得力，所过之处不扰民，得到了宣宗的嘉奖。宣德五年（1430），宣宗率领军队出塞，阮浪扈从有功，被升为御用监右监丞。正统初年，朱祁镇认为他是先帝老臣，有苦劳，便提升他做了左少监。

太上皇居住南宫之后，南宫大小事务需要宦官总理。于是，景泰帝派阮浪负责南宫事务，这在当时可是一项谁都不想沾的苦差。阮浪领到这个差事后，却从来没有抱怨。他尽心尽力，认认真真地打理南宫事务，侍奉太上皇朱祁镇。朱祁镇在落难之时，能有这样一个办事谨慎踏实的宦官来伺候自己，自然是心怀感激。

朱祁镇看重阮浪，什么事情都同他商量。因此，朱祁镇总觉得应该赏赐给他点什么，以表示感激之情。于是，英宗就将自己喜欢的两件随身物什赏赐给了阮浪。阮浪得到这两样东西之后，又随手赏赐给了自己手下办事的内使王瑶。得到了金刀和金绣带的王瑶，心中欢喜无比。他一个小小内使，哪里想过能得到皇上御用之物，虽然是太上皇，毕竟也当过十四年天子呢。

人一得意，就容易忘形。王瑶天天拿着这两样御赐之物，到处在朋友中炫耀。一日，王瑶见到了自己的朋友锦衣卫指挥佥事卢忠，便拿出金刀和金绣带好一番展示，卢忠心中疑虑：王瑶只不过是一个小内侍，如何能得到御用之物。于是，卢忠计上心来，摆下一桌丰盛的酒席招待王瑶。两个人推杯换盏，酒过三巡，王瑶已显露出醉态。卢忠乘机问他，这两件宝贝从何而来。王瑶一五一十说出实情。

卢忠听了以后，心中暗喜，盘算着这正是富贵的好时机。现在景泰帝和太上皇之间积怨颇深，景泰帝一心要整治皇兄，除去皇权之隐患。眼下，如果自己将金刀和绣带弄到手，然后到景泰皇帝面前告上一状，就说太上皇以此二物为信物，收买人心，意图不轨。这不是在皇帝面前立下了天大的功劳吗？想到这里，卢忠继续给王瑶劝酒，直到他醉倒。看着烂醉如泥的王瑶，手中拿着金刀和绣带，卢忠露出了阴险的笑容。

卢忠将刀和绣带交给了锦衣卫校尉李善，让他去上奏当今皇上，狠狠告了太上皇一状。这一状正戳中了景泰帝的要害，太上皇厚结手下，打算复位！朱祁钰下令立刻逮捕阮浪和王瑶入狱。

入狱之后的阮浪和王瑶，铮铮铁骨，面对各种酷刑，自始至终不肯承认法司给他们定的罪行，也不肯诬陷冤枉他人。犯人不肯招供认罪，案件自然陷入了胶着状态。而此时，卢忠又突然疯了。原来，卢忠本想借助金刀案谋取富贵。但是随着阮、王二人的入狱，卢忠又开始心怀忐忑，他总觉得这件事不会那么顺利。

卢忠为了平复心情，就去找人算卦。算卦人了解事情原委后，因看不惯卢忠卑鄙的行径，便随口说："这是一个凶卦，你将万死难赎其罪！"卢忠当下心一沉，本来他就心怀不安，这下更是吓得不轻。回去后，卢忠左右思量，心生一计。不久，人们看到街头上多了一个疯疯癫癫、语无伦次的疯子。大家诧异地发现，此人就是卢忠。

原告疯了，被告不肯招供。这时候，大学士商辂和司礼监太监王诚借机在中间调和，他们以卢忠是疯癫之人，其言语不可信为辞，劝说皇帝不应该听信胡言乱语，从而做出有伤人伦之事。

朱祁钰也明白朝臣中，还有不少人心向太上皇，事情不能做得太绝，而且现在阮浪死不招供，也没有更多借口再去找太上皇的茬了。朱祁钰只好顺坡下驴，将一腔怒火发泄在了卢忠身上。管你疯不疯，先关入诏狱再说！

阮浪因为饱受酷刑，最后死在监狱中。而王瑶则被处死，最终金刀案结案。卢忠因为其他事被贬到广西，五年之后，在英宗南宫复辟之后，朱祁镇没有放过这个昔日仇人，将他凌迟处死。这也算是对阮浪、王瑶在天之灵有所交代了。复辟之后的朱祁镇也没有忘记阮浪、王瑶拼死护驾之功，将他们追封并厚葬致祭。

夺门之变

景泰八年（1457）正月十七日的清晨，整个大明帝国如同做了一场梦。这个梦来得太突然，几乎所有人都不敢相信：软禁在南宫长达七年之久的太上皇突然复位了！

景泰八年的正月，正值壮年的朱祁钰病倒了，十二日，景泰帝强撑病体来到京城南郊，准备主持第二天的祭天仪式。只是他当夜病情加重，实在无法主持，只好让石亨代为行礼。皇帝病重的消息很快传遍了朝堂上下，大臣们见皇帝病势沉重，合奏一本，要求皇帝再次立储。朱祁钰却不肯同意。

应该说，朱祁钰虽然自私，却不狠毒，如果他想杀死皇兄朱祁镇，总有各种机会，但他毕竟还顾念手足之情，不想斩尽杀绝。不过话说回来，虽然朱祁钰不肯同意重新立沂王朱见深为太子，但是他病体沉重，时日无多。等他驾崩后，大臣们还是会上奏孙太后，重新立朱见深为太子。这样，大明权力更替也会实现和平交接，不会经历一场动荡。只可惜，历史没有如果。

就在景泰帝一病不起的时候，几个阴谋家聚集在一起，密谋发动政变，计划一举推翻朱祁钰，重新拥立太上皇朱祁镇登基。主谋有三人：左都御史徐有贞、武清侯石亨、司设监太监曹吉祥。他们深知如果等朱祁钰咽气，朱见深登基，他们自然不会有什么功劳。若是趁着朱祁钰还没有死，突然发动政变，拥立朱祁镇复辟，这可是拥戴之功，后半辈子将有享不尽的荣华富贵。武清侯石亨手握兵权，曹吉祥在内廷权势显赫，徐有贞多谋略，三人可谓是强强联手。

曹吉祥负责控制内廷局面，他安排好了手下，将夺门消息封锁，防止景泰帝有所察觉。政变进行得十分顺利，正月十七日凌晨，他们带兵攻入了南宫，将太上皇迎立出来。然后一行人进入了紫禁城奉天门，拥立着朱祁镇重新坐上了阔别八年之久的皇帝宝座。这次政变史称夺门之变，又称南宫之变。

复辟之后的朱祁镇，首先要清算景泰帝心腹之人。内阁大学士王文、兵部尚书于谦，以及司礼监太监王勤、王诚、张永、舒良等人被当廷擒拿。

石亨力主严惩于谦等人，以迎立外藩为辞，定了王文、于谦等一干人谋逆之罪。最终，王文、于谦、王勤、王诚、张永、舒良被押赴西市斩首示众。可惜，千古忠臣于谦死于夺门之变，这也是英宗一生所做的最大错事之一。

杀了景泰帝的内外肱骨之臣后，英宗还不罢休，他又想起陷害过自己的一些小人，顿时怒从心头起。英宗在南宫的时候，生了病需要吃药，于是找掌管御药房的司礼监太监廖官保要些药物服用，却被一口拒绝了。当时的太上皇是落架的凤凰不如鸡，只能忍气吞声。

还有一次，朱祁镇对皇弟朱祁钰实在是气不过，便随口骂了几句皇弟的不是。结果隔墙有耳，也许这个耳朵是朱祁钰刻意安排在南宫的。“耳朵”的主人是少监许源，他去朱祁钰那里告了一状，只可惜，朱祁钰不是狠心人，并没有因此对皇兄起杀心，从而错过了一次斩草除根的机会。英宗复辟之后，新账旧账一起算，将他们押赴西市，凌迟三日处死，狠狠出了一口恶气。

仇人杀得差不多了。不，还有一个人，他是自己的兄弟，更是自己的仇人！想到这里，朱祁镇朝着寝宫方向看了一眼。躺在病榻之上的景泰帝，听到了奉天门方向传来的钟鼓声，他心知不妙，朝中一定是发生了大变故。他脱口便问："是于谦吗?"这句话让旁边人震惊，当然也让所有人震惊。

在政变之时，景泰帝第一个怀疑的人竟然就是于谦！帝王心术，深不可测！当旁边的人告诉他是太上皇时，朱祁钰反而释然了，连说了三声好。是的，他太累了，防皇兄防了七年，最后一刻，一切归零，朱祁钰心里五味杂陈，也许那一瞬间，他或许心里后悔没有痛下狠心，杀掉皇兄。

政变的消息对朱祁钰打击沉重，对他的病情来说更是雪上加霜。之后，他虽暂时有过好转，但终因病入膏肓，于政变将近一个月后，凄凉离世。景泰帝到底是自然病逝还是被人谋害，成了千古之谜，留给后人无限遐想。

曹吉祥谋反之谜

司设监太监曹吉祥的权势，在夺门之变前，主要是靠军功一刀一枪搏来的。曹吉祥，小名吉祥，滦州人，入宫后曾经在王振门下当差。正统元年（1436）十一月，曹吉祥带兵抵抗入侵庄浪的蒙古兵，因作战勇敢，受到朝廷嘉奖。

正统四年（1439)，曹吉祥升任司设监右监丞。当时，朝廷调动大军征伐麓川，派出太监吴诚和右监丞曹吉祥一起监军。正统六年（1441），曹吉祥镇守云南。之后朝廷再次征伐麓川，曹吉祥参与并立下战功。

正统七年（1442），麓川平定，曹吉祥奉诏回到北京。正统九年（1444），曹吉祥与成国公朱勇、太监刘永诚分道出兵，一起征伐兀良哈。

曹吉祥地位不断攀升。正统十一年（1446）初，英宗封赏五大有功太监：王振、钱安、高让、曹吉祥、蔡忠。曹吉祥名列第四，这也说明了他在内廷的地位。正统十三年（1448），宁阳侯陈懋等人出兵福建征讨邓茂七。在平定这次民变的过程中，曹吉祥负责提督火器。景泰三年（1452），曹吉祥和刘永诚作为内官代表，一起负责总督京营军务。应该说，景泰帝对他十分信任。然而，曹吉祥为了捞取更多利益，参与了夺门之变。足可见，这是一个背信弃义的小人。

夺门之变后，成功复辟的朱祁镇封赏夺门功臣。曹吉祥的官职在宦官里面级别已是最高，无法再升。但是，为了表示对他迎立之功的肯定，朱祁镇将曹吉祥的过继儿子曹钦升为了正一品的左都督，后又封其为昭武伯。曹吉祥的两个侄子曹铉和曹铎都升为一品武官。

可以说，一夜之间，曹家子弟鸡犬升天。曹钦被封伯，是明朝宦官亲属第一次被封伯爵这样的高位。

夺门之变的另一功臣徐有贞被封为武功伯，兼任华盖殿大学士，以兵部尚书职衔入内阁。石亨则是夺门之变的首要功臣，被晋升为忠国公。曹吉祥和石亨人品类似，走得也近。二人接受了很多人的贿赂，这些人希望他们能在皇帝面前美言几句，好以此混入夺门功臣的队列，从而也分一杯羹。于是，他们经常去英宗面前替别人要官。

两人要得多了，英宗也渐渐不耐烦了。石亨属下冒夺门之功的竟多达四千余人，曹吉祥门下冒功的也有千人之多。他们的所作所为已经引起朱祁镇极度不满。大明朝堂，岂能是尔等卖官之所！

曹、石二人跟昔日的老战友徐有贞之间，也产生了巨大矛盾。徐有贞虽然是投机分子，但是自恃有才，常怀一腔抱负，既然入内阁，就欲有所作为。以前内廷旨意批复之事，都由内阁大臣职掌，后来权力渐渐落入宦官手中。徐有贞职掌内阁后，主张恢复内阁之权，并将记录内阁原始公文档案的丝纶簿要回内阁保存。

这样一来，就造成了内阁与宦官之间的权力之争。此时，英宗已经开始厌恶石亨和曹吉祥，徐有贞洞察时事，顺应英宗之意，对石亨、曹吉祥等人所行之事屡次加以打压。

曹、石二人依仗功劳，欺压良善，强夺民田，大肆收受贿赂，闹得一片乌烟瘴气。对于这些不法之事，朱祁镇看在眼里，记在心上，只是他们有夺门大功，一时隐忍，不便于追究而已。天顺元年（1457）五月，御史杨瑄弹劾曹、石二人强夺民田的罪行。朱祁镇在内阁徐有贞和李贤的支持下，命御史巡查曹、石非法占田之事，并重重奖赏杨瑄。

御史张鹏受到同僚鼓舞，联合一帮言官，合奏石亨违法之事，要求对其绳之以法。只可惜在言官之中，有一人是石亨党羽。此人就是都给事中王铉。王铉将张鹏等人议论之事，全部密报给了石亨。石亨见势不妙，连忙联合曹吉祥一起，找到英宗，跪倒就哭，他们称：张鹏是之前被诛杀的司礼监太监张永的侄子，张鹏向皇帝诬告，就是为了剪除皇帝羽翼，从而为张永报仇。

张鹏确实是张永的侄子，只不过上告的本意，被曹、石二人曲解了。明明是忠心为国除害，却变成了徇私报复。英宗本来也很忌惮景泰遗党反扑，被他们这么一说，心中惊讶，立刻将张鹏和杨瑄下狱，并对十三道御史好一番训斥。曹吉祥和石亨还不罢休，又说张鹏等人的背后指使人就是徐有贞和李贤。于是，徐、李二人也平白无故被逮捕入狱。

在曹吉祥的暗算之下，徐有贞很快失去了英宗的信任。徐有贞曾经深受英宗信任，他们经常在一起密谈。曹吉祥看在眼里，急在心头，认为照此趋势发展下去，徐有贞早晚要在皇帝的支持下，将他置于死地。要想在险恶的权力场生存下去，就要先下手为强！

打定主意后，曹吉祥安排小宦官暗中偷听英宗和徐有贞之间的对话，然后又在跟英宗的谈话过程中，有意无意地将之前英宗与徐有贞的密谈内容说出来。英宗十分惊讶，心想他与徐有贞的密谈内容，他人如何得知。朱祁镇遂认定，一定是徐有贞泄露出去的。英宗询问曹吉祥事情原委。曹吉祥添油加醋，说这些都是徐有贞讲给他听的。更糟糕的是，曹吉祥还加了一句："这些话不仅仅是奴婢，就是外臣们也无人不知了。"

英宗心中恼怒极了，从此以后，英宗对徐有贞不再信任。正好，这一次张鹏事件，朱祁镇也疑心徐有贞不忠，将他下狱究问。如果按照这样的剧情发展下去，很有可能演变成一场牵涉极广的大狱，朝中文官势力将遭受巨大打击。关键时刻，一场天变改变了英宗的想法。一班文臣被下狱的当天夜里，突然狂风大作，巨树都被吹倒。天意示警！英宗觉得这是上天发怒了，他又仔细思索，觉得这些文官很多是被冤枉了。于是，英宗将文官们释放。徐有贞虽然重获自由，但是英宗对他已经不再信任，他被降职为广东参政。在这场争斗中，曹吉祥和石亨是胜利者。

内阁还是要有人来办公的。英宗很快就物色到了一个新人：岳正。如同他的名字一样，岳正一身正气，而且年富力强。英宗对他很满意。但是，接下来的事情证明，英宗的眼光错了。岳正其人，人品没话说，口才也好，但是办事能力实在让人不敢恭维。岳正在英宗面前打下包票，说一定可以用离间计除掉曹、石二人。

岳正先去找曹吉祥，开口就问他："忠国公经常派杜清来你府上，是为什么?"杜清是石亨手下武将，经常往来曹、石两家之间。岳正又进一步提出，杜清是石亨派来的卧底，如今最好的避难之法，就是曹吉祥辞去官职，以保全自己。岳正以为自己的说辞很成功，又满怀信心地来到了石亨家里，传话说皇帝让他做事老实些，不要飞扬跋扈。

岳正只不过是一介书生，自以为这样就能离间曹、石二人。真太小瞧了这对老江湖。曹、石二人早就悟透了岳正的用意，他们大怒。曹吉祥冲到宫中，见到英宗，伏地求死，言语之间暗指岳正到曹府说的那些话，是英宗指使的。英宗等曹吉祥走后，找来岳正，对他好一番训斥。于是岳正也被英宗赶出了内阁。

曹、石二人步步得胜，于是更加骄横起来。有人匿名举报曹吉祥，曹吉祥竟然请英宗出榜悬赏，捉拿举报之人。英宗对曹、石二人厌恶至极，他继续在文官中寻找一个可以收拾二人的得力助手。终于，他找到了李贤。李贤曾经对英宗说："夺门之功怎能夸示后人。本来大位就是陛下的，夺字就说明了此事之非。曹、石等人以皇帝为赌注，侥幸成功，若不成功，曹、石死不足惜，恐怕陛下也不知将陷入何等险境！"英宗听了这番话，连连称是。他下旨，以后朝廷公文不准用"夺门"字样，并且革除四千多名冒功者。同时，他开始远离曹、石二人。

为了对付曹、石二人，英宗觉得仅仅靠文官还不够，他开始着手培养锦衣卫势力，锦衣卫指挥使门达和百户逯杲成为了他的得力助手。逯杲盯着石亨的一举一动。石亨的侄子石彪被人告发企图夺权，逯杲亲自带人抓捕了他。之后，逯杲又奏石亨心怀不轨，英宗将其下狱，最终，石亨不明不白地死在了狱中。要说跋扈不法，石亨确有其事，但是说谋反，则是无中生有。只不过，英宗觉得他的所作所为，已经严重影响到了朝廷稳定，需要拿他杀一儆百而已。

在石亨、石彪叔侄败落后，曹吉祥深有兔死狐悲之感。而朝廷言官和锦衣卫又紧紧盯着曹氏一门的一举一动，只等他们犯错。尽管曹吉祥本人小心翼翼，无奈，他的嗣子曹钦不知收敛，惹下了祸端。

天顺五年（1461）七月，曹钦私自拷掠曹福来，被言官弹劾，锦衣卫暗中派人刺探曹钦动向。英宗此时也降下敕谕，告诫群臣须谨守法度，奉公守法。曹钦听到此消息，心头一震：当初石亨一党被皇帝清理之前，皇帝也是预先降下敕谕。曹钦感觉情况不妙，遂决定“谋反”。

据说在动手之前，曹钦还有些担心，他咨询门客冯益：“自古以来，有宦官子弟做天子的吗?”冯益顺口回答：“魏武帝曹操就是啊，他还是您的同宗呢。”曹钦遂坚定了造反决心。

曹吉祥在造反之前，让他的死党，掌管钦天监的太常寺少卿汤序择定起事的良辰吉日。汤序选定的吉日是七月二日。这天拂晓，曹钦带兵杀入皇城，然后曹吉祥在内接应。曹钦将众达官召集在一起饮酒，并且厚厚赏赐这些亲信。但是亲信中也有靠不住的，指挥使马亮等人唯恐事情败露，为了提前撇清关系，他们决定立功赎罪。几个人偷偷溜出了曹钦家，去找恭顺侯吴瑾和广义伯吴琮告密。

吴瑾和吴琮听了消息之后大吃一惊，连忙报给了孙镗。说来也巧，大明西陲甘凉地区告警，孙镗奉了朝廷命令，正打算挂印西征。当日，孙镗正在朝房安歇。接到汇报之后，孙镗也惊讶不已，他们草草写就了一封奏疏，塞入长安西门的门缝里。接到密报的朱祁镇大惊，立即下旨捉拿了宫内的曹吉祥，然后命令九门紧闭，平定叛乱。

曹钦得知马亮等人走漏消息，知道大事不妙。他带人先杀到逯杲家中，将其杀害。然后又赶到朝房，杀了左都御史寇深。当时正在东朝房的李贤也被乱兵砍伤。乱兵正要补上致命一刀时，被曹钦制止，他提着逯杲的脑袋给李贤看，说：“今天我的所作所为，都是此人逼的。”曹钦请李贤替他起草一封奏疏，向皇帝解释他被迫起事之因。

曹钦又带着人攻打皇城，东西长安门攻打不下，他下令放火焚烧。皇城内守卫军士拼死抵抗，叛军无法攻入。孙镗和太平侯张瑾一同攻击叛军。孙镗的两个儿子带着西征的军队，也来攻打叛军。

一番激战之后，叛军大败。曹钦带着残兵又打算攻打东安门，半路遇到了恭顺侯吴瑾，众人上前追杀，将吴瑾乱刀砍死。曹钦命部下纵火焚烧东安门，正好遇到了孙镗之子孙軏，混战之中，孙軏一刀砍中了曹钦的臂膀。曹钦打算从城门突围，可是各门紧闭，无处可逃。万般无奈的曹钦又回到了自己家中，做垂死挣扎。孙镗带兵将其府邸团团围住，并让部下猛攻。终于，孙镗大军杀入曹府，曹钦被迫投井自杀，他的兄弟都督曹铎、指挥曹铉和堂兄都督曹濬都被朝廷军队诛杀。三天之后，曹吉祥被押赴西市，凌迟处死。其党羽汤序、冯益等人都被诛杀。

以上就是《明英宗实录》以及明人私家笔记记载的曹吉祥和曹钦谋反的过程。可是，仔细考证，曹吉祥谋反说疑点不少。首先，曹吉祥叔侄谋反的动机有问题，而且整个叛乱过程显得非常仓促凌乱，完全不像是一场精心策划的叛乱。

事变的当事人李贤在《天顺日录》中提到曹吉祥谋反的动机，是因为一开始英宗顾及曹吉祥是夺门功臣，每每顺从他的意志，到后来，不堪忍受，稍示裁抑，曹吉祥因为不满，才命曹钦发动了叛乱。曹吉祥叔侄如果想造反，必然是冲着帝位去的，如果说，仅仅因为对皇帝不满而造反，此动机似乎不足。当然，私家史乘为了突出曹钦谋反的动机，记载了一个关于“魏武帝之对”的故事。

此故事起源于成化时王锜的《寓圃杂记》，故事说曹钦死后，只有曹钦之妻贺氏极力为丈夫辩白，冯益与贺氏对证，为了撇清自己，故意对贺氏大加诋毁辱骂。贺氏实在承受不住侮辱，回应道："冯先生不必多言了。昔日你与曹钦在中堂高坐，曹钦问：'古来有宦官子弟当天子的吗？'冯先生回答：'曹操就是曹节的后人，终成大事。'"

祝允明在《野记》中也描述过这段故事：曹钦败后，其家人被捕，朝廷审讯逼问他们同谋者有谁，最终不能得到结果。曹家人被诛杀，只有一个小妾贺氏被关押。贺氏在与冯益对质时，提到曹钦曾经问宦官家人有没有做天子的，冯益回答曹操是曹节家人，竟成就帝业。冯益听了以后无言以对，最后被斩首于市曹。

两个故事大同小异，都是为了说明曹钦有称帝之意。但是故事讲述人贺氏的身份却大有问题，若有如此关键人证，能证明曹钦早有谋反野心，为何作为原始文献的《明英宗实录》和《天顺日录》不载？另外，明朝理学大盛，家中宴请客人，贺氏何能抛头露面，听到丈夫和冯益之间的对话。要知道，真要有这种大逆不道的对话，曹钦再愚蠢，岂不知道避开他人，与冯益秘言此事，岂能在酒席之间，当着他人之面，公开议论。

按照造反的一般逻辑，擒贼先擒王，若是曹钦真的想当皇帝，应该首先攻打皇宫，杀死英宗。但是曹钦第一时间却是杀到了逯杲家中，而且已经是在知道马亮等人告密的情况下，如果他真的要叛乱，为何先去杀一个跟夺权无关紧要的人？而且很奇怪的是，曹钦在朝房又为何不杀李贤，而是逼迫他上疏为自己辩白，既然已经造反，还能期待明英宗仅仅凭借臣子的一封奏疏，来大发善心，原谅自己？曹钦当不至于天真到如此地步。

值得注意的是，李贤在“叛乱”被平定后，立即向英宗上疏请求宽恕受曹钦胁迫的从党。历代帝王对蓄意造反者都是杀之而后快，具体到明朝，《大明律》规定，只要谋反，不分主犯和胁从，都要全部处死。李贤明知如此，还要上疏为被曹钦胁从之人求情，这只能说明曹钦谋反之事，李贤是不认同的。他的建议也被英宗采纳，将被曹钦胁从的达官赦免。

英宗对曹钦余党的处理，也让人疑惑不解。英宗对曹钦胁从余党的处理可谓十分宽仁。天顺五年（1461）七月，事变之后，曹吉祥曹钦父子的心腹武官赵旺和侯通被朝廷勒令致仕。另外，作为曹钦余党的都督同知也先帖木儿，逃亡到了通州百姓的瓜田中，因为饥渴难耐，偷吃了百姓的瓜，被发现后扭送官府。法司判处其凌迟之刑，英宗却只是命锦衣卫将他囚禁起来而已。

当然，被宽恕的同党不止他们三人。锦衣卫曾经抓获了曹吉祥的管家还有同居的内使张鉴等五十余人，奏请治罪，英宗却以他们不知情为由，宽恕了他们。张鉴等人都未经审讯，英宗何以确定他们不知情？很可能英宗早就知道曹吉祥根本没有策划谋反之事，因此与曹吉祥亲近之人才会不知情。

更让人惊讶的是，曹吉祥和曹钦这两个谋反主谋的六十多名直系家属，也仅仅是收监关押，最后都被分配给了公、侯、伯家为奴仆。若是蓄意谋反，他们早就被斩杀于西市了！

再者，兵变的人数也让人起疑。《明英宗实录》和《天顺日录》中都没有记载具体的兵变人数。嘉靖朝文人高岱在《鸿猷录》中提到参与兵变的不过有几十人，邓元锡在《皇明书》中将人数提高到了五百人。若是蓄意谋反，曹钦岂能指望这点人马就能攻下皇宫，杀死皇帝并夺权？

最后，曹吉祥在石亨死后，权势的下降也值得注意。在天顺四年（1460），曹吉祥的政治盟友石亨下狱死后，曹吉祥的地位也直线下降。兵变时，他的实际官位，不过是司设监太监。司设监是一个负责宫中杂役的冷衙门，跟权势显赫的司礼监和御马监都无法相比。此事对“曹吉祥谋反说”是不利的，所以万历朝的尹守衡在《皇明史窃》中提到，曹吉祥兵变时为司设监太监，并且掌管司礼监。万斯同在《明史稿》中直接将曹吉祥的官职改为了司礼监太监。为了让谋反说更可信，后世文人将曹吉祥的权力大大提升。

从上面的分析来看，曹吉祥和曹钦谋反说是大有问题的。事实的真相有可能是：曹吉祥受到英宗打压，地位下降，曹钦也被锦衣卫重点盯防。曹钦办事不谨，留下了把柄，被言官弹劾，英宗打算治罪于他。他被迫发动兵变，杀死一直对自己步步紧逼的锦衣卫逯杲和文官寇深，然后胁迫为皇帝所信任的李贤，为自己上疏辩白。而孙镗等人将他的兵变上升到了谋反的高度，于是带兵攻打他，他为了保命，与之对战。激战之中，曹钦也丧失了理智，最终攻打皇城门，打算来一个鱼死网破。

曹钦兵变事件，很可能是被锦衣卫逼迫所激的临时行为，并不能定性为蓄意谋反。曹钦有称帝之意更是无稽之谈了。此事件，曹吉祥没有参与，也没有主观指使。英宗之所以要诛杀他，主要是为了彻底消除曹家势力，去除夺门印象，为自己彻底扫清障碍。况且，曹吉祥之前的所作所为，得罪了太多文官，他们也不可能放过曹吉祥。

而后世文人们苦心将事件添油加醋，加以改编，将一场偶发的兵变，上升到蓄意谋反的层面，也是为了告诫皇帝宦官专权的危害性。曹吉祥谋反说，也被清修《明史》记载下来，作为前朝宦官专横的一项罪名传之后世。

六　成化朝太监往事

牛玉与选后风波

牛玉是天顺年间延至成化初期权势极大的太监。牛玉，字廷圭，号退思居士。永乐十一年（1413），牛玉入宫，在司礼监供职。宣德二年（1427），他晋升为司礼监长随，主管内外奏章，并且跟随大学士杨溥读书。

这段在内书堂读书的经历，也为后来牛玉的飞黄腾达奠定了基础。有了充足的知识储备，加之办事得力，牛玉在宣德七年（1432）被升迁为奉御。牛玉一边在司礼监掌管奏章，一边充任东宫太子朱祁镇的伴读。陪太子读书的这段经历，也加深了牛玉和太子之间的感情。正统十四年（1449）英宗亲征瓦剌，临行之际，命牛玉提督宫廷事务，兼掌机务。

景泰帝即位之后，排斥英宗亲信。牛玉作为英宗的亲信宦官，自然也被降职，到东宫太子朱见深处侍奉。景泰八年（1457），英宗复辟，牛玉也参与了夺门之变，以拥立之功，成为了司礼监掌印太监。天顺一朝的司礼监掌印太监是宦官中权势最大者，曹吉祥虽然受宠一时，但是论权位，实不及牛玉。

曹钦兵变事件中，牛玉为朝廷平定兵变出谋划策。事后，英宗赏赐他田地两千顷还有钱财等物。牛玉推辞，英宗不许。可以说英宗朱祁镇后半生最倚重的宦官，就是牛玉了。

不过，吃过大亏的朱祁镇对宦官也不是百分百信任。有次，朱祁镇当着所有司礼监太监的面，拿起一本奏疏，认真看了很久，突然指着一处，厉声说："此处有洗改痕迹。"他质问诸位司礼监太监："六科怎么没有发现，也没有纠劾?"众太监后背直冒冷气。其实，朱祁镇正是通过纠察小错，来显示自己的明察秋毫。牛玉自此办事更加小心谨慎。

英宗临终之际，牛玉作为承受遗诏的太监，在新旧两帝交替之际，将内外事务打理得井井有条，甚得宪宗朱见深赏识。照此态势发展下去，牛玉在新朝也会继续得宠，只不过，谁也没有料想到，一场选后风波，却将权势正隆的牛太监打入了谷底，从此再也不能翻身。

天顺六年（1462）五月，朱祁镇开始着手准备皇太子朱见深的婚事。他派遣多名太监到各地挑选良家女子，作为太子妃的备选人员。英宗亲自从全国各地海选来的十二位女子当中挑选了三位，她们是王氏、吴氏和柏氏。作为成功的入围者，三位女子在宫中学习礼仪，不出意外，她们将分别是太子正妃和次妃的人选。

其实，真正决定三人之中谁是太子正妃人选的不是英宗，而是孙太后。孙太后身边有一位近侍太监，就是夏时。王氏是南京上元人，是夏时亲自挑选的。既然是夏时选来的，孙太后岂有不支持之理。这位夏时可是曾经在朱祁镇还朝时，由孙太后派出，到宣府去迎接圣驾的人。

孙太后既然做主让王氏做太子正妃，这事也就板上钉钉了。只可惜，三位女子还没来得及正式册立，孙太后就病逝了。立妃的事情也就延误下来，直到英宗驾崩，这事还没有确定。朱祁镇挂念儿子的婚事，还特意给牛玉留下遗言，让牛玉等他百日之后，给朱见深完婚。英宗死后，王氏本来内定的正妃人选地位发生了动摇。因为牛玉在背后散播谣言，说王氏是不祥之人，克死了太后和先皇，这样的人岂能成为新皇的皇后？

牛玉最终说动了朱见深的母亲周贵妃（生母）和钱皇后，两位后宫掌门人一致同意，再次重选。牛玉以在全国各地挑选时间来不及为由，提出在京城地区重选。最后选来选去，还是之前的三位排名前三。只不过位次上有了变化：王氏由第一跌至了第二，来自北京顺天府的吴氏，却由第二升到了第一！

最终，在两宫和牛玉的主持下，吴氏成为了宪宗朱见深的皇后。这场选后背后，其实暗藏着一场权力博弈。牛玉为了巩固自己的权位，力挺吴氏，通过作弊，推翻了原先的人选，这也为自己日后的倒台埋下了祸根。吴皇后出身武将之家，她性格耿直，脾气火爆，很快就在宫中惹出一场大祸。

朱见深的幼年和少年时代，身边一直有一个大自己十七岁的宫女在照顾他，这个宫女就是后来有名的万贵妃。她全身心地看护朱见深，陪他度过了最艰苦的岁月，朱见深对她发自内心地爱恋。这也许是一种恋母情节，不过，谁也不能否认，他们之间是真爱。

深爱着朱见深的万氏和新晋皇后吴氏之间发生了冲突。吴皇后不明就里，听到了一些关于万氏的风言风语，于是就以迷惑皇帝的狐狸精视之。吴皇后为了在宫中立威，也为了打压和警告一下万氏，就命人将其召来，不分青红皂白地对万氏一顿臭骂，万氏受不住侮辱，随口顶了几句，吴皇后暴怒，命人用棍棒将其责打了一番。挨了打又受尽侮辱，万氏自然不会善罢甘休，到朱见深那里哭诉了自己的遭遇。望着惨兮兮的心上人，朱见深看在眼里，疼在心上。他连忙对爱人一番安慰，心中暗自琢磨，一定要废掉吴皇后，为万氏出气。

可是废后毕竟不是一件小事，大明开国以来，只有过一次废后事件，就是宣宗朱瞻基废除胡皇后之事。多年之后，宣宗还一直耿耿于怀，说废后是他年轻时做的荒唐事。要废后，必须要有过硬的理由。朱见深不愧是少年老成，他打算从牛玉入手，先废掉牛太监，再废掉吴皇后。万氏挨打的第二天，宫中传出消息，太监牛玉和吴熹被下了都察院大狱。

在监狱里，牛玉交代了自己受贿，在选婚事件中作弊的罪行。原来，国丈也就是吴皇后的父亲吴俊为了女儿能入选，通过太监吴熹向牛玉行贿。牛玉为了让自己选区的吴氏当选，从而在内廷有所依靠，在钱太后面前游说，使得吴氏成为了正宫皇后。

既然罪行已明，吴氏是通过贿选作弊才成为皇后的，这样的人怎能母仪天下？朱见深一道圣旨，下令将吴皇后册宝没收，将其打入冷宫。接着，朱见深又下旨宣布了牛玉的罪行。牛玉和吴熹被贬斥到南京孝陵卫种菜。

秉承痛打落水狗的精神，南京六科给事中王徽等人连做菜农的机会都不给牛玉，他们上疏要求诛杀欺君罔上的牛玉，并且要治内阁大学士李贤等人不作为之罪。朱见深明白自己扳倒牛玉的真实目的。其实贿选之事，本无证据，牛玉因为这些年位高权重，得罪了不少内外臣工，内廷的一些宦官也希望他倒台，故而从中大力推动。而朱见深初即位，欲有所作为，又想甩开先帝留下的这位权势太监，正好借助贿选事件，将牛玉权力收回。另外一方面，通过斗倒牛玉，顺便将吴皇后废掉，也算是对自己挚爱的万氏有所交代。

所以，朱见深对牛玉并没有痛下杀手，他驳回了言官们的请求。但是牛玉倒台，也连累了不少人。牛玉的姻亲孙镗被罢职，侄子牛纶和外甥杨琮都丢了官，皆被罢职为民。牛玉的晚年境遇还不错。他在南京没有当太长时间的菜农，朱见深又命他担任南京司礼监掌印太监。南京再好，也是外乡，牛玉动了思乡之情，请求皇帝准他回乡养老。那时已经是弘治六年（1493）了，孝宗准了他的告老之请，在故乡安享晚年的牛玉最终病逝于弘治十三年（1500），享年九十二岁。

牛玉跟多数太监不同，他不喜欢佛老，而喜欢结交儒生，遇到士大夫，会跟他们谈论儒学，久而不觉疲倦。他平素没有其他爱好，闲暇之余，手不释卷，喜欢吟诗作赋。在南京期间，牛玉游玩名山大川，留下了不少题诗。他教导诸侄极有方法，并延请名师为他们辅导功课。侄子牛纶以进士出身，做到了太常寺少卿的职位。

牛玉此人一生无大过，只不过在选后事件中做了手脚，从而导致了自己的败落。但是要说贿选，却还真有些冤枉他了。朱见深明了此事，将他作为废后事件的牺牲品贬斥南京，没有将其赶尽杀绝。牛玉倒下后，另一个急于夺权的宦官也倒台了，只不过，他可没有牛玉的才干。

志大才疏的王纶

明代的宦官教育机构内书堂，配置了高规格的教师，他们一般都是翰林出身，学富五车，满腹经纶。在内书堂教育小宦官的过程中，因为长期的相处，师生间产生了深厚的情谊，这种师生之谊对明代政治也产生了不小影响。内书堂毕业的小宦官前途一片光明，很多人成为权宦，他们不忘师恩，与曾经的恩师共同演出了一幕幕政治活剧。

例如正统年间的宦官王诚入内书堂学习，王一宁曾经做过他的教师。景泰年间，时为司礼监太监的王诚为了报答师恩，在景泰帝面前援引王一宁，最终王一宁得以入阁。宪宗朱见深即位时初，也发生了一起宦官与老师相互勾通的事件，只不过，这一次是以悲剧收场。

典玺局局丞王纶曾经在东宫侍奉过皇太子朱见深，皇太子变身为皇帝，王纶也自觉身价上涨。他依仗皇帝的信任，渐渐露出了跋扈的本性。一些小人也将王纶当成了潜力股，一时之间，王纶家门庭如市，送礼的人都快踏破了门槛。

王纶有自己的小九九。他在内书堂读书时，曾经有一位恩师对他情深意重，这位恩师就是翰林侍读学士钱溥。当时有一个幼童在陪读，王纶跟他关系也非常好，此人就是后来做到尚宝司丞的朱奎。

钱溥见昔日的学生现在飞黄腾达，眼看有入司礼监的可能，也放下士大夫的傲骨，通过朱奎示好王纶，希望这位高徒能对自己有所援引。

钱溥有一个入阁梦，而王纶有一个司礼梦，于是两人一拍即合。当时明英宗病重，眼看就要不行了。王纶加快了寻找外援的进程，他叫上朱奎一起来到老师钱溥家里。见到老师，王纶恭恭敬敬行了弟子之礼。钱溥颇有受宠若惊之感，师徒把酒言欢，一直喝到深夜。

师徒酒喝多了，说话的声音也越来越高了。这下，他们的夜宴惊到了一位邻居：内阁学士陈文。被吵闹得不能好好休息的陈文很生气，后来，他发现来的人竟然是王纶，这下，他觉得事情不简单了。朝廷严禁内外臣相互结交。现在王纶气势正盛，他来到昔日老师家里肯定有所谋划。

陈文好奇二人谋划之事，于是暗中趴在墙根下偷听，醉醺醺的王纶说："皇帝眼看不行了，东宫太子要纳妃，先生看这事应该怎么办?"钱溥说："应当奉遗诏行事。"

英宗驾崩后，朱奎曾经带着晋州知州邹和写给王纶的书信进入王纶家。有闲人议论说："这是钱溥秘密写的先帝遗诏。"皇太子朱见深刚刚即位，骄狂的王纶便以入司礼监自期，而且还勾通外廷文官，并在私室妄谈朝廷大政，实在胆大妄为。陈文终于发难了。那是在内阁首辅李贤准备书写遗诏时，李贤研墨铺纸，正打算提笔书写英宗遗诏。这时，在场的陈文突然冲了上来，一把夺下了李贤手中的笔，愤怒地说："你不用写了，已经有起草遗诏的人了。”李贤大惊，连忙问他怎么回事。

陈文一五一十讲述了王纶与钱溥相互勾通，在家中议论朝政之事。陈文火上浇油，又说王、钱二人定计，打算以钱溥代替李贤，以兵部侍郎韩雍代替尚书马昂。李贤眼看自己的权位即将受到挑战，岂能罢休，他将事情原委上奏给了朱见深。

新皇帝朱见深看到奏疏十分生气。一件事浮现在了他的眼前：还是在父皇大殓那天，朝廷上下沉浸在一片悲哀之中。孝子朱见深也哭得眼睛红肿，突然他在身着白布孝服的人群中，发现一人与众不同。此人外面穿着孝服，举手投足之间，却不慎将里面穿着的一件黑色皮衣露了出来。

大丧之日，此人怎敢对先帝如此不恭！朱见深当时没有发作，不过，他心中狠狠给这个张狂的人记下了一笔。此人正是王纶。

如今首辅李贤弹劾他，朱见深打算新仇旧账一起算。旁边还有司礼监太监牛玉火上浇油，历数王纶的罪过，劝说皇帝立刻逮捕他。牛玉当然也有私心，他担心王纶入司礼监，挑战自己的权位；而且侄子牛纶的好友刘珝，一向跟钱溥不和。这些因素也使得牛玉极力要扳倒王纶。

法司判处二人斩刑，但因当时新帝登基，大赦天下，王纶最终只被降为内使，发往南京闲住；钱溥降为了顺德县知县，朱奎降为盐科副提举。跟二人关系亲近的文武官员都受到牵连，他们或被降职，或被调往边境和偏远地区，自不必细言。

西厂初立

成化十二年（1476）七月的一天深夜，北京城内突然传来了一阵阵凄厉的惨叫声。据说，有一个长着红眼睛、长尾巴，似犬的怪物，背负着一团黑气，闯入民宅。凡是看到的人都发出一声惨叫后晕倒。这就是黑眚，一种灾异。但是，由于此物行动极快，谁也没有看清它的真容，只知道它出入无常，能伤人，是一种可怕的怪物。

很快，恐惧笼罩了整个北京城。百姓家家户户点亮灯光，大家拿着斧头菜刀，连夜露天坐着，用锣鼓声驱赶随时可能到来的黑眚。宪宗朱见深一天在奉天门上早朝，正在大臣奏事之时，突然有人大喊了一声："黑眚来了！"一时间，文武官员乱作一团。宪宗皇帝假装镇定，喝止群臣，其实内心已经惊惧异常。

成化十二年的这次黑眚事件使得整个京城陷入了一片混乱，从上到下人心惶惶。此事刚过去不久，京城又发生了一场令人胆战心惊的乱事。有一个游方僧人，本名侯得权，是保定易州人，在狼山广寿寺出家后，更名为明果。侯得权曾游方到河南少林寺。他遇到了术士江朝，江大师说他日后当富贵至极。

侯得权渐渐做起了富贵梦，之后他遇到了道士田道真，田老道送了一本妖书给他。侯得权听信了老道的胡言乱语，根据他说的"神话"，改名为李子龙。

李子龙和尚也不做了，蓄发还俗，到处交结亡命之徒。他到了京城，借住在军匠杨道仙家中。通过杨道仙的关系，李子龙结交了内使鲍石、崔宏，长随郑忠、王鉴、常浩，左少监宋亮和副使穆敬。这些宦官都被李子龙所谓的仙术迷得神魂颠倒，深信不疑。其中鲍石和郑忠还引导李子龙前往万岁山，观望宫内情形。李子龙的邪教组织发展越来越快，除了一些宦官，很多京城卫所的中下级军官也加入了他的组织。

最终锦衣卫捣毁了这个组织，李子龙、杨道仙、朱广、鲍石等核心成员被押赴西市处死。案件虽然破获了，但是朱见深还是被吓得倒吸了一口冷气。宦官跟妖人内外勾结，如果他们要取自己性命，并不是太难的事情啊！想想这个李子龙发展了那么多人，锦衣卫和东厂却一无所知，真是太让人失望。再联想到前不久的黑眚事件，朱见深越发觉得厂卫办事不力，他需要一个新的机构来为自己办事，并制约东厂。于是西厂应运而生。

成化十三年（1477）正月，一个新的特务机构正式成立，这就是西缉事厂，简称西厂，办公地点设在了皇城西南的灵济宫前，以旧灰厂作为厂署总部。西厂的总头领称作钦差总督西厂官校办事太监，简称为“提督西厂太监”或者“西厂厂督”。而担任首任西厂厂督的就是太监汪直。

汪直，广西大藤峡瑶人。他的父亲力大无穷，据说能举起千斤重物，故被人称作“汪千斤”。在宪宗刚登基不久，广西大藤峡便发生了叛乱，当时，汪千斤也参与其中。朝廷派遣韩雍等人平定了大藤峡叛乱，汪千斤死于战乱之中，时为幼童的汪直成为了明军俘虏，并被阉割。

汪直进宫时的年龄史书没有记载，不过内阁大学士商辂曾经在奏疏里提到汪直年幼。而《明宪宗实录》里面提到汪直开设西厂时，用了年幼得宠这样的词汇。古人所指的年幼至少也要是十四岁以下的少年。据此可以推测，开设西厂时，汪直不过十三四岁的年龄。

汪直初入宫，首先去侍奉万贵妃。万贵妃觉得这个小孩唇红齿白，办事干净利索，十分让人喜爱。万贵妃也常常在朱见深面前说起这个名叫汪直的小孩办事得力。没过几年，汪直就被封为御马监太监。朱见深确实很宠爱汪直，据朝鲜使者记载，小汪直有时竟然可以影响到皇帝的人事任命，以至有人私下称他为“小皇帝”。

自从京城出了黑眚事件和李子龙谋逆案之后，朱见深决定重新设置一个特务机构，交付汪直掌管。别看这个少年才不过十三四岁，但是他有勇气有担当，干劲十足，又绝对忠诚，是个得力的助手。汪直从锦衣卫中挑选了百十号精干进入西厂办事。北京城的百姓经常会看到一个十来岁的俊美少年，骑着毛驴或者骡子，身边跟随着两名大汉。这是汪直化装成普通百姓，在京城为皇帝搜集情报。

汪直可不止会搜集情报，他虽然身体瘦弱，但是善于骑射，也是武功在身的好手。作为新成立的特务机构，西厂被朱见深寄予厚望。而汪直年轻好胜，也想要超过他最大的竞争对手——东厂。俗话说得好：同行是冤家。西厂成立也有牵制东厂的用意，既然要牵制，就要有所超越。西厂成立之后，探报们搜集的不过是些鸡毛蒜皮的小事，这跟汪直的预期相去甚远。汪直决定办上一两件轰动朝野的大案，来为自己和西厂立威。

汪直正苦于立功无门之际，有人竟然主动送上门来。福建建宁卫指挥同知杨晔，是三杨里面杨荣的曾孙。杨晔可没有曾祖父的名臣风范，他和父亲，已经退休的原指挥同知杨泰横暴乡里，欺压良善，竟然闹出了人命。他们的恶行被仇家举报。朝廷命刑部主事王应奎、锦衣卫百户高崇前往勘查。

眼看罪行就要暴露，杨晔连忙用重金行贿王应奎和高崇，二人见钱眼开，一口答应帮杨晔掩盖罪行。

杨晔以为当今朝廷人人皆是贪官，凭借曾祖父在朝中积累的人脉，加上金钱开道，几条人命又算什么。杨晔带着金银珠宝来到北京，借住在董序家中。杨晔花钱上下打点关系。通过董序的介绍，杨晔知道锦衣卫百户韦瑛认识很多宦官，而且他追随汪直办事，深得汪直赏识。于是，杨晔带上重金，来到了韦瑛家中。韦瑛本是一市井无赖，因投奔了一个姓韦的宦官，后来又参与征讨延绥一带的蒙古人立下军功，因此被升迁做了百户。

韦瑛对杨晔的来访十分热情，他详细询问了杨晔来京后拜访官员的情况，并打下包票，让杨晔的案子大事化小，小事化了。杨晔满怀希望地离开了，韦瑛却转身就去找汪直，将事情的原委告诉了他。汪直一听，这可是立功的好机会，他命韦瑛立即将杨晔等人捉拿归案。

杨晔被抓到西厂大狱，才明白上了韦瑛的当。一开始，他气愤不已，指着韦瑛的鼻子大骂。韦瑛也不恼火，下令给他上一种叫作“琶”的刑罚。这是锦衣卫惯用的一种酷刑，用刑之后，犯人骨节寸断，让人求生不能，求死不得。

杨晔哪里熬得住，一阵惨叫之后，他一五一十交代了罪行，还称自己将贿金寄存在了叔父兵部主事杨仕伟家中。韦瑛记下口供，带人连夜包围了杨仕伟家。

杨晔杀人案可谓是典型的家族“涉黑”案件，一连串的官官相护，他们的罪行包括杀人、行贿受贿、窝藏包庇等等，这个案件的影响极坏，单纯靠文官集团的三法司审讯，是难以彻底拔除的。只有通过不受文官集团牵制的西厂来办理，才能予以彻底打击。杨晔在西厂被上过酷刑后，受了重伤，最终不治而亡，死在狱中。朱见深命太监钱喜和韦瑛一起去福建，查抄杨家家产；同时，将杨泰和杨家上下百余人一同抓拿进京。受贿的王应奎和高崇也被捉拿归案。

成化十三年（1477）四月，杨泰被依照律法判处斩刑，不过，他命好，皇帝开恩，将其释放为民。杨家财产全部抄没入官，杨泰的弟弟杨仕伟和女婿董序被降职，高崇死于监狱，王应奎发配边境充军。

西厂这个大案，办理得干净漂亮，采用了雷霆手腕，一举消灭了盘踞福建地方的恶势力，为民间除害，同时也打击了贪腐官员，可谓一举多得。

这个案件的成功处理，使得汪直名声赫赫。不过汪直并不满足，他要办理更多的大案，来展现西厂的风采。

成化十三年（1478）四月，刑部主事武清在广西办事，他在归途中，被西厂告发行李中有贪贿之物。汪直下令将其捉拿，一番搜查和审问后，没有发现证据，只好将其释放。

还是四月间，汪直令百户韦瑛将太医院院判蒋宗武下西厂大狱。礼部郎中乐章和行人张廷纲出使安南回国途中，因为涉嫌受贿，被韦瑛捉拿，送往西厂大狱。浙江左布政使刘福起复，在回京听选途中，有人告发他的不法之事，西厂将其捉拿。短短一个月内，就连续有五名朝廷官员被西厂抓拿入狱，文官们开始人人自危，他们不知道，下一个进西厂监狱的是不是自己。五月，监察御史黄本前往云贵刷卷，韦瑛搜查他的寓舍，发现了象笏等物，送到锦衣卫追究审问，最后被判罪。

接下来，太医院左通政方贤被下西厂大狱。方贤家中藏有大量的片脑、沉香等名贵中药，这些都是他盗取的官藏药材。另外西厂校尉还从他家搜出御墨和龙凤瓷器等御用之物，方贤因此被下狱治罪。

面对同僚纷纷落马，文官集团再也坐不住了。五月初十日，商辂、万安、刘珝、刘吉四人一起联名上奏，将西厂破坏祖制的罪名列出十条，认为西厂的缉事活动已经造成了社会动荡，要求立刻革除西厂，罢黜汪直，另外将韦瑛和王英治罪，以便挽回民心。

朱见深一开始并不打算屈服。他让太监怀恩、覃昌和黄高三人一起到内阁，声色俱厉地传谕质问内阁大臣："朝廷用汪直行事，究竟破坏了哪些祖制？尔等告状，是谁的主意？"商辂、万安、刘珝、刘吉四人可没有被太监的气势吓倒，他们慷慨陈词，表示汪直的罪过人人皆知，联名上奏并没有什么主使之人。

过了一会儿，怀恩等太监又来到内阁宣旨，大意是皇帝已经知道了汪直所为，打算革除西厂，遣散官校。怀恩传完旨意，压低了声音跟四位阁老说："先生们不知道，我们司礼监几个人里面已经因此事被赶走两个了。”商辂等人连忙问是谁，怀恩回答说是黄赐和陈祖生，现在他们已经被拦在了东华门外，皇帝不见他们了。当时，商辂等人还云里雾里，不知道黄、陈二人为何被赶走。

第二天，宪宗命怀恩当面斥责汪直，让他回御马监任职，将韦瑛调去边境卫所，将西厂的办事人员都调回锦衣卫，西厂就这样被革除了。西厂被废的次日，朝廷传旨，将司礼监太监黄赐和陈祖生贬斥到南京。

这个黄赐可不简单，他是当时的司礼监掌印太监。汪直知道了皇帝打算听从文官的建议废除西厂的消息后很不甘心，怀疑是黄赐在里面捣鬼，跟文官们内外勾结，促成此事。于是，汪直在朱见深面前告了黄赐一状，说他是福建人，跟杨晔是老乡，内阁上奏疏就是由黄赐暗中指使的。

朱见深本来就对黄赐不太信任，汪直这么一告，他觉得颇有道理。于是，朱见深才将黄赐和跟黄赐关系亲近的陈祖生贬斥到了南京。

西厂被革除后数日，都御史王越在早朝时，遇到了刘珝和刘吉，他说：“汪直行事公道，像黄赐那样专权纳贿，不是汪直的话，谁能赶走他？商辂和万安两位做官久了，有所忌惮。而二位才入阁几日，况且汪直对二位多有扶持，你们为何也参与弹劾汪直？”刘珝沉默不语。刘吉说：“不然。我等办事为朝廷，非是为自身。若是汪直办事都公道，朝廷为何设置公卿大臣，天下后世之人会怎么看？”王越无言以对。

西厂虽然被废，朱见深仍然信任汪直。他之所以答应废除西厂，是因为西厂确实得罪了太多文官，风头过猛，朱见深也明白“木秀于林，风必摧之”的道理，他想让西厂先暂时避开风头，以待时机。朱见深密令汪直探听外间动静，寻找能通文事之人作为辅助。有一个军卒报告汪直，说锦衣卫千户吴绶能写文本，精通行移。汪直将他召来，让他拟了三份批答，封进以后，朱见深很满意。于是，吴绶成为了汪直的得力助手。

六月，兵部尚书项忠被革职为民。他跟汪直早就结下了梁子。汪直每次出行，随从众多，前呼后拥好不气派。文武官员见了他，无不下马回避。有一日，汪直遇到一位官员，竟然没有主动给他避道，汪直心中暗自给他记了一笔。此人正是兵部尚书项忠。

第二天早朝时，百官在午门外列队，汪直指使手下校尉远远大声高呼项忠的名字。散朝之后，校尉们还将项忠拥着赶走。项忠将此事记在心上，后来，内阁大臣上疏要求废除西厂时，项忠也领衔上疏要求革除西厂。

西厂被革除后，汪直心中愤愤不平，事业刚有起色，就被扼杀。项忠在此事件中起到了关键作用，因此汪直立志一定要斗倒项忠。恰好，汪直通过东厂探报获得了一个宝贵情报：江西都指挥使刘江和指挥黄宾相互串通，徇私舞弊。

刘江本来在京城卫所任职，他通过黄宾结识了其兄长黄赐，黄赐又将他引荐给兵部尚书项忠和武选司郎中姚璧，使刘江得到了江西都指挥使的美差。汪直知道此事后，在皇帝面前告了一状，因此项忠被革职为民，太监黄赐被降为长随。当然，黄赐不久之后又被提升为南京司礼监太监，远离政治中心，在南京安度晚年。

西厂二次开张

第一次开办西厂，不论是朱见深还是汪直，都没有经验。汪直少年急躁，办事雷厉风行，确实得罪了一大批文官，迫使宪宗不得不暂时解散了西厂。不过，项忠勾通太监黄赐徇私舞弊的案件，却又给朱见深敲了警钟，内外官员勾结是朝廷大忌，若没有办事得力的西厂，单纯依靠东厂和锦衣卫，还是不能放心。于是，他决心将西厂重新开张。

皇帝还没有开口，早有聪明人嗅到了皇帝的意思。这位有着敏锐政治觉悟的仁兄就是监察御史戴缙。戴缙上疏要求复立西厂，朱见深也就顺应臣意，“勉为其难”地答应了他的请求。其实，戴缙在上奏疏之前，已经提前给吴绶看过奏稿。吴绶润色修改后，又拿给了汪直。汪直大喜，将奏稿递给了朱见深。

西厂被革除才一月，又重新开张。大学士商辂见西厂复立，担心汪直打击报复，便主动提出辞职。以商辂为首的内阁大学士，曾经在要求罢黜西厂的奏疏里，提到这样一件事：西厂的办事人员在通往北京和南京的运河上盘查往来船只，连办公的官船都要盘查，吓得老百姓都不敢做生意了。

西厂查官员的船，背后的原因是什么？原来，汪直派韦瑛等人缉查时，发现很多官员乘船经过运河时，仗势欺人，向沿途州县和驿站强行索要民夫拉船，并且让他们干装卸货物的重活。甚至那些巡按地方的御史也公然这样做。那些打着办公旗号的官船，多达数十甚至上百艘，里面经常夹带私盐或者其他珍奇宝物，所过之处，骚扰地方。势家豪强走私食盐，京官们不顾名节，勾结州县豪强。

汪直看得清楚，有些官员正是借助外出公干为名，用大量的官船来为自己运送私盐和其他货物，而运送的成本还有船只的消耗，都算在了沿途州县和驿站上，这明显是滥用公权，假公济私！汪直命令西厂盘查官船，就是要打击文官集团这一贪腐行为。

西厂复立之后，又接连办了几件大案，震动朝野上下。成化十三年（1478）十月间，汪直派遣韦瑛的弟弟韦瓒前往贵州等地缉事。韦瓒先到了南京，住在龙江驿。他无意中得知了一个重要内幕：闲住都督李震和南京守备太监覃包勾结，李震贿赂覃包，侵占官街，并私下役使军士给自己建造房屋。

韦瓒记录下了他们的罪行，他的关文用姓是“韩”，是为了探事方便，不暴露身份。驿站的驿官看到韦瓒故意用化姓，怀疑他是假冒的，于是暗中告诉了覃包。覃包派人将韦瓒捉拿，搜出了他记录下的覃、李二人罪行的密帖。

覃包将韦瓒下南京锦衣卫大狱审问，重刑之下，韦瓒只好承认自己假冒西厂人员。覃包于是将他押送到了北京，交给西厂处置。汪直立刻报朱见深，朱见深下令调查此事，发现韦瓒记录的覃包和李震的罪行都确有其事。宪宗派遣汪直前往南京，当面斥责覃包，并且将他降职为神宫监，专门负责孝陵司香，而李震则被调回北京闲住。

十一月，汪直又令吴绶写奏疏指出，在洪武永乐年间为人臣者，没有人敢坐轿子，正统时年老的文官有时候会乘坐肩舆。景泰以来，文官五品以上的都开始乘坐轿子。汪直要求严格文武官员乘坐轿子的规定：文官三品，年满六十岁以上，可以乘坐；武官不管什么情况，都不准乘坐轿子。朱见深看过奏疏，表示赞同。

这下可好，那些被剥夺了乘轿权利的文武官员们，各个恨透了汪直。但是，他们此时还是敢怒不敢言。因为王越、尹旻、戴缙、吴绶以及刘珝，都与汪直交好，这几个人谋划的事情，都通过汪直传达到皇上那里，朝中人人畏惧。就是司礼监太监也不敢与汪直争锋。

汪直不仅擅长特务，对其他事务，他也多有建设性的意见。针对京城治安问题，汪直提出了一系列建议。当时有盗贼潜往京城四处游荡，为非作歹。他们多是各地军户逃亡之人，没有籍贯，难以查考。汪直希望皇帝让都察院发文：限期他们一月之内赴官登记，首次被告发者发往原籍卫所州县服役，免究其罪。如果有隐匿不报的，缉查出来，发配到极边之地，其投奔的主家也要连罪。如果这些人确实穷困不能还乡，经过审查，其来历没有问题，就编到京城附近卫所，发给俸粮。若有诈冒内官家人的游荡之徒，听由所主之家和邻居告发。

军户逃亡，是明中叶很严重的社会问题。军官大量侵占普通士兵的土地，克扣粮饷，但是这些军户还要缴纳粮食和承担军役。屯田制度遭到破坏，军户们只能大量逃亡。有很多军户逃亡到了京城，造成京城的治安问题。这引起了朱见深的高度重视，他决定大力整顿。

十二月，汪直根据京军每月支取月粮不便的问题，又提出了改革方案：原先京城官军每年的俸粮，每月轮流在京城和通州的仓库支取。春夏之际，雨水多，道路泥泞，官军又负担很多差役，到通州领取俸粮不方便，可改为官军三月到八月在京城仓库领取俸粮，其他时间在通州领取，这样就避开了雨水季节，给官军们减轻了负担。朱见深见汪直对时弊见解深切，欣然应允。

成化十四年（1478）三月，汪直针对高邮、邵伯、宝应、白马四湖每当遇到西北风大作时，运粮船只多被堤石桩木撞破漂没的情况，提出应该在原先的堤坝之东重新筑造新堤，以避风浪。朱见深命工部会同漕运总兵、巡抚官一起增筑堤坝。

五月，针对武科举改制之事，汪直又提出了自己的主张。他奏请在武举考试中，设置乡试、会试、殿试，就如同进士考试一样。兵部经过会议讨论后，提出乡试九月举行，会试三月举行，第一场比试射箭，第二场比试论、判语，第三场试策。殿试四月一日举行，赐给武举及第、出身有差。恩荣次第和录名、勒碑都如同进士科一样。汪直的这一建议，对加强武举考试制度建设，意义重大。国家层面将武举考试提升到了同文官科举考试相同的地位，这也为国家选拔一批可用将才提供了保障。

十一月，汪直处治了一名违法太监，震动朝野。南京内官监太监覃力朋到北京进贡，他用上百艘官船运送私盐，役使民夫牵船，而且勒索沿途州县驿站，得到五百两银子。覃力朋船队到甲马营时，巡检司报告给武城县令，县令派遣典史带人盘问。覃力朋拒绝接受检查，还命手下人打典史，打落了他的牙齿，并且射死一人，打伤多人。

汪直得知消息后，逮捕了覃力朋审问。刑部打算以贩卖私盐和拒捕罪处覃力朋以斩刑。朱见深开始是同意这个判决的，后来架不住覃力朋四处托人求情，还是宽恕了他。覃力朋虽然侥幸免死，却栽了一个大跟头。之前文武官员不敢得罪的大太监，现在有西厂来整治了。

成化十五年（1479）四月，太监刘恒、汪直会同总兵官朱永、蒋琬、尚书王越一起检阅京营官军，选用把总官。不久，驸马都尉马诚私通府中婢女，被汪直侦探得知，马诚被下锦衣卫诏狱。朱见深革去马诚冠戴，命他戴平巾，到国子监读书习礼，停发俸禄五百石。

五月，另一个驸马也出了事。驸马都尉樊凯私通婢女，并且打死了人，汪直将他下锦衣卫大狱。朱见深给他与马诚相同的处罚。还是五月间，都察院右副都御史牟俸在巡抚南京附近期间，作威作福，横行不法，被下属告发到西厂。汪直将其下狱审讯，最后牟俸被发配边疆。

锦衣卫掌镇抚司事指挥吴绶被调到了南京锦衣卫。说起来，吴绶是汪直的得力助手，一开始，他依附汪直。时间久了，吴绶也知道他代汪直办的很多事情，为舆论所不容，为了给自己留退路，他也经常庇护那些下狱的文臣。这些事情被汪直得知后，朝廷就有了调吴绶去南京锦衣卫的调令。

西厂复立之后，大案频发，一时间，朝廷上下感觉到了汪直的铁腕手段，皇亲国戚、太监、文武官员，汪直没有不敢动的，只要违法，西厂统统拿下。权贵们被震撼了，他们恨透了汪直，只能等待时机，让汪直和他的西厂彻底消失。

文官中还是有人按捺不住，抢先发难了。兵科给事中孙博在成化十六年（1480）正月，上了一道奏疏，大意是东、西二厂的探报多因为一点小事，就中伤大臣。这些办事人员都是下等之徒，岂能折辱作为股肱之臣的官员？他请求皇帝革除西厂。当然，朱见深驳回了他的请求。汪直听说后十分生气。他把孙博叫来，当面斥责，而且还上奏皇帝要求带着孙博前往边关，让他“纪功”。

人人都为孙博捏了一把汗，但汪直也不是报复心很强的人，他始终没有把孙博怎样。孙博在边疆期间，反而以其出色表现赢得了汪直的青睐。而孙博在跟随汪直在边关抗敌时，也渐渐发现了汪直并没有文官口中那么邪恶贪婪，相反，他觉得这位“小伙子”忠心为国，一心要为大明边境安宁而努力。孙博心中对他佩服不已，逐渐改变了对汪直的成见。最后，他们成为好友。后来，汪直被大臣们弹劾时，孙博反过来为汪直辩护，自身也受牵连被贬斥。

汪直的英雄梦

明宪宗朱见深对汪直越来越依赖，他觉得汪直的作用可以再发挥得更多些，比如可以在边疆保家卫国。成化十五年（1479）秋，汪直被宪宗派遣到了辽东巡边。建州女真伏当加部屡次犯边，辽东巡抚陈钺建议汪奏请征虏，如果能获得军功，皇帝对他的恩宠将会更加牢不可破。朝廷命抚宁侯朱永和汪直一起带兵征伐伏当加，这一仗明军斩首六百九十五级，将敌军打得落花流水。宪宗大喜，封朱永为保国公，陈钺为右都御史，汪直加岁米。

建州女真是女真部中最靠近大明的一部，在永乐朝就接受明廷册封。明英宗时，建州卫首领李满住联合建州三卫，反叛明朝，不断入侵辽东地区。成化改元后，朱见深曾经命赵辅带兵征讨女真反叛势力，杀李满住和董山。不过，建州女真不久便恢复了实力，又开始侵扰大明。

成化十五年的这次“犁庭扫穴”，在朱永和汪直、陈钺的努力下，达到了圆满效果。从此，遭受重创的建州女真整整老实了一百多年，直到万历中后期，才再次崛起，开始向大明挑战。

汪直从此迷上了战事，年轻人血气方刚，他想要建功立业，用一刀一枪为自己博取战功，成就自己的金戈铁马梦。汪直在边关期间，十分关心边务。他看到大同十五卫的牧马，从永乐宣德时期的一万六千匹，到现在丧失了近一半。三十多年了，朝廷仍然命令这些牧马的军士们补充丧失的马匹，以至军士们极度贫困，有的甚至卖妻子儿女。汪直上奏宪宗，宪宗下令全部蠲免。

收拾完了女真，汪直开始瞄准当时明朝最大的敌人——蒙古各部。成化十六年（1480）正月，明宪宗命保国公朱永佩平虏将军大印，协同汪直、兵部尚书王越一起率领京军万人，前往陕西延绥加强边防。

汪直和王越打算对蒙古人发动突袭。二月二十二日，他们从京营和边军中挑选精锐之士两万一千人，出孤店关，朝蒙古行进。这次行动绝对保密，为了防止蒙古人探知消息，明军昼伏夜行。二十七日，大军到达猫儿庄后，兵分数路。此时刮起了大风，雨水中夹带着雪花，天地之间一片昏暗。黎明时分，王越和汪直带领明军到达了威宁海子。这是蒙古鞑靼部大汗巴克蒙图的汗庭。

大风加雨雪这样恶劣的天气，鞑靼人没有料到明军能出塞长途奔袭到此。王越和汪直挥舞着手中的兵器，带头冲杀在前，明军士气大振。一番大战之后，明军生擒一百七十一名俘虏，斩敌四百三十七。这一战是明军少有的主动出塞，直攻敌军后方的大胜仗。王越因功被加封威宁伯，汪直则被加岁禄米四十八石。

汪直在边关期间，与将士们日夜在一起，他们结下了深厚友谊。走出宫廷的汪直体会到了边军的艰苦，他们为保卫大明边境抛头颅洒热血，有时候，却连衣服和鞋子都穿不上。汪直便奏请宪宗赏赐辽东官军五万五千五百四十人衣服和鞋子。

成化十七年（1481）二月初八日，鞑靼人从海东山等处入明境侵扰。汪直、王越分派军士截杀，追击敌军到了黑石崖，斩杀一百一十三人。汪直以此战功，加岁米三百石，至此，他已经累计每年获得禄米四百八十石，成为明朝宦官中，加禄米第二高的人（第一高是嘉靖朝太监黄锦，为五百石）。

五月，汪直又奉命与王越带兵三千，前往宣府防御蒙古人来犯。十一月，汪直奏请回师，却被宪宗以时值冬季，蒙古人有可能再次来犯为由拒绝了。汪直心头一沉，皇帝对自己的请求没有不允许的，这一次却如此决绝。令汪直更惊讶的事情还在后面。兵部尚书陈钺也上奏皇帝，要求将汪直和京军一起撤回京城。宪宗却下旨斥责了陈钺。

宪宗对汪直的态度开始有了变化，随着西厂再次被废，汪直也走下了权力的神坛。

东厂尚铭的心事

成化十八年（1482）正月，太常寺少卿丁永中、寺丞蒙以聪、崔志端在大祀殿祭祀时，位南而坐。这可是违背宫廷礼仪的大事。宗秀手下的西厂校尉探听到了此事，上报宪宗，宪宗下诏将三位太常寺官员罚俸一个月。可以说，西厂对官员的监控是全方位的，而处在严密监控下的官员也相当郁闷。他们再也无法忍受西厂的“欺辱”了，决定再一次反击。

文官们还在等待时机的时候，谁也没想到，首先对汪直发起攻击的，竟然是太监。俗话说同行是冤家，东厂太监尚铭对此深有体会。一天深夜，尚铭在东厂府衙的小厅来回踱步。小厅内供奉着岳飞画像，看着栩栩如生的岳武穆像，再瞅瞅厅外镌刻着“流芳百世”四字的碑刻牌坊，尚铭心中若有所思。

朝廷设置东厂的目的就是为了钳制臣工，直接为皇帝服务。而东厂内供奉岳飞像的目的也很明显，皇帝希望东厂能像岳飞一样忠于自己和帝国，全心全意为皇权服务。“流芳百世”，尚铭反复琢磨着这四个字。作为特务机构的首领，虽不能指望像那些文武官员一样流芳百世，但是至少不能遗臭万年。

尚铭踱步来到办事大厅西面的祠堂，里面供奉着历代东厂掌印太监牌位。想着这些前辈里面，确实有些人已经遗臭万年，至于流芳百世，还真没有。尚铭为人圆滑，跟他的前辈比，他对金钱的贪婪丝毫不占下风。但是，他不取普通百姓之财。

他命人盯住京城的豪富之家，他们的财产情况以及大大小小的不法之事，都被记录在文册之上。尚铭命手下人将那些有钱人抓到东厂，然后好吃好喝招待着。有钱人看着眼前写满自己“罪状”的文册，明白破财免灾的道理，于是主动交钱孝敬尚公公。

尚铭就这样得了不少财物。他不吝啬，拿出一部分孝敬皇帝，然后还赏赐下面人。上上下下对他的评价都很高。尚铭当初掌管东厂，还是出自汪直的推荐。只不过，随着两厂的争功，他们的矛盾也在加深。

一件事情的发生，终于让尚铭和汪直之间的矛盾达到了白热化。汪直在威宁海子建功之后，回到京城休整。正好，有盗贼夜间翻进了皇城，在西内盗窃了衣服和大米。皇城内出了贼，宪宗大怒，下令限期捉拿归案。东西二厂都领了任务，抓紧开展调查。结果东厂校尉首先捉获了盗贼。太监尚铭就此报功，宪宗重赏了尚铭。

汪直知道此事，面子上挂不住，随口骂道：“尚铭是我引用的人，竟然敢背着我独自占功!”自此，汪直有了对付尚铭的打算。尚铭听说了汪直的话，心中恐惧。他打算先下手为强，留心寻找汪直的过失。原来，汪直跟王越关系十分要好，他们无话不谈。有时，汪直会将皇帝的一些小秘密说给王越。王越暗中记下了这些事情，又讲给自己的心腹。

王越有一个心腹，因为一些事情跟王越反目，就投靠了尚铭，将之前从王越那里听来的一些话，讲给了尚铭。尚铭大喜，将此事上奏宪宗，投诉汪直竟敢泄露宫闱秘事，还将其作为谈资四处宣扬。另外，尚铭还告发汪直勾通王越。

听了汪直的这些罪行，宪宗开始反思自己对汪直的信任是不是太没有底线了。宪宗内心渐渐对汪直不满，也开始有了排斥之意。之前，汪直多次请求班师回朝，宪宗不允，就是一个很明显的信号。

汪直的垮台

汪直和他的西厂得罪了太多的势力，宦官、皇亲国戚、文武官员都被他们整肃了遍。这不，连优伶都敢讽刺汪太监了。

阿丑是钟鼓司下属优伶，他善于表演滑稽戏，经常为宪宗演出。一次，阿丑扮演一个醉汉。有人告诉他："某某官员来了。"他不理会，一通大骂。那人又提醒他："圣上驾到了。"醉汉还是一通骂。那人抛出一句："汪太监来了。"醉汉立刻老实了。那人问醉汉："天子来了你不怕，为何怕汪太监？"醉汉回答："现在人们只知道有汪太监，不知道有天子。"笑过之后，朱见深脸色逐渐变得难看，他知道汪直的权势确实有些太大了。

汪直与王越、陈钺交好，外间称他有"二钺"。一次阿丑给宪宗表演。他扮演汪直，手里拿着两把钺，趔趔趄趄在台上走。有人问他拿着两把钺做什么。他大声说："我带兵就靠这两把钺。"别人问是什么名字。他回答道："王越、陈钺是也。"台下观看的宪宗微微点头。内外臣勾结交通，这是国朝大忌啊！

阿丑敢于讽刺权势滔天的汪直，其实背后也站着一个太监大佬，他就是司礼监掌印太监怀恩。想当初，汪直西厂第一次被罢时，他拉上司礼监两名太监垫背，也让怀恩怀恨在心。这下正好借助皇帝对汪直的信任下降之际，来个火上浇油。于是，在怀恩的支持下，阿丑才敢于讽刺汪直。

自从西厂第二次开张以后，汪直的权势更盛，西厂办事风格的狠辣也让朝中大小官员畏之如虎。当时有谚语称官员们见到汪直“都宪叩头如捣蒜，侍郎扯腿似烧葱”。朝鲜来华使者更是说，甚至有人暗中称汪直是“小皇帝”。汪直权势之大，天下皆知，以至有人“狐假虎威”，竟然做出了冒充汪太监的勾当。

成化十四年（1478）七月，江西人杨福冒充汪直案告破。杨福曾经在崇府内使手下为奴，后来他跟着主人入京，不久又暗中潜回。杨福经过南京时，有认识他的人提起他长得很像汪直。富贵险中求，既然长得像权倾天下的汪太监，何不冒充他呢！于是，他化身汪直，让认识他的那个朋友伪装成他的贴身校尉。

他们二人自芜湖经过常州、苏州，又由杭州抵达绍兴、宁波，地方官争先恐后地迎奉。市舶司宦官也相信他就是汪直。地方百姓听说汪太监下江南了，纷纷带着诉状向其诉冤，假汪直竟然也受理了几起案子。二人从台州、温州、处州又到了福建建宁、延平等地，他们每到一处，地方官员纷纷奉送礼金，二人赚了个盆满钵满。

最终假汪直被人识破，由于没有符验，镇守太监卢胜看出了端倪，将假汪直拿下。最后，杨福和他的朋友被处斩。潇洒走一回的假汪直走到了人生的终点，而权倾天下、恩宠无比的真汪直也开始走向了事业的终点。

成化十八年（1482）二月，宪宗命汪直总镇大同、宣府等处。当时跟随王越和汪直在北边作战的京营官、游记、参将等都被召回了，宪宗却单独留下汪直镇守边镇，这是圣眷渐疏的重要标志。文官们看出汪直已经失去了皇帝的宠信。

三月，六科十三道言官弹劾汪直，大学士万安也上疏请求革除西厂。宪宗大笔一挥，准奏，于是西厂第二次被革。下一次出现，已经是明武宗正德年间的事了。西厂被废，汪直之前建议调动五百名达官到京城操练的事情，也被宪宗取消了。

西厂虽然被革，汪直一片忠君爱国之心不变，他还在边关奋勇杀敌。成化十八年六月，蒙古骑兵入寇延绥河西清水营等地，汪直和王越调兵抵御，宣府游击将军都指挥使刘宁等人在塔儿山等地大败敌军，斩敌三百四十多人，这是明中叶对蒙战事中少有的大胜。蒙古经此重创，多年都不敢入犯。

捷报传到北京，宪宗下旨加汪直岁米二十四石，王越加岁禄五十石。王越和汪直真是黄金搭档，二人配合多次立下大功。可是，后来王越被调到了延绥，许宁到了大同，成为汪直的新同事。汪直不喜欢这位新同事，跟许宁闹得不可开交，大同都御史郭镗调解不了两人的矛盾，只好上奏朝廷。兵部得知情况，尚书张鹏上奏皇帝说，汪直和许宁在边境不和，如果不早点处分，可能会导致边境局势大坏。宪宗下达指示：汪直和许宁不以国事为重，逞一时之私愤，万一敌人入犯，怎么御敌？宪宗还拿出了昔日廉颇和蔺相如的故事切责汪、许。

成化十九年（1483）六月，宪宗下旨将汪直调动担任南京御马监太监。南京在明代是留都，也是失宠官员聚集之地。接到圣旨，汪直万分惆怅，只好打点行囊，准备南下。

汪直在南下途中，饱尝了人世冷暖。之前，那些对他迎奉唯恐不及的地方官们，如今却对他无不避而远之，或者冷嘲热讽。汪直心中悲凉，他知道权力一旦失去，自己就是一个普通人了。

到了定州曲阳县时，当地官员对汪直避而远之。汪直一个人躺在公馆床上，又冷又饿，脑中浮现出往事，唏嘘不已。正在这时，忽然来了一名官员，汪直定睛一看，正是老熟人定州知州裴泰。裴泰以前在汪直得势时，多次招待过汪直，他每次都提前预备好酒好菜，汪直带着仆从到来，不管时间早晚，总能吃饱喝足。汪直对他印象很好。没有想到，自己落魄之际，裴泰还能来见自己。汪直向裴泰求一顿饱饭，裴泰立刻奉上了随身携带的饮食。汪直感动不已，他叹息着说："今非昔比，我这次南行，圣上的意思犹未可测。明日，还要烦请你帮我准备南下的车马。"裴泰听了以后，脸色大变。裴泰虽然口中连连应诺，心中却乱作一团。原来，他消息滞后，事先不知道汪直已经失去圣眷，如今，汪直已经落到这般地步，还是要尽快跟他撇清关系，免得连累自己。第二天一早，汪直发现，裴泰早已经不见人影了。

被贬斥到南京，汪直并没有随身带什么值钱的财物，以至到了公馆中又冷又饿，只好乞求裴泰给他饮食。之前，宪宗虽然将他降职，却没有抄家的命令。如果他是贪腐之辈，家财万贯，当不至于道路上如此落魄。

就是从文官们弹劾汪直的奏疏看，没有一个人用贪污问题来攻击汪直，汪直的清廉让痛恨他的文官们也无可指摘。不过，文官们秉承痛打落水狗的精神，要将汪直彻底打垮，永远不得翻身。经济问题上找不出汪直的罪过，那就从其他方面入手，想找罪名，总会有的。

八月间，科道言官弹劾汪直八大罪。宪宗下旨将南京御马监太监汪直降职为奉御。威宁伯王越被革职为民，陈钺早已致仕不问，南京工部尚书戴缙和锦衣卫指挥吴绶被革职为民，韦瑛后来因他事被杀。

汪直倒台了，可是我们透过史册，在字里行间，却发现他并非大奸大恶之徒；有时候，甚至还显得很可爱。

嘉兴知府杨继宗以清廉闻名，有一次进京办事。汪直久仰大名，想去拜访他，却被拒之门外。宪宗问汪直，在进京朝觐的官员中，有谁比较清廉。汪直顺口回答，只有杨继宗是不爱钱的。

汪直对闻名天下的清官杨继宗充满了崇拜之情。他没有放弃结识杨继宗的愿望，当听说了杨继宗父亲离世的消息，就来到杨继宗家里吊丧。进门之后，汪直终于见到了传说中的清官，他开玩笑说："原来杨继宗就长这副模样呀。"没成想，杨继宗冷冷回了一句："我是长得不好看，可是，我身上一件东西都不缺，没有辱没祖先。"

杨继宗的回答可以称得上人身攻击了，当着太监的面，说人家最忌讳的话。很多人都为杨继宗捏了一把汗，他们担心权倾天下的汪太监会报复。不过，报复一直没有到来。相反，汪直在宪宗面前不停地为杨继宗说好话，杨继宗官职也步步高升。

汪直在地方巡视期间，沿途官员奴颜婢膝，对他百般讨好，唯恐落后。只有河南巡抚秦纮不把汪直当回事，对他冷面相待。汪直不但没有生气，还对秦纮毕恭毕敬，可是秦纮一点面子不给，对他依然不理不睬。秦纮还将汪直队伍中不法随员骚扰地方的情况写成奏疏，报告给了宪宗。

汪直回京之后，宪宗问他沿途官员如何。汪直没有表扬那些马屁精，他说只有秦纮既廉洁又有办事能力。宪宗哈哈大笑，拿出一份奏疏给汪直看，原来就是秦纮弹劾汪直和他随员的。汪直连连叩头认罪，并且连说秦纮奏报得对，自己对他贤能的印象一点都不会变。

后来，秦纮又遇到了汪直巡视。秦纮再次弹劾汪直，汪直不仅没有怪罪他，还在宪宗面前大力举荐，后来他做了户部侍郎。汪直的宽宏大度也感动了秦纮，两人最终成为了好友。

其实，宪宗将汪直贬斥南京也是保护之举。让他远离政治中心，虽然权力丢了，但是可以保住性命。汪直终老南京，再也没有回到北京。也许在某个黄昏，年迈的汪直远眺北方，会回想起自己曾经带领西厂整饬朝廷的风光；还有自己全身披挂，冲杀在战场上的无限豪迈……

尚铭梦碎司礼监

西厂废了，汪直贬了，满朝文武欣喜万分。内臣中有一个人，尤其兴奋，他就是东厂太监尚铭。最大的竞争对手倒下了，东厂现在一家独大，尚铭岂能不喜。尚铭觉得汪直倒台，皇帝对自己信任有加，他开始飘飘然，梦想成为司礼监掌印太监，要做太监中权势第一人！

尚铭千方百计运作，结交太监李荣和萧敬，终于谋求到了司礼监太监的位置。但是作为司礼监太监，他还掌握着东厂，这就应了“月盈则亏”的道理，权势太大让他走上了汪直的老路。尚铭此人较为贪婪，前面我们讲过他勒索富户获取不义之财的手段。除了这些，尚铭还利用手中权力，卖官鬻爵，最终在成化二十年（1484）正月被宪宗贬斥到了南京。

尚铭走在半路上，又被宪宗派人追回，将他带上镣铐，押回北京。经过审问后，尚铭被杖责一百，充净军，押赴南京孝陵种菜。尚铭的结局比汪直还惨，宪宗下令抄了他的家，结果花了好几天时间才将赃物用车运送到内府。

尚铭被贬，文官们还不肯放过，一路穷追猛打。吏科都给事中王瑞上疏，要求追究尚铭党羽。宪宗以一句朝廷自有处置将他回绝。科道言官们见王瑞被拒，决定一起上奏，要求皇帝对结交尚铭的外臣加以重责。

宪宗见言官们不指名道姓，只是模糊上奏，一时大怒，欲将他们一并廷杖。眼看一场闹剧就要上演，多亏司礼监太监怀恩在旁边劝谏，宪宗才冷静了下来。他让怀恩将言官们当面训斥了一番，要求他们以后言事要符合事实，不准敷衍了事。可见，虽然尚铭倒了，但宪宗并不想穷追猛打，宦官仍然是他最信赖的群体。

万贵妃身边的宵小

谈及成化朝政治，就必然离不开一个女人，她就是万贵妃。

当年土木堡之变后，明朝面临空前危机，时年两岁的朱见深被立为太子。随着北京保卫战的胜利，皇叔朱祁钰的皇位坐稳了。朱祁钰私心膨胀，动了易储之心，将太子朱见深废为沂王，将亲生儿子朱见济扶上太子位。

朱见深失去太子位，名为亲王，实同软禁。他人生中最艰苦的岁月，是同比自己大十七岁的宫女万氏一起度过的。长期的陪伴和守护，使朱见深对万氏渐生情愫。对朱见深而言，万氏有母亲般的温暖，成熟女人的魅力让他无法自拔。应该说，万氏对朱见深的情感也是真挚的，在那种艰苦岁月里产生的感情是无人可以替代的。

登基后，朱见深把一切能给的都给了万氏，如果不是阻力太大，可能万贵妃就会变成万皇后了。清修《明史》将万贵妃描述成恶毒之妇，她迫害宪宗宠幸过的后宫女子，暗中毒死了很多小皇子，甚至明孝宗生母纪氏之死也被归结到了她的头上。

其实根据《明宪宗实录》里商辂的一份奏疏描述，万贵妃在宫中全心全意养育孝宗朱祐樘，纪氏因为有病在宫外居住，在两个月后不治而亡，并非万贵妃毒死。退一万步讲，如果真是万贵妃毒死纪氏，登基为帝的朱祐樘又岂能放过杀母仇人？

万贵妃之所以会被后人黑成了狠毒妒妇，很大程度上，她的名声是被宦官梁芳、韦兴、钱能等人给抹黑了。这些宦官假借贡献之名，搜刮民财，孝敬结好万贵妃，闹得民怨沸腾。

梁芳，广东新会人，成化朝为御马监太监。梁芳是个八面玲珑之人，他看宪宗对万贵妃宠幸，一心想靠上万贵妃这棵大树。梁芳结好万贵妃的弟弟万贵和万通，他将搜刮来的钱财进献给了万氏兄弟。万氏兄弟得了钱财，自然不停地在姐姐面前为梁芳美言，就这样万贵妃也对梁芳印象极好。

梁芳见第一步计划成功，内心欢喜，决定趁热打铁，继续稳固自己在万氏心中的地位。他通过党羽钱能、韦眷、王敬等宦官在地方采办之机，指使他们大肆搜刮钱财和珍宝，然后进献给万贵妃。

万贵妃喜欢的人，自然也成为了宪宗喜欢的人。得到恩宠的梁芳更加放纵，他引荐道人李孜省和僧人继晓，这一僧一道又被宪宗宠信。

宪宗为了表示感谢，对这些僧道、宦官、画家、医生等统统给予官职。这些官职不是通过正常衙门给予的，而是通过司礼监太监直接传圣旨赏赐的，所以被称作传奉官。

梁芳等人这一通胡闹，搞得朝廷上下乌烟瘴气。陕西巡抚郑时上疏揭发梁芳，反而被罢官。郑时为人正直，在民间享有极高的声誉。他一被罢官，百姓们如丧考妣，痛哭流涕给他送行。这事惊动了宪宗，宪宗有些省悟，于是罢黜了十名传奉官，并且下诏说，以后只要传圣旨授予官职的，都需要覆奏。但梁芳却没有被责罚，宪宗对他的恩宠仍然让人感到不可思议。指挥袁辂献出土地修建佛寺，梁芳奏请袁辂承继广平侯，宪宗竟然慨然应允。

梁芳一人得宠，鸡犬升天。他的族属梁瑄、梁德被封锦衣卫百户和镇抚。甚至梁芳的家僮梁顺也被升为锦衣卫千户。一时间，上门求梁芳推荐做官的人踏破了门槛，梁芳大收黑钱，为这些人乞请传奉，朝廷风气大坏。梁芳老母居住在广东老家，梁芳向宪宗奏请，让他弟弟梁德经常往来京城和新会之间，以便侍奉老母。梁德借机到广东搜刮良禽花木，以私人身份进贡给宪宗。梁德所作所为给广东地方造成了不少骚乱。

梁芳还肆意挥霍宫中库藏钱财，不久，内库几朝累积下来的藏金都被用光了。宪宗巡查内库，发现了问题。他将梁芳和韦兴找来，怒声斥责他们："都是因为你们两个人，府库藏金都被浪费了！"韦兴不敢言语，梁芳却解释说："兴建显灵宫和各处祠庙，都是为了给陛下祈求福泽啊。"

宪宗不清楚这些钱到底花在哪里，沉着脸说："我不跟你们算这笔账，自然会有后面的人跟你们算！"梁芳害怕了，知道宪宗所指的"后面人"就是太子朱祐樘，竟动了劝说皇帝改变储君之心。多亏了一位司礼监太监拼死劝谏，加上泰山地震，太子的位置才得以保全。

梁芳的权势都是依仗宪宗和万贵妃的宠幸，在二人相继离世后，太子朱祐樘即位，以祸乱朝政的罪名，将梁芳降职为南京御用监少监，梁芳知道自己曾劝说皇帝废黜太子，得罪了新皇，于是赶紧把永清县庄田和远官店的庄田退还。但是梁芳毕竟罪过太大，文官们不可能放过他。在一片弹劾声中，梁芳被捉拿入狱，死在监狱中。

梁芳等宦官连累了万贵妃，导致后世对她恶评如潮。另一方面，万贵妃确实也放纵自己的兄弟为害民间，加上支持梁芳等宦官大肆搜刮，从这方面讲，她的恶评也是咎由自取。

捞钱能手钱能

钱能是梁芳手下得力干将，他是海西女真人，在兄弟四人中排行老三，人称“三钱”。老大钱喜、老二钱福都是御马监太监，老四钱义是御用监太监。兄弟四人都做到了太监的高位，在明朝也算是异数。正统二年（1437），钱氏兄弟都被选入内廷，当时最小的钱义只有四岁。他们极有可能是作为战俘进入宫廷为奴。

老大钱喜最先出人头地，做到了御马监太监的高位。成化二年（1466），蒙古入犯，钱喜作为督军太监会同大同等处总兵官，出兵剿灭敌寇。老四钱义机敏嗜学。他在宫中经常向老宦官们学习经验。这些老资格的公公都说：“这孩子将来肯定要大富大贵。”南宫复辟之后，英宗宠信钱义，升他做奉御。

英宗选派钱义侍奉时为太子的朱见深，他做事认真，不敢有丝毫懈怠。闲暇之时，钱义喜欢读书，有人嘲笑他，他回道：“读书总比闲坐着好！”朱见深登基后，将钱义升迁为御用监左监丞。成化元年（1465），他又被擢升为正四品的御用监太监。钱义为人能礼敬士大夫，有人侮辱他，他也不跟别人计较，名声很不错。

兄弟四人中名气最大的还是钱能。当然，这个“名”很大程度上是恶名。有三位在内廷权势显赫的兄弟襄助，御用监太监钱能在成化四年（1468）得到了一个美差：出镇云南。钱能前往云南，肩负着一项重要使命，那就是索取云南积欠朝廷的银两，以便于缓解朝廷内库之急。明宪宗登基后，内外战事较多，加之国家连年大灾小灾不断，府库用银量巨大，天子的内库存储也被用于各项事务。

眼看内库的银两越来越少，内承运库太监林绣奏请宪宗将云南历年积欠银两和各处赃、罚款银两尽数运送京城，以备急用。说白了，钱能被派往云南，就是去搜括钱财的，这是一个可以明目张胆敛财的美差。

钱能到达云南的第二年，就被贵州巡抚陈宣参了一本。因为钱能带了一大帮随从，沿途敲诈勒索，欺辱官员，尤其是他们在贵州期间，欺压百姓，勒索钱财，致使当地民怨沸腾。陈宣请求宪宗将钱能和少监郑忠多余的随从召回。宪宗却批复说他特许钱能携带随员十名。

云南巡抚郭阳拍钱能马屁，上疏朝廷称赞钱能办事得力，要求他继续留在云南。钱能为了索取钱财，无所不用其极，甚至差点闹出了外交纠纷。按照规定，安南国入贡一律经广西，不走云南一线。钱能谎称安南王擅自将捕捉盗贼的官军派往云南境内，要求派遣指挥使郭景去申饬安南国王。

宪宗批准后，钱能派郭景将玉带等宝物送给安南王，要求安南进贡特产，并且改走云南一线入朝。安南王那时侵占凭祥，气势正盛，正好想借道云南，窥探大明虚实，于是一口应允了下来。安南王以解送广西龙州罪犯为名，随郭景经云南进京。他派遣士兵进入云南，还在云南索取民夫六百人，当地百姓大受其扰。兵部见事态严重，申明云南不是入贡之道，龙州罪犯只能解送广西，不能进京。这才使事件得以解决。

钱能还曾派郭景和指挥卢安到孟密等土司，以答应将他们升为宣抚司为条件，勒索宝石和黄金，并且还逼淫土司孙女。消息传到京城，内阁首辅商辂奏请派遣大臣王恕前往云南，以便处理纠纷。

成化十二年（1476），王恕到达云南后，调查了事情的原委，郭景畏罪自杀。宪宗法外开恩，没有追究钱能之罪。

王恕紧紧盯着钱能的一举一动，稍有不法行为，王恕就上疏弹劾钱能，要求皇帝予以惩治。钱能畏惧王恕的刚正严明，通过皇帝身边近臣离间王恕，要求将其调回京城。钱能自己返回京城办事时，也在宪宗面前进谗言，说王恕的坏话。

有意思的是，王恕虽然是钱能的眼中钉，钱能却极其敬重他的为人。王恕后来到浙江赴任，吴诚代替他的位置。钱能派遣指挥胡亮在平夷迎接新巡抚，回来之后，钱能问胡亮："吴诚比王恕如何?"胡亮说："甚好，吴诚知道敬重公公，跟王某人大不相同。"钱能却露出了鄙夷的笑容："王恕正直无私，老是跟我作对，吴诚这样的巡抚，只配给王恕提草鞋罢了。"

后来，钱能到南京守备，王恕当时正是南京兵部尚书，两人再次成为同事。钱能对王恕更加心悦诚服，经常对别人说："王公，是天人也。我只有敬事而已。"王恕看到钱能跟之前相比，也收敛了不少，于是对他也坦诚相待，两人共事融洽。其实文官们也看得清楚，钱能在云南掠夺钱财是出自皇帝的支持。文官们与钱能本人并没有私仇，弹劾钱能也是出自对掠夺政策的不满。

钱能在成化四年到成化十六年（1480）一直奉命镇守云南。在这期间，他勒索搜刮了不少钱财。云南有个富户染上了皮肤病，钱能叫来富户之子，跟他说其父又老又病，而且得的是恶疾，能传染，不如将他投入滇池淹死，免得传染军士。富户之子知道钱能是在勒索钱财，只好乖乖地奉送了一笔巨款。

有个王姓百姓，靠卖槟榔发家致富，人们都称他为“槟榔王家”，钱能抓住小辫子不放，说他一个平头百姓，怎么敢煽动百姓，僭越称王，吓得王富户交了大量钱财，才得以破财消灾。

成化十六年五月，钱能被科道言官多次弹劾后，称病乞求皇帝将其召回。钱能在回京之前，还办了一件正事。南掌（今老挝）使者来朝进贡，安南国当时正攻打南掌，钱能知道后，请求朝廷敕令使者兼程赶回南掌，并且送给他们路费。这其实是出于保护朝贡国的目的。

钱能被召回后，宪宗命他担任南京守备一职。钱能在云南时，用七千两银子购买了木府价值四万多两银子的古物。来到南京后，他与另一个喜欢收藏古物的太监王赐展示藏品，南京的缙绅也有缘得以参观。钱能在南京为官安稳，一直到弘治三年（1490）蒋琮案，他被牵涉其中，但是弘治帝却没有追究他。弘治末年，钱能病逝于南京，死后归葬在了北京的钱氏祖茔。

钱能为人贪婪，在云南期间尤甚，但他却能得到两代皇帝的恩宠，归结原因，就在于他搜刮钱财是为了解决皇室财政困难，皇帝感念他的功劳而已。

最后提一句，钱能在云南期间，曾经收养了一个李姓巡检使之子李福宁为义子，将其改名换姓作钱宁。钱能死后，皇帝推恩他的家人，钱宁成为锦衣卫百户。正是这个钱宁，在正德朝兴风作浪，成为有名的佞幸。

朝官与内官的纠葛

成化一朝，不法宦官众多，文官们对宦官口诛笔伐，可是，通过一些鲜为人知的史料，我们却发现了文官与宦官关系的另一面。

商辂在正史中是以反宦官斗士的形象出现的。不论是从反对汪直西厂，还是从奏请派遣王恕巡抚云南牵制钱能，商辂都是文官集团中积极与宦官抗争的排头兵。不过，随着《最胜寺兴建碑》的发现，我们却发现了商辂的另一面。此碑文是商辂应钱氏兄弟所请写就，写于成化八年（1472）。碑文是为了纪念钱氏四兄弟生母而写。从字里行间看得出，商辂应该与钱氏兄弟渊源很深。商辂并不是奉旨写文，写这样的碑文，是出于跟宦官的人情往来。商辂反对专横宦官是公，私下与宦官来往是人情世故，由此可见文官与宦官之间关系的复杂性。

余子俊在正史中作为文官集团的杰出代表为人称颂。然而有一则小故事却反映了他与宦官交好甚至巴结的一面。成化年间，司礼监太监黄高在庆寿寺休假。当时有一名兵部官员求见，但是此人不想说出姓名。他和属下先后离开兵部，彼此都说是去其他地方。不久，两个人都到了庆寿寺门外，见了面尴尬至极，进退不得。

过了一会儿，都御史王越和户部尚书陈钺也来了。黄高很久都没出来，只是让寺庙住持告诉诸位文官："请诸公拜佛。"王越带头，大家一起进入寺庙。他们刚要拜佛，黄高出来说："诸公今日的富贵，都是前世积来的，跟佛有什么关系?”

继而，宾主各自落座，黄高说：“昔日王振用事，六卿多私自拜谒，人们都认为他是擅权。现今诸公来访我，怎么知道外人不会议论我?而且诸公访我，不知道你们认为我是什么样的人?”

兵部官员说：“公真是圣人呀。”黄高惊讶地说：“大而化之才能称作圣。孔子尚且说‘吾不敢当圣人’，我是何等人，怎么敢说是圣人。”黄高口若悬河，滔滔不绝说了很久，众人静静听着。

这位兵部官员就是名臣余子俊。文官结交宦官，足可见宦官权势之大；也可见其实宦官与文官不过是同事关系，大家同朝为官，彼此联络，也可视为同事之交。

前文，我们讲述了成化朝的一些为恶宦官，但也有一些宦官能导君以正。有一位甚至还颇具名臣风范，为士大夫称颂。

颇具名臣风范的怀恩

清修《明史》载有怀恩的传记，说他是兵部侍郎戴纶的族弟，宣宗杀了戴纶，将戴纶的叔父太仆寺卿戴希文抄家。戴希文就是怀恩的父亲。当时怀恩年幼，被收入宫中为奴，赐名怀恩。但我们翻阅《明实录》，发现事实并非如此。怀恩，苏州府人，本姓马，宣德年间入宫，被赐姓怀。到底为什么入宫，《明实录》没有说，不外乎是家中贫困或者家人希图富贵，才将孩子送入宫中。

《明实录》里面有传记，《明史》作者却为他修改出身，这是怎样一种殊荣啊！要知道，文官笔下的好宦官甚少，像怀恩这样得到文官好评的更是凤毛麟角。其实，凡事皆有因果，怀恩确实是一名具备名臣风范的太监，因此才被文官们推崇，并大力宣扬。

成化三年（1467），户部尚书马昂等负责清理京营，礼部尚书奏请选派内臣一人共事，并大力推荐怀恩担任此职。成化四年（1468），征讨满四叛乱时，怀恩又与太监黄赐、兵部尚书白圭等人一起商讨军机。怀恩勇于保护朝中正直的大臣。当时，有个名叫阿九的宦官，他的兄长担任京城卫所经历，因犯罪被刘大夏鞭笞责罚。阿九知道兄长被打，不肯善罢甘休，他在宪宗面前诬告刘大夏。刘大夏被抓入诏狱，后来多亏怀恩鼎力救助，才得以释放。

员外郎林俊弹劾太监梁芳、妖僧继晓等人，因为奏疏里面涉及宫闱秘事，惹怒了宪宗，朱见深将其下诏狱，还动了杀心。

文官们屡次上疏求情，宪宗不听。怀恩叩头求情，说千万不能杀进谏的忠臣。他声泪俱下，说："太祖太宗朝，就是因为大开言路，才得以天下大治。如今要杀谏臣，必然造成百官离心离德，臣誓死不敢奉诏！"宪宗更加生气，怀疑他跟林俊勾结，才让林俊知道了宫闱之事，顺手拿起御案上一方砚台朝着怀恩砸了过去。

怀恩见砚台朝他飞了过来，不但不躲，还抬头迎了上去。砚台虽然没有打中他的头，宪宗却气得把御案都掀翻了。怀恩脱帽，紧紧抱住宪宗的腿，号啕大哭："奴婢不能再侍奉陛下了。"

宪宗挥挥手，让人将他扶了下去。怀恩出了宫门，突然想起被弹劾的奸臣有可能会授意锦衣卫谋害林俊。他赶紧派人传话给锦衣卫镇抚司：“你们如果勾结梁芳，陷害林俊，林俊死了，你们也别想活！”怀恩回到住宅后，自称中风闭门谢客。

宪宗盛怒之后，仔细思索，觉得林俊所言也不是完全没有道理，慢慢消了气，也就释放了他，还派御医到怀恩家中，为他诊病。

怀恩不止一次逆龙鳞诤谏皇帝。有个叫章瑾的人因为向宪宗进献了宝石，宪宗一高兴，打算授给他锦衣卫镇抚的职位。他让怀恩传旨，没想到怀恩却拒绝了，他说：“镇抚司掌管天子刑狱，是武臣的重要职位，怎么能给一个献宝石的投机之人？”宪宗大怒，责问怀恩竟敢违命。怀恩说：“非敢违命，只是不想违法而已。”宪宗无奈，只好让覃昌传旨。

怀恩为了阻止此事，暗示兵部尚书余子俊上奏反对，可是余子俊却没有勇气，不敢上谏。气得怀恩连连叹息：“我就知道外廷大臣无人了！”

外廷大臣有劝谏皇帝的，怀恩都会在内廷大力支持。都御史王恕经常直言进谏，怀恩看到他的奏疏，每每感叹：“天下忠义，就只有此人而已。”怀恩办事公正无私，深得外廷好评。成化十八年（1482）十二月，易州知州李宪非法杖死了部民，李宪四处打点，以逃避罪责。守备内官钟庆得到李宪请托的书信，里面提到的太监正是怀恩。

怀恩得到钟庆的奏报大怒，命人将李宪提到京城，下锦衣卫大狱审问。李宪本打算找怀恩帮忙，没料想这封书信还没有发出去就被查了。由此也可见怀恩办事之公正无私。

怀恩最大的功绩还是劝谏宪宗，力保太子朱祐樘。前文我们讲过宪宗视察内库时，曾经斥责梁芳，说太子自然会跟他们算账。梁芳等人惊惧，他们合计劝说宪宗改立兴王为太子。宪宗当时正好宠幸兴王的生母邵妃，此建议迎合了他的心意。于是，宪宗把怀恩找来，跟他商量易储之事。

宪宗一说，怀恩情绪激动，当即摘下帽子，跪下叩头，边哭边说："奴婢死不从命，宁可陛下杀了我，也不能让天下人来杀我！"见司礼监掌印太监是如此态度，宪宗只好暂时作罢。

怀恩回去后，闭门不出。宪宗下诏将他贬斥到凤阳守陵。怀恩临走之际，还不忘找来同事司礼监太监覃昌，交代他一定要力保太子。

怀恩去往凤阳，覃昌继任司礼监掌印太监。他觉得自己没有怀恩强硬，怀恩都做不到的事情，自己又如何能做到。于是整日里忧心忡忡，唉声叹气。

覃昌又想到去找内阁首辅万安和次辅刘吉商量。可两位都是老好人，不敢得罪人，左右搪塞。覃昌万般无奈，气得直跺脚，甚至想一死了之。此时，宪宗仍不停地催促覃昌传旨，更换太子。恰巧，这时泰山发生了地震，内灵台奏报泰山崩，必须要通过东宫太子来冲喜。宪宗还在疑惑："太子也应天象吗？"一旁的覃昌连忙回道："太子是陛下之子，怎能不应天象。"宪宗一想也是这个道理，便下旨给太子选妃。

就这样，太子朱祐樘算是保住了储君之位。孝宗即位后，感念怀恩因力保自己而被贬斥，于是下旨将怀恩召回京城，仍然让他掌管司礼监。怀恩在弘治朝，一如成化朝之刚正无私。他力劝孝宗驱逐万安，任用王恕。孝宗在宫中无意间发现了万安进献给父皇的房中术，于是大怒，命怀恩去内阁质问万安，并将弹劾他的奏疏读给他听。

万安此人脸皮极厚，听着怀恩高声宣读百官弹劾他的奏疏，还没有主动辞职之意。直到怀恩上前摘去了他的牙牌，他才被迫离开。

弘治初年，朝廷鼓励直言，进言者陡然增多。有些进言的文官言语过于激切，有人甚至还说宦官是受过刀锯之刑的残疾人。太监覃昌见此大怒，怀恩却笑笑，安慰他说："他说得对。我们本来就是刑余之人，又何必发怒?"怀恩死于弘治初年，孝宗赐怀恩祭葬，并赐"显忠"祠额。

成化一朝随着万贵妃和明宪宗的相继离世而结束，明朝进入了一个被文官士大夫极力讴歌的时代，也就是"弘治中兴"。鲜为人知的是，在这十八年中，宦官们以自己的方式深刻影响着帝国的政治走向。

七　朱祐樘背后的身影

守护皇子的三兄弟

清修《明史》中有一段颇为精彩的宫斗戏：宪宗朱见深在视察自己的小金库时，看中了一个女官。这名女官姓纪，正值妙龄，是广西大藤峡之战的俘虏。被明军俘获后，入宫做了看守内库的女官。宪宗对她一见钟情，临幸之后，纪氏怀孕诞下一子，也就是后来继承大统的明孝宗朱祐樘。狠毒的万贵妃听说了此事，暴跳如雷，让宦官张敏去把孩子处理掉。张敏不忍，暗中藏匿纪氏母子，骗万贵妃说已经溺死了纪氏之子。成化十一年(1475)，宪宗感叹自己老而无子，张敏连忙将事情真相讲了出来，宪宗大喜，将小皇子迎回，张敏却担心万贵妃报复，吞金而亡。而纪氏也被万贵妃下毒害死。

然而事实上，这段记载只是演义而已。纪氏从怀孕到生子，朱见深都是知道的。成化年间的官员尹直在《謇斋琐缀录》里提到朱见深知道纪氏有身孕之后，不想让万贵妃知道，担心失去儿子的她不开心，于是就悄悄将纪氏安顿在了宫外的安乐堂，对万贵妃说纪氏病“痞”，也就是肚子里面长了硬块。古人对痞这种病比较畏惧，认为这是一种可传染的不治之症。

纪氏分娩之后，朱见深命心腹宦官前去看护。此前太子朱祐极夭折，有大臣渐渐知道了皇帝另有儿子的消息，于是阁臣彭时请司礼监太监黄赐转告皇帝，请将皇子光明正大地迎回宫中。万贵妃也得知了这个消息，一开始她很惊讶，但随即换上礼服道贺皇帝，并且厚赐纪氏母子，并奏请皇帝将小皇子接入宫中。

当时乾清宫门正好起火，宪宗觉得这是上天示警，暗示他要公布这个秘密。于是，宪宗就顺应了文官和万贵妃的请求，将皇子之事公布于众，并给皇子取名朱祐樘。

而且纪氏并非万贵妃毒杀。纪氏当时的确得了重病，朱见深命御医诊治，她因为病情加重，汤药不能进，四天之后就离世了。之前，太监黄赐、张敏也曾领着太医院使方宝和治中吴衡前往诊治。如果万贵妃真的欺凌后宫，在弘治年间修成的《明宪宗实录》必将大书特书，记录下她逼迫有孕嫔妃打胎，毒害皇子还有害死纪氏等大罪。然而《实录》中不但没有这些记载，反而记录了商辂的一份奏疏，里面提到万贵妃在宫中抚养过朱祐樘一段时间，而且待如亲子。太监张敏的结局，更不是清修《明史》上说的在成化十一年吞金而死，张公公安然活到了成化二十一年（1485），最后是被气死的。

张敏，字辅德，福建同安人。他排行老二，还有两名兄弟，哥哥张本，弟弟张庆。张敏家世代务农，如果没有战乱，也许张氏兄弟会像祖辈一样，老老实实做个农民。正统末年，邓茂七暴乱，张敏叔父张益彬召集乡人保卫家园，没想到却被仇家诬告，说他勾通乱贼。结果张益彬一家被治罪不说，还连累了张敏一家，张氏家族男丁年长者充军，年幼的被阉割。张敏兄弟三人就是在这场大祸中被阉割，送入北京宫廷为奴。

兄弟三人在宫廷中发展得很好，成化年间，大哥张本担任御马监太监，三弟张庆做到司设监太监。张本曾经在南京镇守，张庆曾出镇浙江。张庆在浙江期间，受理民间诉讼，逮治四品以下的官员。他在当地专横跋扈，与浙江按察使杨继宗发生了冲突。当时张敏担任司礼监太监，张庆找到兄长告状，张敏为了给兄弟出头，就在宪宗面前诋毁杨继宗。可是，宪宗先前听汪直说过，杨继宗是有名的清官，他顺口问张敏："你说的那人是不私一钱的杨继宗吗?"张敏哑口无言，回去之后赶紧写信给张庆说："你别跟他斗了，皇上已经知道杨继宗的为人了。"

朱见深在成化六年（1470）七月知道纪氏诞子的消息后，派遣张敏前去照顾小皇子。当时纪氏奶水少，张敏就跟兄弟张本、张庆商量，用麦米做成粉浆喂养小皇子。当时废皇后吴氏也加入了抚养小皇子的行列，他们一起将小皇子秘密看护到了六岁。成化十一年，也就是小皇子的身份正式被公布之后，张敏因为看护有功，被宪宗晋升为司礼监太监。

成化二十一年（1485）三月，张敏在宪宗面前请求不要罢黜马坊的传奉官，得到了宪宗的批准。他去拜见上司司礼监掌印太监怀恩，没有想到被怀恩大声斥责："星变就是因为我们这些宦官败坏国事，外臣怎么能做这些？今天传奉官弊政就要被纠正了，你又来坏事，小心他日天雷劈了你的头!"骂完了，怀恩还不解气，指着自己的位置说：“司礼监掌印的位子，我坐不久了，你兄弟三人位高权重，又想来夺取我的位子吗？”

张敏为人骄傲，又是老资格，被怀恩这样一通骂，大气都不敢出，回到家里，越想越气，竟然被气死了。张敏去世后，宪宗派遣司设监太监陈勉祭葬。孝宗朱祐樘即位后，感念当年张敏的看护之功，又派遣御马监左少监郭镛再次谕祭。

纪氏虽是自然病亡，但是对朱祐樘而言，母亲没有看到他登基为帝，没有享一天福，成为其终身遗憾。这种愧疚，使得朱祐樘立志一定要在广西找到母亲家族之人，以便报答母亲的养育之恩。由此，也引发了一起太监参与其中的冒认皇亲案。

冒认皇亲案

弘治元年（1488），孝宗派遣太监蔡用，前往广西访求纪太后的家人。当地官员也接到了皇帝的圣旨，要求全力配合蔡公公寻找太后族人。

广西的寻亲工作进展顺利。不久，蔡用上奏孝宗，说访求到了纪太后的两位再从兄弟，一名纪父贵，一名纪祖旺。再从兄弟，是堂兄弟还隔着一层堂表关系，血缘上跟纪太后已经很远了。自从蔡用赶往广西后，孝宗就日夜期盼着来自广西的消息。接到蔡用的奏报，孝宗欣喜若狂，虽然二人是太后的远亲，但是总算找到母亲家的亲人了。对母后的一片孝思，终于有所寄托，孝宗心中顿时释然。

孝宗将纪父贵改名为纪贵，授予锦衣卫指挥同知职位；又将纪祖旺改名为纪旺，授予锦衣卫指挥佥事官职。二人得了官，还被赏赐大量金银财宝、庄田和豪宅。两个乡间的穷人，一夜之间富贵升天。宫中无数人看得垂涎三尺，只恨爹妈没有把自己生成纪太后的亲属。

其实，在孝宗还是太子的时候，早就有人看中了纪氏这个潜力股，觉得她的儿子早晚要掌管大明权柄，因此，便抢先一步，假冒是纪氏之兄。此人就是太监陆恺。陆恺本姓李，广西当地发音，纪和李音相似，因此他冒称是纪氏的哥哥。陆恺在广西老家还有一个叔叔和一个哥哥，他委托广西镇守太监顾恒帮忙寻找二人，想依靠亲友的力量，一起冒认皇亲，求求富贵。陆恺的叔叔和哥哥没有找到，倒是他姐夫韦父成听说小舅子打算冒认皇亲，竟也声称自己是纪氏族人。当地官员为了攀龙附凤，给了他一些良田，还将他住的地方命名为“迎恩里”。

这时乡间的纪父贵和纪祖旺还没有被蔡用找到。其实，他们兄弟二人也是冒牌货，他们本姓李，是贫困佃户，眼看韦父成冒认了皇亲大富大贵，他们眼红了。于是，李氏兄弟找到了田主邓璋商议说他们打算假冒皇亲，并揭发韦父成的真实面目。

邓璋听后心动，到府衙告了韦父成一状，同时还递交了一份他伪造的纪家宗谱图。这时，孝宗派出蔡用到广西寻亲，蔡用正深感大海捞针无从下手。此时，他听说纪父贵、纪祖旺有宗谱图证明是纪氏族人，一时欢喜，也没有细查，就将二人当成纪氏家人上报孝宗。韦父成见纪氏兄弟发达，又嫉妒又不甘，直接进京告御状，揭发纪氏兄弟假冒皇亲。

孝宗命太监郭镛和陆恺一起审判此案。郭镛为人极狡诈，他是张敏的亲信，早在纪氏还在安乐堂时，就结交侍奉过她。其实郭镛早知道陆恺和韦父成假冒皇亲之事，但他不揭发，反而替纪氏兄弟和韦父成辩护，一口咬定他们都是皇亲。孝宗也糊涂了，他命郭镛去祭祀纪氏祖坟。纪氏祖坟开修之后，陆续又有好几个人说自己是纪太后亲人。孝宗渐渐反应过来，觉得事情有诈，他暗中派两个言官前去广西秘密调查。

经过在民间走访，两人发现这些所谓的皇亲都是冒牌货。知道真相的孝宗盛怒之下，判处纪氏兄弟斩首；太监郭镛知情不报，被降为小火者，发往南京；太监陆恺发往先皇陵寝司香。后来，孝宗又饶恕了纪氏兄弟等人的死罪，将他们充军。

此后，孝宗多次寻亲未果，只好让尹直撰写哀册，追封外公也就是纪太后之父为庆元伯。册文中有一句："睹汉家尧母之门，增宋室仁宗之恸。"孝宗对母亲的一片孝思，跃然纸上。但也正是他对母亲的孝心，才让两个太监得以在冒认皇亲案中钻了空子。孝宗朱祐樘是历史上有名的贤君，他之所以能成为一代贤君，其实离不开一个人的启蒙教育，这个人就是太监覃吉。

朱祐樘的启蒙老师

覃吉在景泰年间曾经掌管内库。英宗复辟之后，覃吉因为没有及时报告景泰帝赏赐嫔妃的情况，得罪了英宗。朱祐樘成为太子后，覃吉被任命为东宫典玺局郎。当时覃吉已经年老，面对九岁的朱祐樘，他深感责任重大。作为太子的启蒙老师，覃吉除讲授儒家经典和朝廷典章之外，还教导太子要熟悉政事民情，并且主动讲述历史上为恶宦官的故事，教导太子能明辨是非，防止宦官乱政。

覃吉经常感叹："我老了，不希图富贵，只希望天下有位贤明之主就够了。"他很尊敬太子的讲官，太子受他的影响，对讲官也非常客气。有人觉得太子对讲官过于礼貌，覃吉说："尊师重道，就是应该这样。"

有一次，宪宗赏赐太子大量庄田。覃吉却劝说太子不要接受，因为将来天下都是太子的，接受这些庄田只能劳民伤财，被手下之人用来谋取私利而已。太子觉得他言之有理，就上奏父皇，推辞掉了。

太子在闲暇之余，喜欢看佛经。有一次，他偷偷读佛经，覃吉突然进来，他连忙顺手拿起一本《孝经》，装模作样捧读起来。覃吉其实已经看到之前的情形，便问："太子是在读佛书吗？"太子连忙辩白："非也，我在读《孝经》。"覃吉顿首称赞道："那就好，佛书虚诞，不可信也。"

朱祐樘的成长离不开覃吉的大力辅导，他教授太子的这些为人治国的道理，对朱祐樘日后治国理政大有裨益。可以说，覃吉用他生命最后的时光全力教导出了一位贤明的君主。只可惜，覃吉病逝在朱祐樘登基之前，没能亲眼目睹太子登上皇位的那一刻。

宦官斗言官

弘治二年（1489）二月的北京言官之狱，是文官集团内部的争斗。这里重点要谈的是三月份的南京言官之狱，这起案件宦官涉入其中，并作为一方势力与言官们争斗起来。

事情的起因跟一个太监有关。此人名叫蒋琮，成化十五年（1479）他担任上林苑海子提督。按照朝廷规定，宦官不能随便回家，需要住在值班房或者宦官衙署，要回家也得皇帝批准。可是蒋琮纪律观念比较差，经常翘班，招呼都不打一声就回家了。他翘班的事情被东厂的人发现了，东厂向皇帝举报，宪宗大怒，将蒋琮下锦衣卫诏狱审讯。

主持审问的锦衣卫指挥佥事赵璟按照惯例审讯了几句，而蒋琮以为皇帝只是吓唬吓唬他，关几天就放出来了。可是，事情的发展出乎他的意料。东厂太监尚铭当时正跟西厂暗中较劲，东厂捉拿了一个违规太监，锦衣卫却不认真审讯，打算关几天就把人放了。尚铭不肯善罢甘休，便弹劾赵璟和镇抚李琏二人徇私舞弊，不按规矩办事。

赵璟面对压力，决定对蒋琮追根刨底。一番仔细的侦查之后，锦衣卫发现蒋琮翘班十分频繁。在铁证面前，蒋琮也只好认罪，朝廷因为他认错态度好，也就减轻了处罚。在锦衣卫大狱吃了几天牢饭之后，蒋琮被释放，仍然在上林苑海子任职。

弘治元年（1488），蒋琮出任南京守备司礼监太监。对这个任命，蒋琮很是欢喜。南京守备内臣也被称作内守备，多为司礼监太监担任，不过也有来自其他监局的宦官。不同时期，南京守备内臣人数不同，有两人到七人不等。南京内守备官衔多为太监，也偶有少监和监丞担任。内守备职掌首先是与外守备、参赞机务、协同守备等文武官员一起负责留都南京的军政事务；其次，内守备还要主管南京内官系统的日常事务。

南京内守备责任重大，权势显赫，而且待遇优厚，不仅本人享受高官厚禄，而且弟侄义子等亲属也会因为恩荫得官。有如此美差，蒋琮岂能不得意。他坐船顺运河南下任职，一路上意气风发，颇有些抱负在心中。

蒋琮针对沿途见闻，提出了很多切中时弊的建议。比如，他认为张家湾到仪真坝增设的官员太多，冗官冗费，应予裁撤。户部每年都会挑选官员从通州到仪真进行巡视，但是不奉敕书，官员们做事不认真，蒋琮奏请再派官时，要奉上敕书。对这些建议，朝廷都应允了。

对于地方治理，蒋琮也提出不少可行建议。都御史张鼎根据山东、北直隶一带盗匪出没的情况，在真定和河间府之间的大路两旁筑墙，墙外深挖壕沟，称如此可以防盗。

蒋琮在山东德州，听到不少百姓抱怨，说这道墙一修害苦了行路百姓，如果真遇到了盗匪，在两墙之间无处可逃。而且修墙也花费大量人力物力，却徒劳无功。蒋琮上奏朝廷，要求停工，孝宗见他说得有理，当即应允。

蒋琮到南京之后，也充分展现了他好言事的特点，竟然使得一场经济纠纷转化为了政治斗争。江浦县有一片芦苇荡，属于南京守备太监所有。成化年间一场大洪水，在芦苇荡之间冲刷出了一片肥沃的平原，于是守备太监将这片沃土租给了失去土地的百姓种植，租种农民需要缴纳赋税和地租。靠着连年丰收，从成化中叶的南京守备太监黄赐起，几任守备太监都获利颇丰。这片沃土附近有南京内官监掌管的芦场，这些地方的岁租都由南京内守备收取。还有一些附近的土地，也被妄指为芦场，也一并成为太监管理的公家土地。这些收入撑鼓了南京太监的腰包。

成化二十三年（1487），孝宗朱祐樘即位诏书有言：投献的山场湖荡土地，都归还百姓。但蒋琮并未按照诏令办事，百姓得知消息，群情激愤，请求南京监察御史姜绾等人覆查。

弘治二年（1489）三月，姜绾弹劾蒋琮侵占民田，与民争利之罪。孝宗大怒，责令依法严查。其实，言官说蒋琮侵占民田，似有夸大之嫌。那些被冲刷出来的良田，本就是南京守备太监所有，芦场附近的投献土地才是太监非法所得。蒋琮只是隐占了部分土地，只需要献出那些投献土地即可。但是姜绾的奏疏却给蒋琮扣上了十大罪：变乱成法，以宦官为言官；妄奏都御史秦纮；欲奏罢不迎送自己的官吏；等等。

其实除了第一条之外，其他都是道听途说，并没有确切证据。蒋琮是何等之人，岂能容忍有人无中生有，攻讦自己。他也上疏自辩，将十条大罪一一辩驳。蒋琮不但在奏疏里反驳了对自己的指控，还顺带揭发了姜绾、方恺、方岳等人的不法之事。孝宗见事端越闹越大，连忙下诏让应天知府杨守随调查。一波未平又起一波，又有一份奏疏被送到了孝宗面前，这次，是另一位南京镇守太监陈祖生弹劾南京户部主事卢锦和户科给事中方向非法私种南京后湖田地。

这位陈祖生就是当年汪直西厂第一次被废后，被罢黜到南京的司礼监太监。陈祖生生活节俭，博学多才，在内外官员中享有极高的声誉。他奏疏里面提到的后湖，在明代是禁地。这是洪武年间，朝廷收藏天下黄册之所在。这里由户部主事和给事中各一人看管，闲杂人等不得入内。

当时有人在湖边开田种地，湖面淤塞，百姓皆可往来。卢锦和方向就是负责管理后湖库房的官员，他们自己也在湖边种田，种植瓜果蔬菜。不仅如此，二人还随意采伐南京守备太监所管的芦苇地。想到之前卢锦一向与自己作对，而方向更是弹劾过自己，陈祖生也借机上疏弹劾二人非法侵占禁地。

文官们怒了，自古只有言官弹劾宦官，岂有宦官弹劾言官的道理？御史纪杰、曹玉、徐礼，给事中韩重等人一齐开火，一份份弹劾蒋琮和陈祖生的奏疏接连摆在了孝宗的御案之上。事情已经乱成了一团，可是文官们还嫌不够热闹，生生又拉进来一个太监，集中火力朝他射击。此人就是郭镛。当时，他奉命前往广西为孝宗寻生母族人，正好路过南京。而郭镛也会惹事，别的地方不去，偏偏驾船到后湖参观。

这个是非之地，岂能擅入？郭镛一来，就被南京的言官盯上了，大家纷纷弹劾他擅自游玩禁地。给事中韩重更是上奏请求斥退蒋琮和郭镛。郭镛可不愿意吃这个哑巴亏，他到孝宗面前诉苦：应天府尹杨守随勘查卢、方之案，故意徇私袒护，御史们不弹劾他，反而弹劾无辜的内官，实在无理。

孝宗龙颜大怒，派遣太监何穆与大理寺少卿杨谧勘查后湖田地，并顺带审查姜绾和蒋琮互相攻讦之事。弘治三年（1490）二月，调查结果出来了。姜绾弹劾蒋琮，多有不实之词，被降职外调地方；而刘逊、余浚、孙纮、纪杰、方岳等言官被降职一级，调外任。蒋琮不应当接受奸民私自进献的土地，而且他所弹劾南京诸位官员违法之事也属诬告。涉入其中的太监陈祖生、郑强、钱能、李荣、程宗等人皆免问。卢锦被撤职，方向被降职，杨守随被贬为广西地方官。

判决结果出来后，文官们一片哗然，大家觉得皇帝明显偏袒宦官。于是，尚书王恕、李敏，还有言官伊宏、韩重等人纷纷上疏，要求将蒋琮等宦官下狱，却被孝宗全部驳回，维持原判。

这次南京言官之狱，宦官集团之所以能取得胜利，首先离不开孝宗对他们的信任和支持。再者，言官在弹劾中，确实有很多不实之词，有风闻言事之嫌。而孝宗就是要借助此案打压言官势力，清理言路，消除言官集团虚妄言论的不良风气。最后，也是很重要的一点，蒋琮和陈祖生与内阁首辅刘吉交好。刘吉靠着揣摩圣意稳固权位，而为他通风报信的就是蒋琮。盟友有难，刘吉岂能不救？另外，南京言官们曾经弹劾过刘吉，他怀恨在心，正好借助此事打压南京言官势力。

蒋琮之败

此次南京言官案，蒋琮等宦官大获全胜，志得意满。他喜攻讦的性格仍然不变。弘治七年（1494），蒋琮弹劾南京兵部郎中娄性擅作威福，欺压属下，克扣官饷，私自建生祠。朝廷派出官员勘问，蒋琮又弹劾南京兵部员外郎袁廉侵欺马快船价事，词连娄性。

蒋琮也不是无懈可击，南京指挥石文通弹劾蒋琮开挖聚宝山，伤害皇陵王气，以及殴打商人致死，侵占官地和私造马船。石文通一个小小卫指挥，怎敢于攻击权势正盛的南京守备太监？其实石文通本是宦官家奴出身，他背后有大树，才敢于上奏弹劾蒋琮。朝廷只好又派出大理寺少卿马中锡、锦衣卫都指挥佥事杨荣和司礼监太监赵忠来调查此事。

调查之后，判决下来：娄性因为贪赃，被革职为民，蒋琮罪名属实，也被下都察院大狱。之后，孝宗下旨蒋琮死罪免除，发配孝陵充净军种菜。其实，蒋琮落败，原因也很简单。首先，他喜欢攻讦弹劾人，得罪了不少内外臣工。其次，蒋琮在弹劾娄性时，怀疑娄性背后有两个当权者在包庇他，蒋琮打算将这两人一起参劾。两人担心他真的这样做，就指使石文通弹劾蒋琮。其实，开挖聚宝山只是欲加之罪，将莫须有的事情套在了蒋琮头上，就是为了加重他的罪过，以便于将他彻底打倒。

至于那两个当权者，史书没有交代是谁，我们推测极有可能也是两个大太监，宦官集团也不容许有这样喜欢告状的人存在，于是抢先一步，唆使皇帝将蒋琮罢黜了。

宦官中的“比干”

明朝士大夫慷慨激昂，风骨之硬，有时候连廷杖都奈何不得。宦官中也偏偏有一位“硬汉”，他以死进谏，颇有殷商比干之风，堪称宦官中的另类人物。此人就是何鼎，浙江余姚人。他喜欢读书，生活俭朴，性格耿直。何鼎曾跟随侍郎陈音读书学习，陈音后来迁官南京太常寺卿，何鼎送老师赴任。当时李东阳在场，他对陈音开玩笑说：“师弟苦分离，不做太常也罢。”因为陈音平时跟人说话，多喜欢用“也罢”两字，所以李东阳才这样说。

陈音闻言尴尬，一时对不上来。何鼎灵机一动，顺口对李东阳说：“君臣如际会，便升太学何妨。”何鼎此对，因李东阳喜欢说“何妨”而来。陈音和李东阳都暗自叹服何鼎的应变能力。

何鼎虽是宦官，但是心系国事，经常针对时弊，提出自己的建议。弘治二年（1489），长随何鼎上疏言事：要求孝宗革除天顺元年（1457）之后所有的传奉官，这些人很多都不是经过考试或者立下军功升迁的。这本是整治弊政的好建议，可是吏部覆奏之后，认为天顺以来时间久远，全部裁革多有不便，建议孝宗不咎过往，从今往后，不要再出现传奉官便是。

弘治五年（1492）八月，已经升迁为惜薪司左司副的何鼎，再一次上疏奏事：通州仓存储粮食，本是权宜之计，军士前往领取军粮不方便，而且一旦有警也不便于防守。请求在北京空地设置粮仓，将通州的仓粮移到北京。而且他还奏请修浚大通桥以东的河道，用漕舟运粮到大通桥下，以省去运输费用。

户部认为京城仓库建造是个好主意，只是暂时不便；漕运的说法，可以先试行。可见，当时宦官言政，已经成为朝廷上下默许的了。针对宦官僭服问题，何鼎上疏说赐蟒服是文武官极品才行，宦官有什么功德能得到蟒服？他乞求皇帝加以追夺。皇帝却没有理会他。

这样一位忠心为国的好宦官，却在弘治十年（1497）三月被突然下狱了。事情源于何鼎得罪了外戚张氏兄弟。事情还得从明孝宗的张皇后说起。明孝宗是中国历史上少有的不纳嫔妃的皇帝，后宫只有一位张皇后。只可惜，这种恩爱却发展成了溺爱，孝宗爱屋及乌，对张皇后两位兄弟也恩宠有加。张皇后之兄名曰张鹤龄，弟唤作张延龄。有一次，孝宗召张氏兄弟二人进宫饮宴。孝宗离席如厕，张鹤龄耍酒疯，竟然拿起皇帝的帽子戴在了自己头上。何鼎看到这一幕，心中大怒。张氏兄弟恃宠而骄，酒后侮辱调戏宫女。当时，何鼎拿着一柄铁瓜，在宫门守着，打算等张氏兄弟一经过，就将他们一顿痛揍。

不过太监李广提前泄露了消息，张氏兄弟从旁门灰溜溜逃走。何鼎上奏弹劾张氏兄弟，说他们对皇帝大不敬，没有人臣之礼，要求孝宗严惩。结果张皇后在孝宗面前哭诉一番，加上不停地吹枕头风，终于激起了孝宗的怒火。

孝宗下令将何鼎下锦衣卫狱审问。锦衣卫镇抚司的校尉刑讯何鼎，问他弹劾张氏兄弟，有没有主使。何鼎回答说有两个山东人，但是你等不可能抓到他们。校尉问他主使是谁，何鼎回答：“孔子、孟子！”

何鼎在文官中声誉很好，一听说他被下狱，给事中庞泮、御史吴山和尚书周经、主事李昆等人先后上疏论救，孝宗在张皇后和张氏兄弟的怂恿下，一心要整死何鼎，因此并没有听从文官们的请求。

张皇后授意太监李广将何鼎杖死在了海子，一代忠宦死于非命。有位翰林曾为何鼎作诗一首：

外戚擅权天下有，内臣抗疏古今无。

道合比干惟异世，心于巷伯却同符。

能在文官口中，成为明朝的“比干”，何鼎死得其所！何鼎生前与太监鲍忠交好，为了不连累好友，他在上疏弹劾张氏兄弟时，瞒着这位无话不谈的好友，独自写下这份有可能惹下杀身之祸的奏疏。能在危难之际，还想着不连累朋友，何鼎人品确实令人叹服。

不久之后，清醒过来的孝宗也非常后悔，觉得何鼎是忠义之人。他下旨勒石祭祀何鼎，并且给他平反。只可惜，这一切何鼎永远无法看到了。孝宗时代，宦官们多是奉公守法，镇守各地的太监很多还留下了美名。例如福建邓原、浙江麦秀、河南蓝忠、宣府刘清，都是廉洁爱民之人。兵部将他们的事迹上奏朝廷，孝宗赐敕表彰了他们。在大好形势之下，个别宦官也不忘偶露“峥嵘”，以负面形象刷一下存在感。

弘治中兴的污点

说起李广这个名字，稍有历史常识的朋友都会想到汉朝的飞将军。鲜为人知的是，明朝也有一位李广，只不过，此人是以负面形象示人的。天顺年间，李广便活跃在了政治舞台上，他三次奉命捉拿犯罪宗室，还奉旨前往陕西河州盘查易马情况。

弘治四年（1491），李广升任内官监太监。李广权势渐盛，很多人都走他的门路。例如受到汪直牵连被贬斥为民的王越，积极营求李广帮忙，竟然也恢复了左都御史的官职。李广帮人走门路，名声大噪，大家都知道，只要给李公公送礼，他还是会很热心帮忙的。一时间，李广府邸门庭如市，他也大大赚了一笔。

人的贪欲是无限的，李广胆大包天，竟然涉入贿选驸马事件中。弘治八年（1495），孝宗张罗着为妹妹德清公主选驸马。孝宗对妹妹的婚事很重视，选派太监萧敬、杨穆等人为公主遴选驸马。明代的驸马虽然在政治上没有多少实权，但是毕竟属于皇亲国戚。北京有个富民袁相也想混个驸马当当，他用重金贿赂李广，央求李公公玉成此事。

李广收钱就办事，上下其手，竟然真让袁相中选了。婚期确定好后，就等着完婚了。所幸，科道言官发现了袁相贿选之事，孝宗大怒，废除了袁相的驸马身份，命再选驸马。负责选婚的萧敬等太监被孝宗斥责，而李广受贿的事情因为没有证据，孝宗并未予以追究。

李广到底有何魔力，让孝宗对他如此庇护？

孝宗自幼身体羸弱，即位之后，更是大病小病不断。为了身体康健，孝宗迷上了道教养生术，炼丹成了他的业余爱好。李广对这方面颇有心得，他在钦安殿跟孝宗设斋醮炼丹药，君臣二人的友情就在这烟雾缭绕中日渐升温了。弘治九年（1496）后，孝宗勤政渐不如初，上朝时常迟到，接见朝臣的次数也大大减少，经筵也时开时停。李广依仗着孝宗的恩宠，不但大肆受贿，而且还骄横跋扈。

弘治十年（1497）年底，孝宗出城到南郊祭天。回程途中，随行的礼部郎中王云凤骑着马，跟随在御驾之后。东厂的缉事校尉指控王云凤竟敢在皇帝后面骑马，是大不敬之罪。于是，王云凤被下狱治罪。其实，此事背后的操盘手是李广，因为王云凤之前曾经弹劾过李广，并且还要求斩杀李广以谢天下。这次，他指使东厂对仇人打击报复。多亏了大学士徐溥在孝宗面前力保，王云凤才得以降职出外。

李广也是懂得享受之人。为了自己的宅子美观，他竟引玉泉水环绕自家园林。不仅如此，他还侵夺京畿地区民田。李广掌管的内官监负责征收全国各地上纳的物资，他从中勒索敲诈，使得很多百姓由此破产。

然而，跋扈不法的李广，很快就引火烧身，走向灭亡。弘治十一年（1498）十月十二日夜，清宁宫突然起了一场大火。那可是皇帝祖母周太后居所。孝宗是纯孝之人，知道祖母宫中起火，心中担忧，连忙赶往清宁宫陪伴了祖母一夜。孝宗为了安慰周太后，找钦天监的人来宫中看风水。钦天监来人勘察一番后，告诉皇帝，是毓秀亭犯了大忌，宫中的祸患都是这个亭子招致的。

周太后听闻勃然大怒。其实，她早对李广不满了。先前李广劝说孝宗在万岁山建毓秀亭，可是亭子建了没多久，孝宗的小公主就夭折了。现如今，清宁宫又无缘无故起了一场大火，周太后岂能不怒？她大喊道："今日李广，明日李广，果然大祸来了！"李广知道了老太后发怒的消息，惊惧不已，他担心太后会治罪，只好选择自杀。

李广死了，孝宗心中空落落的。他想起这位伙伴精通道教，于是就派人去李广府上找找有没有什么养生秘籍。这一找，竟找出了问题。来人带回了几本册子，呈给孝宗。孝宗接过一看，上面记录着某官送黄米多少石，白米多少石……孝宗疑惑地问身边宦官："李广家有多大，能装得下这么多粮米？"宦官苦笑着跟皇上解释："这是李广受贿的记录本啊，黄米暗指黄金，白米暗指白银。"恍然大悟的孝宗十分生气，于是下令将李广抄家。

经过李广事件，孝宗开始反省自己为政的缺失，又开始奋发有为，朝臣们欣喜地看到即位之初的那位贤明皇帝又回来了！只可惜，这样一位好皇帝，却因为被人用错了药，于盛年之际驾崩，空留无尽感慨在人间。

顾命六太监

弘治年间，明朝内外咸安，孝宗励精图治，史称"弘治中兴"。弘治十八年（1505）四月，孝宗为了缓解民间旱情，设斋戒祈雨。天遂人愿，降下甘霖，孝宗却受了风寒。没想到，这次病情凶猛，他一病不起。司设监太监张瑜、掌管太医院事右通政施钦、院判刘文泰和御医高廷和等人会诊，准备给皇帝开药。张瑜是以太监身份领御药局，也是会诊皇帝病情的总负责人。

没想到药开好了，孝宗服后不见好转，反而更加严重，最终不治而亡。这下，朝臣们怒了，这样一位贤明之君，竟然被庸医治死了。这不是一场普通的医疗事故，涉及皇帝驾崩，岂能儿戏？张瑜等责任人被下都察院大狱审问。

明代对于皇帝的诊疗和用药有着严格的规定。皇帝生病，太医院官诊势御脉，御医参看，一般至少需要两名御医轮流给皇帝诊脉。然后太医院院使、院判和御医一起会诊，会同管药太监在内局选药。使用药剂要一起签名封存，以便于随时查验；诊治者要一起附奏疏，写明药性和诊治方法。

烹调御药时，需要太医院官员和太监一起监视，烹调好了之后，药物被分为两份，一份御医、太医院院判和太监先尝，尝过无事后，再将另一份进皇帝服用。御药服用之后，还要准备一份历簿，盖上内印，仔细记录用药年月和缘由，以备检查。从诊视御脉到御药的烹调都有着严格的程序和制度规定，只可惜，再完善的制度，如果不认真执行，仍是摆设。

张瑜和刘文泰连给皇帝诊脉这条都省略了，竟敢给皇帝直接开药。更严重的是，他们用的药根本就跟皇帝的病症不对路，这才是导致皇帝驾崩的主因。奇怪的是，审问之后，张瑜等人被判的罪状是外官和内官交结作弊，此罪虽是死罪，但不会被马上处决。果然，张瑜、刘文泰等人的死罪并没有执行。就这样，“害死”孝宗的御医和太监竟然逃脱了惩罚，真令人无限感慨。

各种古装影视剧中，一到皇帝驾崩的场景，总会有一些顾命老臣跪在龙榻之前，老泪纵横地聆听皇帝最后的嘱咐。只是，很少有人知道，明代也有顾命太监这个说法。明孝宗驾崩之前，就有六位太监承受顾命。

弘治十八年（1505）五月初六日，天刚蒙蒙亮，内阁刘健、李东阳、谢迁三位大学士赶到阁中上班。他们刚刚坐定不久，一位太监慌慌张张闯入阁内，三位定睛一看，原来正是司礼监太监戴义。戴义带着哭腔说万岁大渐了，紧急召见三位阁老。三位阁臣连忙一路小跑，跟着戴义赶往乾清宫东暖阁。

孝宗气色极差，他坐在御榻之上，缓缓跟阁臣们说："朕继承大统十八年，今得重疾，必将不起。"刘健等人连忙一番安慰。孝宗命在场的六位司礼监太监准备记录遗嘱。太监扶安和李璋捧着纸张和砚台，戴义手执朱笔，准备记录，而萧敬、陈宽和李荣跪在龙床之下，聆听遗命。孝宗交代众人，今年之内要给皇太子朱厚照完婚，接着又说了几件事，孝宗看了下戴义的记录，有些地方不满意，于是要过纸笔，在上面修改了几处，才将遗命交给戴义。

最后，孝宗紧紧握住了刘健的手，眼中含泪，嘱咐他和两位阁臣一定要辅佐太子做个好人。刘健等人伏地大哭，当时在场的萧敬等六位司礼监太监一起跪倒，放声大哭。孝宗传授遗诏，司礼监太监全部在场，或者笔录或者聆听，全程参与；而且新帝即位，他们作为内廷大佬，也要跟内阁一起辅佐新帝。从这种意义来说，六位司礼监太监就是顾命大臣。

第二日一早，孝宗当面交代太子朱厚照要做个好皇帝，午时，孝宗驾崩，享年三十六岁。孝宗朝的故事结束了，皇太子朱厚照继承大统，明史上一个精彩纷呈、波澜壮阔的时代就要来临了。

八　游龙天子，群阉乱政？

武宗登基，刘瑾掌权

武宗朱厚照登基不久，内外臣工之间就掀起了一场权力争斗，导致内外朝权力重新洗牌。孝宗朱祐樘在召见刘健等三位大学士托孤之时，便告诉三位阁臣，说东宫年龄尚小，贪图安逸游戏。知子莫若父，朱厚照确实很聪明，只不过，他的聪明更多表现在了活泼好动上面。

朱厚照天性不羁，读书自然不是他的所爱，他喜欢观看歌舞、戏鹰斗狗、角斗饮酒。继位之后，孝宗的担心逐步成为现实。以刘健、谢迁、李东阳为首的外廷大臣们也发现了新皇放荡不羁的表现。他们追根溯源，发现皇帝这些玩乐之事，是身边宦官在撺掇。

这八名导帝游乐的宦官被文官们称作“八虎”，他们是太监刘瑾、马永成、高凤、罗祥、魏彬、丘聚、谷大用、张永。弘治朝，这八人都曾经在东宫侍奉过朱厚照，他们是太子的玩伴，更是生活伴侣。

先说刘瑾，他出生于陕西兴平。刘瑾本姓谈，他祖上都是本分的农民。由于生活所迫，家人送他净身入宫。入宫伊始，他投靠了一个刘姓太监门下，按照当时的习惯，改姓为刘。当时正是代宗景泰年间，刘瑾不过五六岁的年纪。刚刚进宫的刘瑾，只是乾清宫一个普通的答应，也就是一个小厮役。

成化年间，刘瑾负责教坊司的管理。弘治初年，刘瑾又成为了茂陵司香，如果就此下去，刘瑾可能要守一辈子皇陵了。不过，幸有伯乐推荐，这位伯乐不是别人，正是弘治年间的大太监李广。李广见刘瑾颇认识些文字，读过一些书，而且聪明伶俐，口才又好，觉得他是个可塑之才，于是就将刘瑾引荐入了东宫，去侍奉太子朱厚照。

不过，刘瑾的人生道路注定不会一帆风顺。李广死后，朝廷追查李广党羽，刘瑾又坐奸党充南京净军。被起用不久，又因为乾清宫灾被发配，后来又被召回做了内府监局的佥书。朱厚照即位，刘瑾被任命掌管钟鼓司。钟鼓司属于宦官系统中的冷衙门，掌管内廷的歌舞演出。在钟鼓司任职的人饱受冷落。在此司任职者很难得到升迁，其境遇颇类似外廷宗藩王府的官员。

郁郁不得志的刘瑾并没有消沉，相反，他以正统年间大太监王振为榜样，暗自立志一定要掌握大权，出人头地。刘瑾掌管的钟鼓司正符合武宗的胃口，刘瑾也迎合朱厚照的爱好，安排丰富多彩的宫廷歌舞演出，让皇帝乐此不疲。不仅如此，刘瑾还经常向武宗进献飞鹰、猎犬，陪伴皇帝微服出行。在君臣互动中，刘瑾逐渐得到了武宗的宠信，被升为内官监太监。正德元年

（1506）正月，刘瑾又被委任掌管五千营。六月间，他又掌管团营中的练武营。刘瑾因为口才好、主意多，成为“八虎”集团的领头老大。

再说“八虎”中的高凤。高凤在景泰年间入内书馆学习。弘治五年（1492），高凤任职东宫典玺局丞，侍太子读书，六年后进入司礼监任事。弘治十六（1503）年，高凤因病告假休养，直到武宗登基，他才回到司礼监任职。

正德元年，高凤请求将侄子高得林推恩为锦衣卫管事。外廷以司礼监和锦衣卫两个重要部门都被高氏一门掌管，恐其权势过大，故极力反对。十月，高凤为了让侄子上位，自己主动辞职，从此远离政治舞台。直到正德七年（1512）十二月，高凤善终于家。

“八虎”中其他几人的事迹，我们会在下文穿插交代。其实，正德初年，得宠的宦官不仅有“八虎”，还有新贵涌入司礼监。比如东宫的旧臣温祥、范亨、徐智、王岳四人。刘健、谢迁、李东阳等人肩负着先皇的重托，却眼睁睁看着新皇一步步沉沦，走向“昏君”的行列，心急如焚。

大学士刘健挺身而出，他上疏怒斥太监丘聚、魏彬、马永成等人，斥责皇帝每日只知与他们厮混，亲小人远君子。正德元年夏，外廷的官员们借助灾变，纷纷上疏要求严惩“八虎”。九月，太监崔杲以织造为名，奏乞长芦盐引一万两千。给事中陶楷，御史杜旻、邵清极力反对，户部尚书韩文，大学士刘健、李东阳、谢迁等人也极力表示反对。

这一次，武宗朱厚照跟外廷大臣们较上了劲，他跟大臣们讨价还价，最后大臣们同意给崔杲一半盐引。武宗一脸严肃地对刘健等人说：“天下之事岂都是宦官坏的！文官中，十个人之中，也仅有三四个好人，坏事者十之六七，先生们应该很清楚吧。”正德一朝，为何成为宦官参政的一个高峰期？观武宗其言，相信答案不言自明了。

九月，钦天监杨源借助星变，上疏要求皇帝去除内官中的佞幸。刘瑾大怒，杖责杨源三十廷杖。杨源不肯低头，再一次上疏乞请皇帝远离“八虎”等人。这一次，杨源又被杖责三十，发配肃州，半路上，因伤口发作而死。杨源的上疏将外廷官员的弹劾“八虎”行动，推向了高潮。内阁刘健等人接连上疏，指名道姓要求皇帝诛杀刘瑾等八人。但是朱厚照对之一概不理。

十月，韩文的一份上疏竟然吓得小皇帝哭泣不已，不思饮食。奏疏是李梦阳为韩文起草的，里面提到刘瑾等八人只知道蛊惑皇上徇私舞弊，如果不治罪，将来“八虎”必然更加无所忌惮，危害社稷。口气之严厉，让初登政治舞台的朱厚照胆战心惊。

户部尚书韩文是外廷反对“八虎”的领军人物，他感叹形势糜烂，常常在属下面前叹息流泪。郎中李梦阳说：“韩公乃大臣，应该跟国家休戚与共，哭又有什么用。”韩文问他应当如何，李梦阳建议他联合朝臣一起上疏以死诤谏，必然要剪除“八虎”。就这样，韩文的奏疏由李梦阳起草润色，呈到了武宗面前。

韩文听说了皇帝见到奏疏的表现，约了一些大臣来到宫门前，要求面见皇帝当面陈词。武宗没有面见他们，派出司礼监太监李荣到了左顺门，跟大家传话：“先生们说的都对，只是这些宦官侍奉皇帝久了，皇上不忍心立刻处置他们。过段时间，皇上自会处置。”韩文听了以后，情绪激动，慷慨陈词：“现在天下局势大坏，都是群小作祟，韩文作为大臣，怎能不言不语。”李荣回道：“皇上知晓，只是想稍微宽些处置。”

这时吏部侍郎王鏊担心事情有变，上前一步问李荣：“假如皇上不处置他们怎么办？”李荣说：“我难道脖子上裹着铁，不担心掉脑袋吗？我怎么敢坏国事。”武宗在外廷文官们的压力下，慌了手脚，几次派出司礼监太监陈宽、李荣、王岳等人前往内阁，与阁臣们商议如何处置“八虎”。

一次，司礼监太监八人同时来到内阁，其中王岳跟诸位阁臣们说：“先生们所议极是。”原来，王岳也是东宫旧阉，他性格刚正不阿，对“八虎”等人所作所为甚为不满。所以尽管他作为说客，被武宗派来与阁臣们谈判，但是他表明态度，对阁老们的建议表示支持。众司礼监太监中，陈宽和李荣是宪宗朝的老人，高凤是第二次进入司礼监，其他如黄伟、温祥、段聪、王岳、范亨、徐智等人都是刚入司礼的新人。王岳在其中态度最为鲜明。

王岳与跟自己关系密切的太监范亨和徐智等商议，一起在皇帝面前再添一把火，请求皇上诛杀“八虎”，同时联络外廷大臣，一起给皇上施压。户部尚书韩文等人得到了王岳的来信，打算第二天联合九卿大臣，一起力争除掉“八虎”。眼看得“八虎”就要命丧黄泉了，如果不出意外，少年朱厚照将顶不住压力，被迫对自己的玩伴们痛下杀手。可是，意外还是不期而至。

十月十二日夜，一个黑影偷偷进入了“八虎”的居所。原来此人是告密之人，他将外廷大臣们打算次日给皇帝施压，除掉

“八虎”的计划和盘托出，并将内廷王岳等人勾通外廷之事也原原本本说了出来。这人就是吏部尚书焦芳，他参与群臣密议，却将众人计划泄露给“八虎”。“八虎”听了这个消息，有的当场落泪，有的吓得哑口无言，只有刘瑾咬紧牙关，从牙缝里蹦出几个字：“只有铤而走险！”

一番密议之后，刘瑾率领其他七人，一起来到武宗寝宫，八人齐刷刷环绕皇帝跪倒，放声大哭。他们边哭边磕头，说：“如果皇上不降恩保护，奴才们都要被砍碎了喂狗！”武宗问为何。刘瑾说：“谋害我等的就是王岳。王岳说我等进献狗马鹰兔给皇上，但王岳自己也曾进献过啊，皇上您心中是清楚的。为何独独要以此怪罪我等？”

说完，刘瑾接着伏地痛哭。刘瑾偷偷看了武宗的表情，发现小皇帝脸上已经开始变色，他继续火上浇油：“狗马鹰兔这些有什么大损害？现在外廷那些大臣们敢于放肆无忌议论您，就是因为司礼监没有您的心腹之人啊！如果有，皇上则可以随心所欲，没有人再敢说什么了。王岳打算结交阁臣，控制陛下，因为我等碍手碍脚，所以打算除掉我们，好达成所愿呢！”

刘瑾厉害，几句话，句句说到了武宗的软肋。首先，刘瑾揭露了王岳的虚伪，点出他也曾经进献各种玩好给皇上，表面却装出一副正人君子的模样。其次，刘瑾点出王岳勾通内阁和外廷之事，说他们结交就是要联手控制皇帝。要知道，内外廷之间的交结一直是皇帝最忌讳的事情，而王岳和内阁还有韩文等人确实有勾通之嫌。刘瑾抓着这点，就是打蛇七寸，说中了武宗最担心的情形。

最后，刘瑾点出如果皇上同意让“八虎”中人进入司礼监，他们作为皇帝的心腹，必然会帮助皇帝力排非议，树立皇权之威。这其实也是年轻的朱厚照最渴望的事。刘瑾不愧是口才大师，句句说到了武宗心坎中。

武宗当即下旨捉拿王岳、范亨、徐智三名太监。同时，他又将刘瑾任命为司礼监太监，丘聚提督东厂，谷大用掌管西厂。西厂自从成化年间被革除之后，正德初年又一次重新开张了！一夜之间，形势逆转，内外廷大臣落败。王岳、范亨、徐智被充南京净军。刘瑾本着斩尽杀绝的精神，派人在半路追杀三人。王岳和范亨在临清被杀，徐智侥幸保全性命，却断了一条胳膊。

韩文和他的两个儿子都被削籍为民。韩文被贬斥出京，只有一车行李。刘瑾还派出官校暗中盯梢，希望发现点韩文的什么罪状，结果一无所获。对外廷曾经反对过自己的官员，刘瑾等人也绝不放过。

正德二年（1507）正月，户部员外郎李梦阳被降职为山西布政司经历司经历。三月，大学士刘健和谢迁位列朝廷公布的“奸党”名单前两名，大大小小一共五十三名官员被列入了“奸党”名单。其实，反思刘健等人的落败，对武宗逼迫太急是一个重要原因。

群臣上疏要求除掉“八虎”，武宗派出司礼监太监到内阁商议，打算将“八虎”等人革职到南京闲住。如此，“八虎”在政治上已经等于是废人了。可是刘健等人力主除恶务尽，欲将“八虎”诛杀。当时尚书许进就提醒过刘健态度过于激烈。可是刘健、谢迁、韩文等人执意要除掉“八虎”，这也迫使本来打算接受闲住的“八虎”绝地反击，利用皇帝的信任和忌讳，反败为胜。

内阁铁三角只剩下李东阳一人继续任职，一方面因为其与刘瑾关系较好，另外一方面，他对处置“八虎”态度上稍为缓和，也为刘瑾所喜。刘瑾全面掌权，意气风发，打击异己，不亦乐乎。一位“心学圣人”竟然也涉入其中，还有人说他被刘瑾追杀，险些丢了性命！

刘瑾最仰慕大太监王振之为人处事，现在自己大权在握，终于扬眉吐气。正德元年（1506）十二月，户部主事苏时秀被降为镇江通判。因为苏时秀收取城门钞课，刘瑾暗中让东厂校尉调查他的过错，终于抓住了把柄，将其降职。

这一年注定不会平静。南京给事中戴铣等人弹劾刘瑾，被下狱治罪。当时有一位文官上疏论救戴铣等人，也被刘瑾传旨廷杖四十，并列入“奸党”名单之中。

这位文官可不得了，他就是大名鼎鼎的王守仁，也就是王阳明，时任兵部武选司主事。刘瑾等人还不解恨，撺掇武宗下旨将王守仁贬为贵州龙场驿驿丞。后世有人记录刘瑾还打算故技重演，派出杀手追杀王阳明，王阳明巧施妙计，将帽子扔到了钱塘江上，伪造落水自杀的现场，才逃脱追杀。这段故事颇为传奇，各种王阳明传记都录有其事，以突出刘瑾之凶残和王阳明之睿智。然而，仔细分析，却发现此事破绽太多。

王阳明在赶赴贵州时，取道杭州，以生病为辞，在杭州停留休养。刘瑾对此将信将疑，他派人跟随王阳明到了杭州，并非为了追杀，而是调查其生病的真假。当然最后调查的结果，是王阳明没病装病，刘瑾很生气，但并不等于他就一定要派人追杀王阳明。

王阳明不是王岳那样与刘瑾有生死之恨的对手，他没有必要为了这样一个在当时政坛上并不显山露水的小人物而动杀机。如果真有追杀之事，作为王阳明弟子的钱德洪和黄绾必然会在为尊师所作的年谱和行状中大书特书，一如他们记载王阳明逃脱宁王朱宸濠追兵的故事那般。

从刘瑾对王阳明父亲王华的态度上来说，刘瑾也并没有将王阳明赶尽杀绝之意。刘瑾曾经跟随王华的乡人方正学习书史，从方正处听说了王华处家孝友的贤名，十分敬仰王华为人，一心希望他这样的名士能投入自己门下。做过武宗老师的王华也为武宗所敬重，考虑到这层关系，加之本身就对王华仰慕，刘瑾当不至于对其子痛下杀手。

不过，王阳明确实曾经伪造过投江现场，这是因为考虑到刘瑾之前有追杀对手的先例，为了预防万一，他托言投江，让刘瑾以为自己已死，不再派人调查自己。王阳明就此事跟好友湛若水承认，伪造投江是为了避世。可见，刘瑾派人追杀王阳明之事，纯属子虚乌有。

刘瑾招女婿

正德三年（1508）春，各省举子进京会试，这一年正是大比之年。忙着备考登龙门的举子听到了这样一则消息：刘瑾公公要为女择佳偶，而且刘公公扬言一定要为女儿招一个有名的士大夫。刘瑾幼年入宫，怎会有女？其实刘家二女非刘瑾之女，而是其兄长刘景祥之女，也就是刘瑾的两个侄女。刘瑾无后，对侄女爱若掌上明珠，视作自己的女儿。外间也就传闻刘瑾有二女。

这次，刘瑾要为大侄女招亲。戴大宾成为了首选之人。当时他年方十九，刚中了探花，进入翰林院做了编修。真可谓年轻有为，前途无量。刘瑾看中戴大宾，为他建造府邸，赠给他车马仆从。但是戴大宾内心却不情愿与刘府结亲，他每日饮酒放纵，酒后耍酒疯，就鞭笞刘府家奴。家奴到刘瑾面前哭诉告状，说戴大宾为人轻浮，人品堪忧。刘瑾对戴大宾渐渐不满，正好有术士告诉他戴大宾寿命不永，一副短命相，刘瑾也就不再考虑婚事了。

刘瑾又将眼光定在了邵晋夫身上。此人是陕西凤翔人，是刘瑾的老乡，十六岁就中了陕西乡试解元。邵晋夫虽然内心不情愿，可是迫于刘瑾的权势，还是做了刘府女婿。邵晋夫为人倒是十分低调，他不依仗刘瑾权势胡作非为，终日闭门谢客，埋头读书。在刘瑾败落之后，他倒是得以善终。

不管怎么样，对刘瑾来说，正德三年开年运势不错，为侄女择得佳偶，也了却了自己一桩心愿。只不过接下来，一封匿名检举信将刘瑾推上了风口浪尖，也闹得朝廷上下不得安宁。

匿名信事件

正德三年（1508）六月二十六日早朝，北京酷暑难耐。散朝之后，有人发现御道上有一封匿名文簿，侍班御史连忙上奏武宗。武宗打开一看，里面都是指责刘瑾专权祸国之言。武宗大怒，令司礼监传旨当面诘问，发现匿名信是出现在后班官员站立之处。因此刘瑾请武宗下旨，将后班的三百多名官员统统召回罚跪。

在午时的炎炎烈日之下，三百多名官员跪在奉天门外，刘瑾厉声质问匿名信是何人所为。翰林院官员们首先表态，他们说平日翰林院与太监关系甚好，感激刘公公还来不及，怎能做此悖逆之事？刘瑾觉得有理，便挥挥手，让翰林们都站了起来。刘瑾的心腹御史宁杲跟刘瑾求情说，言官们都遵守法度，不会做出这种匿名检举之事，请求刘公公放过科道言官。

刘瑾不为所动，说："这些官员把朝廷的事情都败坏了，如果对他们稍加处置，他们就怨恨不已。太祖高皇帝的法度，他们没有见过，还没有听说过吗？"刘瑾打算追究出投递匿名信之人，他让官员们站在原地不准动，看看放匿名文书的地方站着哪些人。

这时，太监黄伟对刘瑾说："按照规定，上朝官员四品以上的才能按照班次站立或者跪拜，四品以下随意站立后面，投放匿名信的人怎么可能还站在那里？"刘瑾听了，命诸位官员继续跪下，他又打算派人去各个官员家中搜寻匿名信底稿。黄伟又说："写匿名书者连妻子都不会告知，怎么可能留下底稿？"刘瑾觉得有理，一时间没了主意。不过，他还没有放过百官之意。

烈日当头，有几名体弱官员实在忍耐不住，一头晕倒在地，被刘瑾命人抬走。黄伟见此情况，内心焦急，大声叱问："匿名书中所言都是为国为民，写的人应该是不怕死的，站出来，死了也是好男儿，何必连累他人！”可是任凭他喊破喉咙，百官还是鸦雀无声，没有一人站出来承认。刘瑾也骂了几句，实在是口干舌燥，于是进入屋内休息。

太监李荣可怜被罚跪的官员，他命人搬出西瓜，让官员们吃些解暑。百官也不顾风度，抓起瓜大口吃了起来。恰好此时，刘瑾又走了出来。李荣远远看到，连忙让百官不要再吃，收起西瓜。可是，刘瑾已经看在了眼里，又对百官一顿训斥，扬言如果今日查不到投放匿名信之人，官员们就一直跪下去。

这一日申时，宫中传旨，将跪了半天的官员们统统送往锦衣卫镇抚司大狱。当天还有旨意下达，勒令李荣闲住，司礼监掌印的职位由刘瑾接替，黄伟被降职为南京守备太监。李荣是孝宗朝司礼监的老人，曾经承受先皇顾命；而司礼监太监黄伟是武宗幼年时的伴读，跟皇帝关系亲昵，武宗从来不直呼其名，而是喊他“伴伴”。这两位内廷大佬，就因为在百官面前的表现令刘瑾不满，被刘瑾告了一状，结果被赶出司礼监，足可见刘瑾权势之盛。次日，大学士李东阳上疏申救各位官员，三百多名官员被关押了一夜，才被武宗下旨释放。

刘瑾紧锣密鼓地追查了一夜，发现匿名信确实不是外廷官员所为，而是出自内廷宦官。史书没有交代，最后刘瑾是否追查出了匿名信事件的指使者，不过，从黄伟和李荣两人的被贬，我们也可以做一个大胆的猜测：这两人作为内廷司礼监大佬，应该与匿名信事件有脱不开的干系。

当然，这次事件最大的受益者还是刘瑾。他通过此事，排挤走了自己在司礼监最大的竞争对手黄伟和李荣，成为司礼监掌印太监，成为了真正的赢家。不过，他出身钟鼓司，又没有内书堂读书的经历，又是如何掌控司礼监这样的核心部门的呢？

刘瑾“变法”

司礼监作为宦官第一衙门，在中央政务运转中的重要性自不必言。担任司礼监太监，有不成文的规定，必须是出身内书堂的知识型宦官，而且还需要在文书房、司礼监、内官监等重要部门有过任职经历。但这些刘瑾恰恰都不具备，他出身冷僻衙门钟鼓司，而且还被人指斥为粗通文字。

其实，刘瑾的文化水平倒不见得有多低。他没有发迹时，就曾经跟随王华乡人方正学习书史，还能对别人的诗词进行评判。司礼监太监需要整日与各种公文奏疏打交道，当然批红是他们主要的职权。批红只是代替天子批复阁票，前提还得是皇上亲自过目无异议才能由司礼监太监批红。

多种史籍记载，明武宗放心将一切政务交给刘瑾，刘瑾可将奏本带回家中批复，其权势之大，以至京城中有了刘瑾是“立皇帝”的说法。明武宗俨然成了不管事的玩乐皇帝。事情真的这么简单吗？

皇帝将政务交给刘瑾处理，并不代表完全置之不理，刘瑾后来施行的一系列变革方案都是在武宗许可下进行的。武宗其人并非我们传统认知中的昏庸帝王，他立志恢复祖宗的辉煌武功，对军事改革尤其上心。充其量，刘瑾不过是皇权的工具而已。司礼监掌印太监权势之盛，只不过是表面现象，刘瑾的一举一动并没有离开武宗的掌控。

刘瑾职掌司礼监，也有自己的一帮智囊团。具体来说，妹夫孙聪、松江秀才张文冕都是他的文胆，刘瑾经常跟他们一起商量奏疏的批复。刘瑾跟前面几位权监相比，他的“亲友团”，也就是“党羽”是最强大的，包括内阁、部院、地方官、宦官等几类人物。内阁先后三位大学士成为他的同党，也就是焦芳、刘宇、曹元。

焦芳是天顺年间进士，被大学士李贤所引荐，成为翰林院庶吉士。他与刘瑾交好，在正德元年（1506）那场“八虎”与朝臣的争斗中，做了告密人，将朝臣的计划和盘托出，才使得刘瑾等人有机会反败为胜。刘瑾感念他的襄助，成为司礼监掌印太监之后，他援引焦芳以吏部尚书兼文渊阁大学士。

刘宇，从知县一直做到右都御史，靠行贿刘瑾，坐到了兵部尚书的位置。其后他转为吏部尚书兼文渊阁大学士。曹元，早年结交刘瑾，正德五年（1510），升为吏部尚书兼文渊阁大学士。跟焦芳和刘宇比，其人能力较差，只知道整日饮酒作乐。部院大臣中，在刘瑾败后，张綵、韩福、王敞、刘璟、刘玑、毕亨、朱恩、李善、柴昇、李瀚、李逊学、陆完、崔严、胡谅、王九思、张纶、蔡中孚、张桧、杨廷仪、吴世忠、屈铨等人都被列入了刘瑾一党的名单。

其中张綵和韩福是刘瑾最重要的心腹之人。张綵，陕西安定人，初任吏部主事。他很有才华，名臣刘大夏也非常欣赏他。焦芳将他引荐给了刘瑾，张綵谈吐惊人，口才极好，让以口才著称的刘瑾初见便佩服不已。刘瑾欣赏他的才气，将其提升为了吏部侍郎。韩福与刘瑾是陕西老乡，因事下诏狱，刘瑾施以援手，将其救出。韩福遂死心塌地为刘瑾办事。

外廷官员中，上至内阁，再到吏部、兵部、户部等要害部门，下到都察院、翰林院、地方州县，都有刘瑾的朋党，这些人襄助刘瑾职掌司礼监，同时，也正是在这些人的大力配合下，刘瑾从正德二年（1507）到五年的三年时间内，实行了一场影响深远的改革。

这场改革与其他历次改革不同之处在于，这是一次宦官在台前主导的全方位改革。明中叶以后，开国一百四十余年的大明王朝积弊甚重。政治上，文恬武嬉，贪污横行，各衙门冗官冗费，行政效率低下。经济上，盐法、钞法、钱粮、屯田都出现了大量问题。军事上，武官冗滥，军队战斗力低下。面对这些弊政，刘瑾在政治、经济、军事等方面开展了全方位的改革。

改革首先从裁撤官职开始。天顺朝之后，各衙门增设了一大批官职，造成了冗官冗费。正德二年（1507）二月，吏部上奏，将天顺之后增添的内外大小官职一百二十四员裁撤。三月，朝廷又裁撤天顺朝之后设置的通判等官四百四十五员。针对刘瑾裁革通判之事，吏部认为可以保留二百四十八员，刘瑾却置之不理，将之全部裁撤。

正德三年（1508），刘瑾以巡抚之职本祖制所无，打算将天下巡抚罢除。内阁出面劝阻后，刘瑾才同意试点施行，先将内地的巡抚革除，保留了漕运和边境的巡抚。除了巡抚之外，朝廷还裁革部分州县的县丞、主簿和一些少数民族地区的流官。编户范围不到二十里的州县，县丞和主簿都被革除。因为地方狭小政务简略，官员众多不但造成办事效率低下，还造成地方财政负担沉重。根据当地实际需要裁革冗官，是有利于国计民生的措施。

针对朝廷对官员封赠和荫子过滥的情况，刘瑾又刻意对此进行了抑制。官员封赠，从洪武朝就规定文职官员一到五品，有功绩者，皆可加赠。这样一来，符合加赠规定的官员范围就特别大，很多官员浑水摸鱼，钻政策的空子，或者弄虚作假，骗取朝廷的封赠，这也增加了国家财政负担。

正德二年，刘瑾令文职官员二品以上者，政绩显著，才可以获得加赠，而公、侯、伯等勋贵要立军功，才能获得加赠。如果政绩一般，不管官衔多大，品级多高，都无法获得加赠。正德初，京官荫子，品级三品以上，经三年考满而且给诰命者，才能获得荫子的待遇。

翰林院是内阁大学士储才之处，也是清望之职，但翰林官长于文墨，疏于政务锻炼，如果将来入阁，难免有缺乏历练之弊。正德四年（1509）正月，刘瑾将很多翰林官员调任为六部属官或者州县官员。在六部任职郎中、主事可以具体分管国家政务，而做地方官更可以熟悉民情，历练处理民事的能力。

正德四年，朝廷访求地方贤达，浙江的周礼、徐子元、徐文彪和许龙入选，刘瑾以四人皆为谢迁同乡，怀疑有徇私舞弊之嫌，下令自此余姚人不得选为京官。至于刘瑾禁止授予江西人京官之事，有人说是因为焦芳和江西人彭华交恶，所以焦芳建议刘瑾禁止授予江西人京官。其实余姚人和江西人不得任京官一事颇类似于洪武年间规定的户部官不能用浙江、苏松和江西人。这样的规定不仅带有刘瑾等人的私人恩怨，更多是出于平衡不同地区利益，抑制浙江、江西等经济文化发达地区士大夫在朝中势力的考虑。

明代对官员的考察分为京察和外察。京官六年定期考察一次，始于弘治年间。正德四年正月，吏部侍郎张綵奏请刘瑾不定期考察京官，刘瑾从之。其实不定时考察官员，洪武年间就有，只不过针对的是地方官。

明中期，随着经济社会的发展，商品经济发展活跃，民间奢侈之风日盛。文武官员也随波逐流，追求物质享受，各种贪赃枉法的行径屡见不鲜，整个官僚集团一步步走向腐化堕落。面对官场吏治败坏、玩忽职守等严峻情况，刘瑾主导推行严厉的惩罚措施，开展了一场大规模的整顿官员作风运动。

正德三年正月，朝廷命吏部与都察院考察天下各级官员，共罢免五十六人。原因有守制、赴任、养病违限等。刘瑾认为这些行为属于官员营私、懈怠旷职的表现，必须予以大力惩治。对此，朝廷做了明确规定，如果违限三个月，可以饶恕；如果到四五个月，罚俸三月；若达到六七个月，逮捕法问；如果到八九个月，勒令致仕；若到十个月以上的，削除官籍。正德四年四月，江西按察使陆完升职为都察院右佥都御史，因为赴京上任延误了三个月，刘瑾遂令其改为试职。这是陆完撞在了枪口上，刘瑾拿他做了典型。

刘瑾在掌权之后，一段时间内，曾经大肆受贿。吏部郎中张志淳、詹事杨廷和、魏国公徐俌、刘宇等人都曾经向刘瑾行贿。

不过，自从听了一个人的建议之后，刘瑾对受贿一事大大收敛，相反，还开始加大了对贪污的打击力度。这个改变了刘瑾的人就是张綵。张綵劝说刘瑾："刘公您知道官员贿赂的钱来自哪里吗？这些行贿官员的钱不是来自于官府府库，就是来自于对天下百姓的横征暴敛。他们借助刘公的名声来为自己牟取厚利，其实您所得不过十分之一，但是天下的怨恨都集中在您一人身上。刘瑾细细想来，觉得张綵所言极是，由此决定严禁贿赂。

山东巡按御史胡节回京，先期派人将贿金送给刘瑾，刘瑾将其下锦衣卫镇抚司狱处死。此外，侍郎张鸾出使福建，聚敛两万两银子送给刘瑾，给事中欧阳平、御史贝仪、指挥赵良等人合伙向刘瑾行贿，都被惩处。刘瑾如此雷霆手段，一时之间，行贿受贿之事大大减少。

刘瑾惩治贪腐手腕之狠辣，也让宦官同僚们咂舌不已，暗中称他是"小太祖"。官场百年积弊岂是一时可以革除的，还是有人顶风作案。正德四年，监察御史欧阳云和工科给事中吴仪从陕西办事回京，向刘瑾行贿。刘瑾以二人素有贪污之事，将其罢黜为民。随后，江西布政使马龙又以贪污罪被罢黜。正德五年（1510）八月，湖广布政使涂旦和郧阳知府曹廉因贪腐被罢黜为民。

东厂在这一时期，成为了反腐利器。正德二年四月，真定府通判冯锐解马到兵部，聚敛部属的钱财，行贿兵部吏员，结果被东厂缉事校尉得知。兵部尚书阎仲宇等引咎辞职。五月，工部郎中刘汝靖因为在家丁忧时侵占了官家之地，被东厂官校揭发，逮捕入锦衣卫狱。武宗下旨将其杖责三十，罢黜为民。

刘瑾对失职的官员还实行追责法。正德三年二月，湖广布政司派遣韦经等人入京输送当地造的弓箭，韦经等人寄宿京城民家，很久都没有将弓箭入库，他们担心延期被治罪，所以畏罪潜逃。刘瑾派出锦衣卫官校将韦经抓获，右布政使陈良器、经历张敏德和知州何璋一起被捉拿入京，下了诏狱。湖广当地历年经管制造输送弓箭之事的数十名官员，也被一起抓捕追责。

刘瑾不仅打击贪腐和失职的文武官员，对宦官违法之事，也照样予以惩治。

正德四年六月，内官监太监杨镇带着官银万两还有长芦盐引八千前往南京买丝织造。杨镇为公家办事，徇私舞弊，偷偷买了盐，动用官民船六百多艘，运送私盐，打算贩卖。不仅如此，杨镇沿途勒索官吏，得到贿银一万六千二百两，家人韦庆也得到了几千两银子。

内行厂的校尉探听到了此事，刘瑾下令南京三法司查办此案。结果，杨镇被降为奉御，发南京闲住；韦庆发辽东广宁卫充军。接下来，都御史刘孟因为办公时回了一趟家，被人告发，刑部拟罪降为民。刘瑾命将其戴上重达百斤的大枷，在吏部大门前示众，因为天气暑热，吏部乞请，才将其释放。正德四年九月，南京户部主事张键擅自留宿都察院，而且还索要马和民夫，被内行厂校尉得知，刘瑾将他下诏狱，降职为河南卫辉通判。

按照朝廷规定，只有在京大臣以礼致仕，奉旨驰驿还乡或丁忧病休者才能使用驿站的马匹及船只。在正德朝之前，官员外出办事乘坐轿子和随行人员乘驿马的情况相当普遍，驿站人员深受其扰，也给国家财政造成了损失。刘瑾自正德二年开始，将违例乘轿、擅用驿马、借用官车的官员处以充军、罢黜为民、降职、夺俸或者罚米的处罚。尚宝司卿崔璇、湖广副使姚祥、工部郎中张玮因为违例乘轿或冒乘被发辽宁铁岭卫充军；而山西右布政使沈林因为擅自调用驰驿被罢黜为民，不仅如此，他还要赔偿十三万钱的雇值，交纳五百石米输送大同仓库。可见，大明朝在刘瑾主导的这次变革中，对“公车私用”打击相当严厉。

刘瑾对违法官员的惩罚措施中，罚米是一种比较常用的方式。罚米法在永乐年间成为定例，官民死罪以下者，可以出赎罪米上纳京城仓。遭受过罚米惩罚的官员范围很广，从正二品的尚书、都御史到正七品的监察御史，都被处罚过。

罚米导致很多官员倾家荡产，例如户部尚书韩文被罚一千石，他倾其所有也未能全部缴齐。罚米大部分用于输边，居庸关、大同、宣府等边防重镇的粮仓一时间堆满了被罚官员交纳的粮米。罚米法的行用之所以在刘瑾变法时期达到顶峰，跟当时的政治经济形势密切有关。

武宗即位之初，国库亏空，财政吃紧，边防粮食储备不足，而各种公私开销只增不减。面对困局，刘瑾一方面盘查全国仓库，凡是有仓储不足定额的都要勒令各级官员设法补足；另一方面，大规模使用罚米法，客观上也加强了各地仓储。当然，罚米法也是刘瑾打击政敌的一种手段。韩文、杨一清、杨守随、刘大夏、马文升等官员就是因得罪了刘瑾，被他指摘细故，轻罪重罚。

正德初年，大明朝已经存在三个特务机构：东厂、西厂、锦衣卫。刘瑾还嫌不足，又于正德三年八月，设立了内行厂，办公场所在荣府旧仓地。谷大用领西厂、丘聚领东厂、石文义领锦衣卫，这三人都是刘瑾党羽，但刘瑾对他们还是不放心。他上奏武宗设立内行厂，由自己亲领，就是为了监督制衡东西二厂。另一方面，内行厂也是刘瑾为了推行新法、打击政敌的有力工具。

不仅在政治方面大兴改革，在经济方面，刘瑾也针对时弊，采取了力度很大的革新。

首先，自正德二年开始，刘瑾下令大规模地盘查府库钱粮。当然，盘查府库之事，前朝皆有，基本是三年一次，但很多情况是流于形式。刘瑾派遣大批科道言官对宣府、大同、四川、宁夏、贵州、湖广、甘肃、辽东、延绥等地粮草和马匹进行严格盘查，尤其以宣府、大同、辽东、甘肃等边镇地区为重点。盘查官员查到各地仓库粮草浥烂的情况后，都要对所涉官员给予处罚。他们多是因为执法不严、管理不善、疏于详验等，导致了粮食浥烂。

如正德三年六月，兵科给事中潘希曾、监察御史刘子厉负责盘查湖广和贵州仓储。湖广巡抚汤全、管粮右参议华福、管屯副使金献民和都指挥佥事张埙等涉事官员被治罪，当时汤、华、金已经不在任，可是仍然被追责。对于地方上亏空浥烂的粮草，一般是令各地犯罪官员赔偿，就是当事官员死亡，其家人也要替他完纳!

清理盐法也是刘瑾经济革新的重要组成部分。

明代一般使用食盐专卖的收入来充实边镇粮饷。武宗即位后，盐法沿袭近一个半世纪，弊端丛生，已经到了影响边镇供给的程度。针对各种谋求私利之人奏讨盐引之弊，刘瑾于正德五年传旨，不许于内地买盐课，不许奏开残盐。各边镇上奏缺乏时，户部开送本色粮草，而不许折纳银两。盐引本是商人交纳实物或者金银之后，国家发放给他们的支盐凭证。但是许多奸商在盐引上投机取巧，他们利用一年的盐引多次支取，甚至有人用一年盐引支取过十余年的专卖权。

正德五年，朝廷下旨，盐商必须在规定时间内，将盐引带到巡盐御史处上缴注销，如果违反，以私盐罪处罚。另外，不法商人还通过在官盐中夹带私盐或者通过正常引盐夹带私盐。正德五年规定，商人支取的盐引，如果三个月以上没有买卖活动的，问罪。延迟半年以上，盐引没收入官。

为了加强对盐法的管理，正德五年六月，朝廷在多地增设了巡盐御史。刘瑾在正德四年九月，上疏提出了盐法改革的四条纲领：

一、请免征天下户口食盐银钞；

二、请令巡盐御史亲自检验盐引等事，以防欺弊；

三、请禁空文虚引；

四、请禁私自贩盐、夹带私盐等事。

户部覆奏后，将第一条否定，其他三条通行全国，并在司礼监立碑刻文，以便于时常省察。刘瑾改革盐法针对时弊，连明末清初的史学家谈迁在他的《国榷》中也提到，刘瑾盐法改革契合现实，不能因人废言。

刘瑾提出的第一条明显是为了减轻百姓负担。按照户口食盐法，天下民户都要承担额外的税负，他大胆革新，敢于提出废除这项民间重敛，虽然武宗考虑到国家税收没有同意，但刘瑾为民请命的做法依然让人称叹。

明初，各地卫所屯田兴盛，太祖朱元璋也曾经自豪地说自己养兵百万，不费百姓一粒米。随着时间推移，各地屯田废弛，加之宦官、军官、土豪世家的侵夺，屯田面积大大减少，财政收入锐减。卫所屯军也大量逃亡，造成了屯田的荒芜。屯田存在的严重问题，朝廷上下的文武官员不是不清楚，可是谁也不敢站出来整治。整治屯田必然得罪军官和势要之家，这些人手握兵权，或者掌管财权政权，一旦得罪了他们，必然会下场悲惨。

颇有朱元璋雷厉风行手腕的刘瑾，于正德四年，派出多名官员，赶往各边镇，主抓军屯测量工作：户部侍郎韩福赴辽东，兵部侍郎胡汝砺赴宣府，大理寺丞杨武赴大同，通政司左通政丛兰赶赴延绥，大理寺少卿周东赶往宁夏，尚宝司卿吴世忠赶赴蓟州，兵科给事中高涝前往沧州。

这次行动可是动真格的。负责清查沧州屯地的高涝，将涉案的六十一名官员捉拿，其中竟然包括他的父亲高铨。这年九月，朝廷下达诏令给边镇各级官员：总兵和镇守内官，国家给予一定数额的免税土地，除此之外的田地要拨给屯军屯种，如果有吞并或者奏讨屯田者，科道官勘查并给予重罚。

刘瑾不仅整治屯田，而且还革罢了年例银。年例银是北京每年从户部掌管的太仓和内帑承运库中，拨给边镇的例行军费。到了正德年间，数量巨大的年例银绝大多数被边镇将领和官吏所贪污，这笔钱并没有用到士兵身上，朝廷的钱养肥了一批贪官。

正德三年三月，刘瑾奏请取消年例银。因为洪武永乐年间并没有年例银，而且现在的边镇有屯田，又有各州府输送的粮草，足以应付边防费用。对于民间疾苦，出身草根的刘瑾还是很清楚的。他于正德元年至正德五年，多次奏请蠲免逋赋。正德五年三月，天下水旱灾害频发，各受灾地区的逋赋都被免除。除此之外，因为地震、战乱、水旱灾害减免的赋税更是不计其数。

经济革新中，清理盐法和查革占田是核心内容，也是最得罪既得利益群体的两项措施。盐法和屯田在刘瑾的主持下，渐渐取得了成效，接下来，刘瑾将重点放在了整顿军队上。

为了防止武官冗滥，影响军队战斗力，刘瑾规定武官子孙旁支不得袭替军职，同时递减袭替之法，不孝和败伦者不得袭替。这些举措一方面减少了卫所武职官员的世袭范围，抑制了武官队伍的膨胀；另一方面为国家减轻了财政负担。公、侯、伯等勋臣可以世袭罔替，在这种制度下培养的纨绔子弟担任高级军职，不但不能发挥出应有的作用，反而会加剧军政的废弛。因此刘瑾奏请勋臣世袭增加比试环节，若比试不中，减少俸禄的一半，后来又规定比试不中要减少俸禄的三分之一。

对于地方镇守内臣，刘瑾提升了他们的职权，军事、政治、民事、刑名各个领域，镇守内臣都有涉入。不但如此，镇守内臣还有朝廷专门铸造的关防。

可以说，刘瑾针对当时社会各方面存在的问题，掀起了一场全面改革。只可惜，改革最终失败，刘瑾也落入了万劫不复的境地。

刘瑾的悲惨结局

作为一名官员，如果你被各种特务时刻监视一举一动；如果有人因为你的不法行为，追责你几年甚至十几年前的过失；如果有人因为你的过错，罚米让你倾家荡产；如果有人随时随地都可能让朝廷考察你；如果有人让你不能公车私用；如果有人严格执法，让你在私盐和屯田上不能再获取更多私利；如果有人要革除你本来可以贪污掉的年例银；如果有人动不动就抓住你的错误不放，你会怎么样？

答案很明显，刘瑾的变法得罪了太多人，从文武官员到勋贵，从商人到土豪权贵，从宦官到藩王，刘瑾几乎得罪了个遍。

悲剧就这样不可避免地发生了。事情源于正德四年（1509），大理寺少卿周东在宁夏清查军屯。这是刘瑾变法的一项重要措施，实质是朝廷和官豪人家争夺土地的斗争。

周东在宁夏的措施确实也过于激进，他为了多丈量些土地，在刘瑾面前创造政绩，邀功请赏，竟然以五十亩为一顷。本来清丈田地就是要那些占田的权贵补交多年隐瞒的税收，周东立功心切，不顾实际，加剧了矛盾。

宁夏是边镇，对军屯土地的清查，直接得罪的是上层军官，他们的既得利益受到损害，岂能善罢甘休，大家私下里对刘瑾恨得咬牙切齿。有一个人看在眼里，乐在心中，他不是别人，正是封藩在宁夏的安化王朱寘鐇。朱寘鐇属于庆王府下藩王，有术士曾经说他有帝王之相，搅动了他躁动不安的心灵。有朱棣起兵的榜样在前，朱寘𬭎认为自己也流淌着太祖高皇帝的血液，为什么不能将朱厚照取而代之？

正好这时周东在宁夏镇的清查激起了军官的愤怒，而参议侯启忠又来到宁夏催征粮草，真可谓火上浇油。朱寘𬭎以诛杀刘瑾为借口，起兵造反。

消息传到北京，不亚于引起了九级地震。要知道，大明自宣德年间汉王朱高煦叛乱后，已经八十多年没有藩王造反了，安化王的造反震惊朝野。朝廷决定派出都御史杨一清担任平叛主帅，以神英为总兵官，以张永为监军太监。

说起张永，可是大有来头。张永，字德延，别号守庵，保定新城人。成化十一年（1475），十岁的张永被选入宫，在乾清宫侍奉宪宗。后张永被升为内官监右监丞，宪宗驾崩后，又被派往茂陵司香。当时刘瑾与他同事，想必两人在茂陵守着那冰冷的坟墓，也在无数日夜里相互鼓励安慰吧！也许，张永跟刘瑾的友谊就是那时候结下的。

弘治九年（1496），张永被调到了东宫侍奉太子朱厚照。朱厚照即位，照顾东宫旧阉，将张永提升为御用监太监。张永曾经奏求已故太监吴忠上交朝廷的七里海等处庄田，户部大臣指责他违禁，应该论罪。武宗却下诏张永接管庄田。武宗对张永的宠信不断升级，作为“八虎”之一的张永获得了在宫中骑马、乘轿的特权，他还被赏赐蟒衣、玉带，负责督管显武营兵马。

正德元年（1506）十月，武宗命张永提督十二团营和神机营，并兼掌乾清宫事。乾清宫是皇帝的寝宫，张永掌管皇帝寝宫，可以跟皇帝朝夕相处，就这样君臣二人的感情也在相处中不断升温。没有永恒的朋友，只有永恒的利益。作为刘瑾曾经的好友，张永得到的宠信并不亚于刘瑾，加之刘瑾的改革六亲不认，张永的一些不法行为也曾经被刘瑾整治，就这样二人之间的裂痕越来越大。

张永之所以被选为平叛大军的监军太监，并不是刘瑾决定捐弃前嫌，而是他别有所图。刘瑾觉得张永不在皇帝面前，他就可以慢慢疏远张永跟武宗之间的关系，然后再找机会收拾他。

杨一清、张永他们还没有到前线，就传来了捷报，说将军仇钺已经把安化王等人拿下了。这真是天大的喜讯。虽然叛乱平定了，宁夏地方还需要安抚。杨一清和张永来到宁夏，负责处理善后事宜。

在共事的过程中，杨张二人配合默契，交情也渐渐深厚。杨一清跟张永有一个共同的敌人，那就是刘瑾。二人达成协议，要一起对付刘瑾。最后，他们商定先由张永在武宗面前揭发刘瑾之罪。

张永担心皇帝不信，杨一清说："公公可以在皇上面前伏地不起，跪地求死，务必请求皇帝除掉刘瑾。"就这样，两人定下了除掉刘瑾的计划。而这一切，刘瑾却浑然不知。正德五年（1510）六月十七日，刘瑾的兄长后军都督刘景祥病死。满朝文武为了巴结刘瑾，争前恐后前往东华门刘瑾的私宅吊唁。刘瑾定于八月十五中秋节那天为兄送葬，而杨一清、张永回京的日子也是那一天。

刘瑾心情很差，觉得张永存心跟自己过不去，他派人让张永晚些回京。不料想，张永反而提前四天回京。武宗隆重迎接张永一行人，亲自摆下盛宴为张永等人庆功。酒宴从白天持续到晚上，席间，张永滔滔不绝，绘声绘色地讲述在西北的见闻。武宗听得津津有味。已经深夜了，忙碌了一天的刘瑾实在支撑不住，他哈欠连天，跟武宗告辞提前离席了。

刘瑾刚离开不久，张永忽然收起笑容，脸色一变，扑通一声跪倒在了武宗面前。武宗惊诧不已，连问他这是为何。张永从怀中掏出一份提前准备好的奏疏，声称要揭发谋反罪人刘瑾。紧接着，张永滔滔不绝，讲述了刘瑾十七条大罪。武宗已经半醉，口中喃喃说道："刘瑾负了我。"

席间，不止张永，还有谷大用、马永成等宦官，这些人表面是"八虎"成员，实则也恨透了刘瑾。刘瑾的变法也损害了他们的利益，此刻，他们一起跪倒声讨刘瑾，说他意图不轨。武宗大喝一声，让四名长随前往刘瑾的值班房抓人。

刘瑾在司礼监值房已经睡下，这时被外面的喧嚣声吵醒。四名长随闯了进来，口称奉旨捉拿刘瑾，刘瑾心中一震，知道大事不妙。被五花大绑的刘瑾，在四名长随的押送下，送往了菜厂关押看管。刘瑾在京城的私宅全部被封锁。

武宗将张永弹劾刘瑾的奏疏发往内阁，并且降下圣旨说自己委托刘瑾为心腹，整理庶务，刘瑾不能体会圣意，蒙蔽专擅，变乱成宪，使官员军民深受其害。最初，武宗打算将刘瑾降为奉御，发往南京闲住。其司礼监掌印太监之职，被魏彬接替。锦衣卫都指挥佥事张容掌管锦衣卫，而张容正是张永之弟。刘瑾一夜之间倒台，他所推行的新政也被全部废除，真可谓人未亡而政已息。

刘瑾在狱中听说自己将被发往南京闲住，还暗中庆幸自己还能做一个富太监。只不过很多人不想让刘瑾继续活下去了，遑论做什么富太监。而将刘瑾下狱的朱厚照心情极其复杂。他接到了刘瑾在监狱中的请求，说自己已经身无一物，只求皇帝能赏赐一件御寒的衣服给他。武宗念及昔日刘瑾对自己的忠心，心中不忍，让人给刘瑾送了一些衣物过去。

张永等人听说后大惊失色，他们最担心的就是武宗突然改变主意，将刘瑾释放，看来必须要制造出更有力的证据，让刘瑾永远不能翻身！几天之内，一则消息传遍了京城：刘瑾打算在八月十五给兄长出殡那天，将参加送葬的满朝文武官员全部控制，欲行谋反！朝廷内外官员都决定要彻底将刘瑾置于死地。他们封锁了刘瑾的住宅，在他的家里塞进很多违禁之物，例如伪造玉玺、盔甲、武器等等。最有杀伤力的是一把扇子，里面装着一把匕首。至于为什么第一次搜查时，没有发现这些“谋反证据”，并没有人关心。

一切安排好了以后，官员们奏请武宗亲自赶往刘瑾家里，观看抄家现场。抄家过程中，发现了刘瑾家中藏有金银数百万，宝贝不可胜数，还搜出了伪造玉玺一方，盔甲弓弩等物。最令武宗生气，也是让他对刘瑾动了杀心的，是一把扇子。这把扇子是刘瑾经常随身携带的，里面竟藏有两把利刃。这下武宗对刘瑾绝望了，他大怒道：“刘瑾果然要谋反！”

武宗下旨将刘瑾从皇城转押到了锦衣卫诏狱。给事中谢讷、御史贺泰等人一起联名上疏，弹劾刘瑾十九条大罪，要求武宗诛杀刘瑾。主持审问的是刑部尚书刘璟。身为审问官的刘璟见到刘瑾，却依然忌惮，竟然一句话都说不出。其他列席的朝廷大臣，也各个噤若寒蝉，连连后退。尴尬中，英宗淳安公主的驸马蔡震突然站了出来，对刘瑾怒声斥责。

刘瑾不认得他，问道："你是何人？竟敢忘记我的恩德。"他以为此人是受过自己恩惠的朝臣。没有想到，蔡震厉声说道："我乃国戚，怎么可能依赖过你！"说完，蔡震命官校上前，对刘瑾用刑拷打。最后的审判结果是以刘瑾变乱祖宗成法、私造兵甲、谋反等罪，判以凌迟处死。

张永特意交代刑部，将人犯立刻执行死刑，就是担心武宗会念及旧情，突然反悔。八月二十五日，刘瑾被押赴西市，处以凌迟极刑。

刘瑾败亡，他的家属也跟着倒霉。从孙刘二汉年龄只有十岁，有人建议从宽处理。刑部主事张文麟以刘瑾造反都是为了推举刘二汉当皇帝为辞，坚决要求杀掉这个孩子。结果，刘二汉最终难逃一死。与刘瑾交好的二十六名官员被列入了刘瑾奸党。其中吏部尚书张綵死于监狱之中，大学士曹元、前大学士刘宇等人也被治罪。刘瑾内行厂的官校彭玉等五十七人，也被下狱论罪。

刘瑾之败，很大程度上归咎于他的贪腐，那刘瑾到底是不是传说中的世界千年富豪呢？

刘瑾败亡真相

《亚洲华尔街日报》曾报道，刘瑾的家产有黄金 1200 万盎司，白银2.59亿盎司，按照这个标准，他可以排进世界千年富豪之列。明人王鏊记载，刘瑾拥有黄金1205万两，白银2.59亿两。不过，后世也有人不相信这个惊天数字，清末史学家夏燮就怀疑这些数字的真实性，他觉得刘瑾的家产累计数百万两白银是比较靠谱的。其实，刑部题本记载的刘瑾财产情况是赃款有数百万两，这比较接近事实。

刘瑾确实在掌权之初大肆贪污。不过，从正德四年（1509）开始，刘瑾听从了张綵的建议后，开始拒贿，并开始打击其他官员的贪腐行为。刘瑾在短短三年多时间内，能贪污上亿银两吗？要知道，当时明朝全国存银量恐怕也没有2.5亿两这么多。

刘瑾的家产有数百万两是比较接近事实的。不过话说回来，数百万两也不是一个小数目，至少在当时的明朝，也算巨富了。刘瑾贪污严重，确实是他走向失败的一个重要原因。

随着刘瑾的败落，他主持的新政全部被废除，清丈田地的活动结束了，已经清丈出来的也都不算数，盐法改革停止了，一切弊端如旧。自正德二年（1507）开始实施的改革措施全部恢复到了弘治十八年（1505）时的原样。

刘瑾的失败带有必然性。首先，刘瑾的宦官身份决定了他变法的局限性。身为宦官，主导这样一场全局性的变革活动，阻力很大。改革本身就触动了文武官员的利益，由刑余之人的宦官来主导，更容易被套上道德枷锁审判。

其次，刘瑾权力过于集中，破坏了权力制衡法则。刘瑾在担任司礼监掌印太监的同时，又掌管内行厂，并且锦衣卫和西厂掌权之人，也是他的党羽，破坏了司礼监太监和东西厂太监各司其职的原则。刘瑾权势过大，必然引火焚身。

再次，刘瑾变法本身存在诸多问题。求治过速，措施过猛，打击过于严厉。为了效仿太祖旧制，刘瑾以严厉刑罚处置不法官员，一定程度上确实有整顿官僚队伍的积极意义，不过，积弊已深，若单纯采用严刑峻法，只能取效一时，却不能形成持久作用。百官被压得越重，反弹力也就越强，直接导致刘瑾失败的宁夏屯田事件，就是周东行事过迫，激起了兵变。从这个角度来说，刘瑾的改革失之于过速。

刘瑾的改革触动了各个阶层的利益。从皇亲权贵到文武官员，再到宦官及民间豪绅，各个阶层的利益都在这场变革中受到了极大触动，这也是他们极力反对刘瑾，要将其置于死地的原因。刘瑾最后结局之惨，是从他主持这场得罪既得利益集团的改革之初，就已经注定的。

主持改革的刘瑾并不是无懈可击的道德完人，他的贪污最终成为他败亡的重要原因。刘瑾的贪污是十分严重的，在四大权宦里面，他贪污居首。一个主持改革的人若能像王安石那样，做一个清廉之人，则反对派不容易抓住把柄，而刘瑾不是这样的人，他贪污却打击贪腐官员，这如何让人心服口服？所以，改革者一定要先管好自己和自己的家人，不能给反对派抓住把柄，不然一旦遭受反扑，结局必然十分悲惨。

刘瑾的改革措施在史书上难觅踪迹，我们只能从片言只语中了解一个梗概，更多的细节已经被人有意抹除，仿佛这四年间，并没有发生过任何变革。这是刘瑾的悲剧，也是大明王朝的悲剧。

应该说，朱厚照对刘瑾的信任确实超乎寻常，他让刘瑾在前台主持如此一场大规模的变革，这显示了他欲振作有为、革除积弊的决心。只是，政治经验不足的朱厚照发现，随着变革不断深入，遭到的反对越来越多，各个阶层开始反攻，他面临的压力是空前的。最终，在文官和宦官集团的合力下，武宗再也顶不住压力，放弃了对刘瑾的支持和信任。加之，张永等人刻意制造刘瑾谋反的假象，武宗一时“糊涂”，听信了这些言辞，最终杀掉了刘瑾，同时也放弃了自己的改革大业。

刘瑾的改革对明朝的影响也是深远的，后来的改革者接受了他的教训，改革过程中尽量不去触及宗藩和勋贵的利益，从而减少了改革阻力。而刘瑾以血淋淋的事实告诫后来者，恢复洪武祖制是不可行的，这也就是为什么到了万历年间，海瑞口口声声要恢复洪武酷刑，却被其他人视作怪物，连张居正和神宗对他都不敢重用。

张永的封侯梦

刘瑾被杀，作为第一功臣的张永自然得到了朝廷的奖赏。他本人被赐金银财宝，岁禄加到了三百石。张永的兄长张富被封为泰安伯，弟弟张容被封为安定伯。张永得到了厚赏，谷大用、魏彬、马永成等人看得眼红，纷纷跟武宗上言说诛灭刘瑾、讨平安化王也有他们的功劳，武宗一高兴，就将众人的兄弟都封赏了。谷大用的兄长谷大宽被封为高平伯，魏彬的弟弟魏英被封为镇安伯，马永成的兄长马山被封为平凉伯。

刘瑾死了，朝廷看似平静了很多，文武官员也纷纷松了一口气，庆幸从“小太祖”的苛政下解脱出来。可是，没过多久，朝臣们惊奇地发现，有个太监的权势之大，渐有取代刘瑾之势。他就是张永。正德五年（1510）上半年，北方大旱少雨。北直隶有个知县上疏说张永西征，曾经经过真定，大雨随之倾盆而下，百姓们都说雨露是张公公带来的。这段谄媚之词，让人肉麻万分，知道的是张永过境，不知道的还以为是龙王过境呢！

武宗顺水推舟，接到这封奏疏之后，命司礼监和内阁拟表彰敕文，在全国隆重宣传张永的光辉事迹。这样的马屁拍得张永神魂颠倒，他竟飘飘然做起了封侯美梦。恰好此时，张永又立下了一件大功。

正德六年（1511）七月，顺天府涿州男子王豸脚上有涅刺龙形，手上还隐隐地出现“人王”两字。刺事者告知了张永，张永派锦衣卫将王豸捉拿下狱审问。审问结果是王豸企图谋反。这下张永又立下大功一件。兵部尚书何鉴为了讨好皇帝面前的这位大红人，主动奏请皇帝加张永恩典。武宗命下廷臣会议。

这一日，几名司礼监太监来到内阁，传达皇帝旨意，说是张永平定王豸谋反大案，要重重褒扬赏赐。大学士杨廷和建议给张永多加禄米，写敕书奖励。司礼监太监连说不够，皇帝打算给张永加爵位。杨廷和不紧不慢地回答：“我朝官制乃是太祖高皇帝制定，《祖训》有记载，内官最高四品，从未有加爵位的。”

司礼监太监范璟说：“谁说没有，刘马侯不是吗？”杨廷和问他：“谁是刘马侯？从来没有听过这个称号，只是听说早些年有个太监叫刘永诚的，伺候历代皇上七十多年，功劳卓著。他在御马监掌事时间久，京城人称他为‘刘马太监’。但是他也没有封侯，这些都是有证据可考的。”说完，杨廷和从内阁翻出一本《类博稿》，里面记载了刘永诚的墓志，确实没有封侯一说。没想到范璟还是不肯善罢甘休，说：“我朝没有，可是古代有封侯之事。”

熟读史书的杨廷和胸有成竹，随口应道：“汉朝宦官一日之内五人封侯，那可不是盛世之事。宋朝童贯封王爵，最后下场如何呢？”

范璟仍然坚持：“可以让吏部和兵部集合官员商量一下。”杨廷和说：“张公公立下大功，天下皆知。多名官员会议，大家谁也不敢阿顺皇上之意，自取重罪。大家必然坚持正论，并且将建议传之天下，张公公企图封侯被拒一事，传到天下，恐怕也不是张公公的本意吧！”好一个杨廷和，智勇双全，舌战群监，当时张永也在场，他虽然整个过程没有发表意见，内心却也被杨廷和说动。

张永反复思量，终于主动表态，上疏请求辞去恩典。其实，张永能放弃封侯之梦，也跟杨一清的劝说有关。毕竟，作为曾经的战友，张永对杨一清还是充满了钦佩之情。最后，武宗只好给张永加岁禄四十八石，彩段五十表。张永还是上疏辞让，最终也没有接受。

张永在刘瑾死后也进入了司礼监。不过，他发现想办成点儿事太难了，皇上身边“佞幸”太多，想办事就要得罪人。终于，在司礼监待了一年后，张永还是离开了这个是非衙门。

张永离开司礼监，掌御用监事，他指使库官吴纪等人从库中窃银七千余两，带进他的私宅。御用监太监丘聚揭发此事，吴纪等人被送锦衣卫镇抚司。张永经过多方营救，最终仅仅是被判御用监闲住而已，吴纪等人被降职处分。

从张永的封侯梦破灭也可以看出，走刘瑾的老路显然不现实了。正德朝在经历了刘瑾“时代”之后，已经进入了一个群监竞风流，你方唱罢我登场的新时代。

张锐和东厂

自刘瑾被诛后，内行厂和西厂被革除，只剩下东厂一枝独秀。正德七年（1512）五月，御马监太监张锐提督东厂。张锐提督东厂不久，就有所兴革。当时东厂有庄地五十亩，每年收的租税专用于修理刑具等。张锐觉得不够，又奏请武清县北汪庄官地七十余顷给东厂管理，武宗特许。这下，东厂的活动经费大大增加，张锐决定放开手脚大干一场。

正德八年（1513）九月，刑部主事陈良翰的妻子程氏杖杀了一个奴婢，怕事情败露，又残忍地将尸体肢解，藏在了木柜之中。程氏毒妇之性难改，又想杀另一个奴婢，多亏奴婢及时逃脱。

东厂校尉探听到此事，将陈良翰下锦衣卫监狱拷打审讯。罪行确定之后，都察院提出处理意见：程氏穷凶极恶，以故意杀人罪斩首，陈良翰纵妻为恶，发配边卫。武宗同意了都察院的奏请。东厂破获的这个案件，在民间是大快人心。

正德十四年（1519）九月，户部署员外郎马驯负责监城西草场，隶卒与输草之人交通作弊，结果被东厂揭发。马驯被坐以徇私容隐之罪，逮捕到锦衣卫拷打治罪。

张锐提督东厂办事得力，得到了武宗的赏识。同时，宁王朱宸濠也用重金结交武宗面前的红人钱宁。而钱宁又与张锐相交，张锐也从宁王处得到不少好处。张锐有个朋友谢仪，经常出入张锐家中，此人狡黠善于逢迎，很受张锐信任。谢仪和同乡御史熊兰都受到宁王迫害，熊兰屡次准备告发宁王有反意之事，又担心祸及同宗。熊兰跟谢仪商议，劝说张锐不要再接受宁王的贿赂。

张锐问谢仪缘故，谢仪将宁王欲谋不轨之事和盘托出。张锐觉得大事不妙，此时，他正好与钱宁有矛盾，打算斗倒钱宁，而钱宁和宁王交通之事正好可以利用。有次，钱宁约张锐一起到皇帝面前，为宁王求褒扬之旨，张锐找理由没去，钱宁独自在皇帝面前为宁王美言，说应当如巡按所言，对宁王进行褒奖。随后，张锐的揭发信到了武宗面前，但是武宗没有回应。之后，钱宁结交宁王的逆谋终于败露，武宗对张锐的信任也进一步升级。

武宗以张锐提督东厂之功，加其禄米一百二十石。武宗又将自己的另一位“知心朋友”江彬任命为提督东厂、锦衣卫官校行事，江彬兼有了东厂和锦衣卫之权，权势甚大。

正德十六年（1521）三月，武宗在豹房驾崩，驾崩之前留下遗言，还提到要命张锐召集司礼监太监前来。四月，新即位的世宗将张锐等一干宦官打入了江彬党羽，将其执送到都察院审问。张锐被下狱治罪后，有一个内廷大佬暗中襄助，打算解救他，结果被大臣揭发。这位大佬就是司礼监太监萧敬。

长寿太监萧敬

明朝有这样一位大太监，他做太监时间长达七十年，寿考九十一岁，可以称作是宦官中的长寿翁了。此人就是萧敬，字克恭，别号梅东，延平府南平县人。他自幼入宫服役，因为聪明伶俐，被选入了司礼监内书堂读书。萧敬读书认真，进步很快。

天顺初年，萧敬被授予长随一职。英宗在便殿慰劳赏赐近臣，金钱堆积很多，萧敬分发得很准确，一一登记，没有丝毫差错。英宗看在眼里，觉得他很有心计，于是对他十分信用。天顺二年（1458），萧敬被升职为奉御，没多久，又升为了御用监左监丞。天顺五年（1461），萧敬被升为右少监，获赐蟒衣、玉带以及珍奇宝物。端午节那天，英宗亲自检阅射箭，对萧敬说："我知道你写文章不错，能射箭吗?"萧敬连发三箭，箭箭射中。英宗十分高兴，对萧敬十分赏识，于是将他升为太监，当时萧敬才二十五岁，真可谓年轻有为了。

萧敬也不负英宗的重托和信任，他奉命前往荆州、襄阳地区办事时行事沉稳，不骚扰沿途百姓。天顺八年（1464），英宗驾崩，萧敬被派往神宫监负责司香。成化三年（1467），萧敬改任内官监，负责督管仓储和粮饷。他将账目记录得清清楚楚，革除了很多弊端。不久，萧敬被晋升为司礼监佥书。他受命前往武冈、蕲州等地解决宗藩大案，因审案公正，得到了宪宗的赞赏。

萧敬与掌管东厂的尚铭走得比较近，尚铭在成化末年被治罪。成化二十三年（1487），萧敬为了避免牵连进尚铭一案，主动乞请到裕陵司香。弘治初年，萧敬屡次遭到朝臣弹劾，孝宗庇护他，曾经对刘大夏说："萧敬只是我的顾问，我一直没有放权给他。"弘治三年（1490），司礼监有空缺，众人都认为萧敬老成练事，于是他被启用为司礼监太监。萧敬为人谨慎，熟悉国朝典故，每当皇帝咨询他事情，他都能应答如流。而且他还能时时劝谏皇帝，因此孝宗很敬重他。

萧敬多次奉命安排朝廷婚嫁冠丧等重大典礼，检阅团营军队，受命协同三法司审理大案，所有这些，他都能办理得井井有条。张皇后的兄弟张鹤龄和张延龄依仗帝后宠爱，纵容家仆违法乱纪、聚敛钱财，萧敬负责审理这些案件，都能做到严格执法，不稍宽贷。

正德初年，萧敬请假回到私宅。家居六年后，正德七年（1512），武宗启用他为司礼监掌印太监，并赏赐蟒袍，准许他乘坐肩舆出入宫中。萧敬这时已经七十四岁了，可是眼不花耳不聋，头脑还极其灵活，并能对时事提出很好的建议。

正德十二年（1517）到十四年（1519）间，武宗经常在外巡行，萧敬和一些同僚劝谏皇帝，但是却无法阻止。武宗命萧敬留守京城，京城内外都倚重他。萧敬曾经和宁王结交，所以宁王造反后，萧敬也受到了牵连。武宗怜惜他年老，没有逮捕，仅仅以罚钱和罢职了事。

世宗朱厚熜即位后，因为萧敬德高望重，又熟悉宫中各种事务，所以特地诏令他入宫管理机务之事。萧敬时年八十五岁，依然头脑灵活，精力充沛，在宫中办事极有分寸。

不过，萧敬因为暗中援救好友张锐，被大臣毛伯温揭发弹劾。屡次受到弹劾的萧敬，于嘉靖元年（1522）告老乞休。世宗准请，考虑到他往年的功劳，月加禄米十石，并赏赐人夫和时令食品。嘉靖七年（1528），萧敬在私宅病逝。世宗给予他的葬礼规格极高，大学士翟銮为他撰写墓志铭，杨一清为他书写墓表。

萧敬历侍六位皇帝，四次担任司礼监掌印太监，四次担任司礼监秉笔太监，前后在司礼监任事长达五十年，名下有百余名宦官。他对待士人温和恭敬，杨一清因为公事，对萧敬并不是十分恭敬，萧敬也不以为意。

萧敬年老退休后，深居不出，闭口不谈时事。只有相知的好友经过时，他才跟朋友赋诗、鼓琴、下棋。他病重时，嘱咐侄子、侄孙说："做臣子的，最重要的就是不欺罔。"萧敬一生无大过，不敛财不滥用权力，是一个难得的好宦官。

其实，明朝宦官并不缺乏正能量人物，其中一人，竟然被人称作"青天"，能与包公齐名，足可见其人之廉洁无私。

满满正能量的"莫青天"

莫英，字国器，广东肇庆恩平人，父亲莫满，母亲梁氏，继母邹氏。天顺五年（1461），莫英十二岁，家人捕捉了一条巨鱼，莫英奉家人之命，挑选了巨鱼身上肥美的肉，带着送给沙岗姑姑家。正好此时苗人叛乱，莫英被流贼劫掠。成化元年（1465），官兵平定苗乱，莫英也被俘虏，阉割后进入内廷效力。

成化二年（1466），莫英入内书堂读书，六年（1470），他成为供用库书办。后来，他历任奉御、副使、大使、内官监右少监、太监等职。太监蒋琮与他不和，莫英以君臣大义相责，结果两人矛盾更深。蒋琮诬告他，莫英被降为了小火者。蒋琮后来因罪下狱，孝宗才醒悟到莫英是被冤枉的，于是将莫英从奉御提拔为司礼监太监。

宪宗时，有人送数千金给莫英报答他的恩情。莫英拒绝说："我每天一盂饭足矣，千金于我何用?"有人推荐他去任职御司房、东宫伴读、六局官，都被他一一推辞。他知道这是权贵推荐，叹息着说："在这些职位上容易欺君盘剥百姓。"乡亲来北京办事，虽然是差役，莫英也待之以礼，以恩德对待。

皇帝给他恩宠，荫官给其家人，莫英身边的仆从给他使眼色，让他接受，他却厉声说："国家名器，岂能滥用。"此事遂止。莫英负责督办京城仓库，廉洁自律，秋毫无所取，被人们称作"莫青天"。

莫英经常给自己的侄子们说："我不幸成为了名教罪人，你等应该苦学，光大莫家门第。"他经常监督侄子们读书到三更天，然后让他们坐在自己卧榻前，以修身理家为训，孜孜教导。莫英负责督办京城仓库时，同事打算扩大草场火道，要拆迁附近民居。莫英说："这对上于国无益，对下使得百姓流离失所。"他上奏皇帝取消了这个行动。莫英离开京仓到上林任职时，百姓们纷纷挽留。

宪宗命莫英访求仙术，被他劝谏而停止。宪宗召入番僧，莫英劝谏道：“恐怕贻笑四方，给后人留下祸患。”宪宗命他查访司礼监太监怀恩有没有贪赃行为，莫英不避权贵，如实禀奏。孝宗又打算在崇文关外建造延寿塔，命莫英负责此事。莫英劝谏说：“此非盛世之事。”事后，言官们也跟莫英说法一致，劝谏孝宗停止此事。孝宗驾崩的消息传来，当时莫英正在郊外，他失声大哭，穿上孝服，食素表示哀悼，一片忠君之心拳拳可鉴。

宦官与廷杖

武宗一朝，多信用宦官，与文臣常有抵牾，君臣之间的冲突也有激烈表现，明朝历史上三次大规模廷杖，第一次就发生在正德十四年（1519）二月。

事情源于武宗要巡视江南和山东，文武官员拼死劝谏，结果激起武宗怒气，下旨将舒芬等一百多名劝谏大臣廷杖。只见午门之外，一百多位官员被扒开裤子，露出了白花花的屁股，重重的大杖打下去，血肉横飞，一片哀号之声。四月，黄巩等三十九名大臣再次被廷杖，结果十一人被打死。

廷杖，就是由皇帝下令，在朝中杖责大臣。廷杖的实施，数目由皇帝说了算，一般少则三十，多则百余。打的时候，其他官员列队在午门外观看，左边有三十名宦官，右边有三十名锦衣卫，下面站立旗校百余人，司礼监太监坐在上首监视。负责行刑的是锦衣卫校尉。成化朝之前，受杖责官员还可以穿上棉裤，或者垫上厚垫。到了刘瑾掌权时，受杖者要扒光裤子受刑，没有任何遮挡之物，对身体伤害更严重。

廷杖开始时，司礼监太监等人高喊“带犯人”，受杖者被押出来，再喝“跪下”，受杖者跪听宣读杖数。然后，一个校尉用麻袋把犯人腰部束住，使他趴在地上，头脸着地；另一个校尉捆住他的双脚，只露出屁股。监杖太监事先要请示皇帝杖责的轻重程度。得到皇帝指示之后，监杖太监喊“着实打”，靴子尖向外成八字形，杖责校尉下手会稍微轻一些，不至于打死；若监杖太监喊“用心打”，靴子尖朝里，校尉会下手非常重，受杖者不死则残。可见，司礼监太监不仅仅是掌握机要，有时候还掌握百官杖责之刑，着实令人生畏！

话说武宗杖责百官之后，也暂时搁置了巡游计划，不过造化弄人，没多久，一个惊天消息传到了朝廷——宁王朱宸濠造反了！

宁王之乱中的宦官

从第一代朱权开始，宁王就与朝廷有着说不清的恩恩怨怨。朱棣起兵夺权后，没有兑现当初的诺言，将朱权封在了南昌。到了第五代宁王朱宸濠时，竟然想效仿朱棣，再来一场地方推翻中央的好戏，妄图夺取皇位。为了这一天，朱宸濠做了不少准备，他拿出大量资金贿赂朝中权贵，兵部尚书陆完、锦衣卫指挥使钱宁、东厂太监张锐、教坊司乐官臧贤等人都受过宁王的贿赂。不仅中央，地方各地镇守太监，也有不少受过宁王的好处，成为了他的党羽。例如镇守江西的御马监太监毕真。

毕真，正德十三年（1518）受命镇守江西，他与宁王一见如故，两人交往日繁，成为了好朋友。宁王也对毕真不薄，在毕真与御史范辂的斗争中，给予了他强有力的支援。范辂为人刚正不阿，他受命来到江西巡按，负责清理军伍。巡查到毕真很多不法之事，他上疏弹劾毕真本刘瑾余党，他在江西所为种种不法之事，早晚要激起地方变乱。范辂弹劾奏疏递交上去，武宗却没有回应。毕真知道了消息，恨透了范辂。

一次，范辂乘坐轿子拜访毕真，两人言语冲撞，毕真一气之下，竟然让人砸烂了范辂的坐轿。然后毕真串通宁王，对范御史进行诬告，结果范辂被下锦衣卫监狱，贬斥为地方小官。毕真还打算插手王守仁在江西的剿贼之事，多亏了兵部尚书王琼在朝中大力支持，责成王守仁专权事宜，才避免了毕真的捣乱。

正德十四年（1519）二月，毕真在宁王帮助下，调任去了浙江脂膏之地。接任江西镇守太监的是御马监太监王宏。六月，宁王朱宸濠杀了不肯屈服自己的孙燧和许逵。镇守太监王宏等大员吓得体如筛糠，当即投降了宁王。宁王叛旗一举，交好于他的地方镇守太监也开始做出种种接应之事。

刘璟通过贿赂钱宁，得到了镇守河南之职，在经过江西时，他接受了宁王的贿赂，与之交好，成为了宁王一党。刘瑯是南京守备太监，他经常派遣弟弟刘璋往来于宁王之间，作为两人之间的牵线之人。宁王叛乱的消息传到南京，南京城内人心惶惶，大家纷纷传言刘瑯聚集百余名家丁，准备做宁王内应。刘瑯做贼心虚，听到这些消息，连忙派人四处捉拿散播流言者，这样一来，人们更加相信他有反叛之心了。

与此同时，浙江的毕真将杭州城各个城门钥匙收入自己手中，还调动官兵封锁了镇守府。由于地方官员的严防死守，三个镇守太监在响应宁王方面，都没有起到多少作用，反而都被捉拿下了锦衣卫大狱。

宁王反叛的消息传到北京，武宗却十分兴奋，他终于有借口，可以光明正大地去江南了。武宗下旨派遣“总督军务威武大将军总兵官镇国公朱寿”，也就是他本人，率领精兵数万南下平定叛乱。

武宗率军于八月二十六日到达了涿州，住在太监张忠家里。在这里，他接到了一个消息，宁王叛乱已经被王阳明平定了！

江彬等人给武宗出主意，将王阳明的报捷奏疏扣下不发，平叛大军继续前进。安边伯许泰和提督军务太监张忠因为王阳明奏疏中有一句请惩罚天下奸佞挽回天下豪杰之心，便把“奸佞”两字往自己身上套，恨透了王阳明，就诬陷王阳明早就跟宁王勾结，只是担心事情不成功，才被迫起兵。

许泰和张忠又给武宗出了一个馊主意，让王阳明把宁王释放到鄱阳湖，然后由武宗亲自将之擒拿，这样才算皇帝亲征，功德圆满！

许泰、张忠逼迫王阳明交出宁王，王阳明上疏请求当面献俘给武宗，却又被武宗拒绝。正在进退维谷之际，王阳明突然想到只有一人才能帮他解围。此人就是诛杀刘瑾的第一功臣——太监张永。

张永此时正在杭州。王阳明星夜赶赴杭州见到了张永，他以江西大乱之后，难以再承受皇帝巡幸为名，请求张永劝阻皇帝来南昌。张永当即答应，王阳明又将宁王等一干俘虏交给了张永，自己回到南昌。许泰、张忠来到南昌，没有得到宁王等俘虏，更加痛恨王阳明。他们回到南京，在武宗面前极力诋毁王阳明。张忠还对武宗说王阳明必然造反，可以试着召他来南京，他必然不肯。

张永暗中派人告诉王阳明，让他火速赶来。王阳明马不停蹄，立刻赶到南京。尽管因为张许二人的阻挠，王阳明没有见到武宗，不过张永还是在他临行前，对其面授机宜。张永叮嘱王阳明，奏疏需要写明是奉了威武大将军的方略才平定了叛乱，武宗身边的佞幸也要写入捷报有功人员中。

王阳明遵照张永嘱托，才逃过了佞幸的迫害，就此来看，张永还真是护佑王阳明的有功之人！

武宗南巡

正德十四年（1519）九月，武宗南征大军到达临清。当时扈从的太监黎鉴，家中有人因为横征暴敛被都御史王珝治罪，黎鉴偿还家人不法所得给官府，并四处活动，求王珝放过家人一马。没有想到王珝坚持不肯，言语间，两人起了争执，黎鉴以头撞击王珝，两人打了一架。

黎鉴哭着在武宗面前告状，武宗说："这一定是你有所求，王珝没有答应你，否则他怎么能折辱你呢？"黎鉴见武宗不好糊弄，也只好默默无语，识趣地退了下去。

十二月，武宗驾临扬州府。之前，太监吴经早先一步来到扬州，奉命为武宗选行宫，他选了一座壮丽气派的民宅，作为武宗的临时行宫。吴经假传旨意，说皇上要从未婚女子和寡妇中选取美女。结果，扬州当地人心惶惶，有女之家一夜之间将女儿嫁出，或者连夜逃出城避难。知府蒋瑶劝说吴经不要骚扰百姓，吴经反而大怒，斥责他说："你不过是个小官，脑袋想被砍下来吗？"

蒋瑶不为所动，缓缓答道："小官我违背了皇帝的意思，想来也是必死，但是百姓者，是朝廷之百姓，如果被激变，朝廷肯定要追责的！"吴经当然没有被他吓到，他提前摸清了城中寡妇和娼妓之家的情况，半夜带人闯入她们家中，这些妇女无一幸免，都被他送进了尼姑寺寄宿，有两名妇女愤恨而死。其实，吴经主要是为了勒索，如果被扣押妇女的家人能拿出银子来赎人，就将她们放走，贫困无力赎回的，则被送往总督府。

这个吴经究竟何许人也，竟然如此胆大？吴经，字太常，江西余干人，幼年被选入宫廷。正德四年（1509），他通过贿赂张锐和司礼监太监张雄，得到了南京守备太监的美差。吴经在南京督办织造期间，领取长芦盐引，获取私利。正德十二年（1517）二月，吴经又出镇山西，他肆意妄为，竟然指使家人殴打兵备副使秦伟，事后也没有得到任何惩处。吴经得到武宗的信任，担任御用监太监，之后他通过行贿江彬，获得了扈从武宗巡游江南的机会。

世宗即位后，清算前朝佞幸，吴经被执送都察院问罪，贬斥到南京孝陵卫充净军，得到了应有的下场。

武宗在南京驻跸大半年时间内，多亏了南京守备太监黄伟协助南京兵部尚书乔宇、应天府丞寇天叙同心协力，确保了南京秩序维持正常，没有给地方百姓造成过多骚扰。

黄伟曾经侍奉过幼年的朱厚照读书，武宗称呼他为“伴伴”而不直呼其名，作为发小，武宗对他的话还是依从的。

武宗在南京颇有些“乐不思蜀”，对群臣的上谏置之不理，其中有一位太监也跟随群臣一起劝谏，最终说动了武宗回京。这位太监名叫魏文质，别号药庵，陕西平凉人，家中世代务农。成化年间入宫后，魏文质因为聪明伶俐，被宪宗遣往内书堂读书。

武宗朝，魏文质一度担任过司礼监掌印太监、尚衣监掌印太监。跟随武宗北巡期间，魏文质沿途不索取财物，武宗命他负责太皇太后的丧事。后来，魏文质又扈从武宗南征，他协同内阁大学士梁储、蒋冕悉心处理政务。宁王被擒拿后，众人建议就在南京将其斩首，魏文质却提出：“应该将宁王带回京城，祭告太庙和太皇太后，会同勋贵文武重臣，审问明正其罪，再行处决。”武宗同意了他的奏议。

武宗在南京驻跸时间过久，南京百官跪请皇帝回北京，武宗大怒，这时候，魏文质边哭边奏请：“他们都是忠臣，为了天下社稷，皇上不可不听。”武宗这才平息了怒火，好言抚慰群臣，最终确定了回北京的日子。正德十五年（1520）闰七月，武宗起驾回京，路过清江浦时，心血来潮，要在湖中泛舟钓鱼，结果船翻了，人落入水中。虽然抢救及时，武宗却落下了病根，最终一病不起，于正德十六年（1521）三月十四日病死在了豹房。武宗其人一直被后世视作昏君，清朝人如果遇到皇子不认真读书，就拿他来说事：“你想学明朝的朱厚照吗?”其实，拨开历史的迷雾，可以看出武宗并不是无能昏聩之辈。他起先任用刘瑾全面革新，可惜最终失败，刘瑾也作为改革失败的替罪羊被押赴了刑场。在此之后，武宗将精力放在了军事革新上面，他以边军、京军对调平定了刘六刘七叛乱，他亲征鞑靼小王子，取得了应州大捷。他时刻掌握权力，亲自处理政事，多次对水旱灾区的难民大幅度蠲免赋税。总之，明武宗朱厚照被后世严重抹黑。

武宗驾崩后，司礼监太监魏彬协助杨廷和等大臣，一举拿下了江彬、神周和李琮三人，将他们作为“武宗佞幸”扫入了历史的垃圾堆。大明王朝又翻开了崭新的一页，在长达四十五年的嘉靖王朝，宦官们在政治上又有哪些表现呢?

九　鲜为人知的嘉靖朝宦官

打击前朝旧阉

世宗朱厚熜是位雄猜之主，即位之际，虽只是十六岁的少年，但行事果断，出乎朝臣们的意料。为了树立权威，同时也是为了清除前朝的“余孽”，很多前朝宦官被作为“佞幸”受到惩治。太监谷大用、丘聚被降为奉御，前往南京孝陵司香；太监张锐、张雄、张忠、于经、刘祥、孙和、刘养、佛保、赵林、马英等被锦衣卫捉拿，送往都察院问罪。魏彬和张永也被勒令在私宅闲住。张永的闲住时光也没有持续多久，他遭到御史萧淮的弹劾，前往南京孝陵司香。

世宗即位之初，就下旨将正德朝差往各地守备或者织造的太监调回京城。正德十六年（1521）六月初三，根据御史胡浩的弹劾，世宗将宦官陈贵、牛广、赵隆、张奎、浦智和李镇或降职或充净军。七月，世宗又下旨将交结宁王叛乱的太监毕真凌迟处死，内臣卢明、商忠、秦用、赵秀斩首示众。

针对部分镇守太监为害地方之事，正德十六年六月，南京大理寺左评事林希元在奏疏中提出应将罢除镇守内臣作为朝廷紧要大政。接下来，言官和兵部官员接连上奏，要求世宗革除镇守内臣。一开始，世宗执意不从。在取得了大礼议的胜利之后，世宗听从了内阁大学士张璁和桂萼的建议，最终于嘉靖八年（1529）二月，将宁夏、辽东、甘肃、宣府等地镇守内臣一律撤除。接下来的三年内，各地镇守内臣被一一撤销，嘉靖十年（1531）八月，除了个别特殊地区，镇守内臣全部被革除。

嘉靖十七年（1538），武定侯郭勋曾经建议恢复镇守内臣，世宗为之所动，一度恢复了一些地区的镇守内臣，只不过为时短暂，一年之后，因为星变，世宗又将镇守内臣革除，并且终嘉靖朝不复设。嘉靖在治罪先朝权监的同时，又大力提拔跟随自己的王府旧阉，例如张佐、鲍忠和黄锦等人，他们或掌司礼监，或掌东厂。他们在兴王府时，就受到严厉的管束，不敢放肆。他们熟知朱厚熜的脾气，知道这不是位好侍奉的主子。

世宗对宦官的管束确实比较严厉。正德十六年七月，浙江巡抚许廷光弹劾杭州抽分太监马俊诈取官银的罪行，世宗一怒之下，将马俊逮捕审讯，并罢除了抽分太监。世宗对身边的宦官要求极其严厉，经常有犯事宦官被打死，打死之后还要陈尸示众。这可是从宣德之后，历朝皇帝都很少做的事情。

正德一朝很多叱咤风云的大太监下场都很悲凉。例如谷大用，他虽然有迎请世宗之功，但屡屡被朝臣弹劾。一开始，谷大用被贬斥到南京孝陵司香，后来又被召回北京，在康陵守陵。南京御史乔祺担心他死灰复燃，又上了弹劾奏疏，要求世宗将其发配远方，不要在天子身边蛊惑圣听。谷大用死后，其家产全部被抄没入官。那作为诛杀刘瑾的第一功臣，曾经也得宠一时的太监张永下场又是如何呢？

张永字德延，别号守庵，保定新城人。其父张友乐善好施。张永家中兄弟四人，他排行第二。武宗一朝，他被列入“八虎”行列，只不过，他为事并无大恶。因为跟刘瑾矛盾激化，最后跟杨一清结成同盟，一举击败了刘瑾。之后，他掌管司礼监，在宁王叛乱时，扈从武宗南下，襄助王阳明逃脱了奸佞的陷害。

武宗驾崩后，张永辅助魏彬擒获了江彬，他当时负责督查京城九门，保证了空位期的京师稳定。作为先朝权监，张永成为了世宗的清理对象，他被言官弹劾后，到南京闲住了五年。嘉靖六年（1527）十一月，大学士杨一清为老友说情，请求世宗以张永先朝之功绩，将其召回北京供职。世宗准许张永回京，担任御用监掌印太监，并且提督团营和神机营操练。嘉靖七年（1528）冬，张永死于任上。

杨一清不负老友，为之书写墓志铭，但令他没有想到的是，最终导致他政坛落败的一个重要原因，就是别人诬陷他收受贿赂，为张永书写墓志铭。当然，除了打击先朝部分权监外，世宗也善于拉拢旧朝权贵，对一部分正德朝掌权宦官也委以重用，比如掌管东厂的芮景贤和毕云。

东厂新贵

正德一朝，东厂和西厂、内行厂一起钳制朝臣，打击他们的不法行为，让官员们吃尽了苦头。现在新帝即位，清除前朝权监，于是就有人试探着上了一道奏疏，要求废除东厂。此人就是山东巡按御史胡松。他首先请求裁撤东厂官校，如果一时间不能立刻革除，也请皇上严格管束，不能越理民事诉讼，参与外事。世宗当然不会同意，西厂、内行厂撤了也就罢了，东厂作为皇权的利器，岂能弃之不用。胡松的裁撤要求被拒绝，世宗只答应会严格管束东厂。

事实证明，世宗是说到做到的。

世宗提拔了正德朝担任南京守备太监的芮景贤来职掌东厂。芮景贤，字尚德，别号直庵，真定府武邑县人。父亲芮铭，母亲李氏，家中兄弟二人，兄长芮珊，他是次子。成化十八（1482）年，十六岁的芮景贤进入宫廷，两年后，他被送入内书堂学习。芮景贤勤奋不懈，博览群书，看到历代贤人的事迹，心生羡慕。他的楷书很出色，笔法精美。

弘治年间，芮景贤在东宫侍奉太子朱厚照。他从长随、奉御、惜薪司左司副做到了内官监太监。武宗又先后提拔他为提督苏杭织造和南京司礼监太监，充任内守备。世宗即位后，听说了芮景贤的名气，将他召到北京，任命为御马监太监，特命总督东厂。

芮景贤作为皇帝打击不法文官的利器是合格的。嘉靖二年

（1523）十月，临洮府知府郭九皋因为前任永平府的事情，被栾州百姓赵纪告发到东厂，芮景贤上奏世宗，世宗命官校将郭九皋逮捕审问。十一月，刘最被调任广德州判官，他沿途仍然使用礼部旧衔，乘坐船只，使用夫役，作威作福，而长芦巡盐御史黄国用还巴结他，两人之事被芮景贤得知，世宗命将刘、黄二人逮捕入诏狱。刘最被发配边疆，黄国用降职。之后，芮景贤领衔的东厂一直比较安静，办理了这几起案件后，国史中再无其他记载。

芮景贤为人淳朴，不喜欢珍奇宝物，在两都任职期间，名声显著，能得到皇帝的信用。嘉靖十二年（1533）七月九日，芮景贤病逝家中。接任东厂太监职位的是毕云。

毕云，字天瑞，北直隶保定府容城县人。毕云是家中二子，因为生活所迫，成化年间，他入宫为奴。毕云入宫之初，在惜薪司外南厂工作。他兢兢业业，为人低调，得到了大家的好评。

武宗朝，他从长随被提拔为奉御。正德三年（1508），毕云又晋升为司正。毕云虽然职位节节高升，但他拒绝受贿，严格办事，廉洁和谨慎的名声愈来愈著。正德五年（1510），毕云晋升为了司设监右少监，总理司房事务。四年后，他又成为了司设监太监。权力大增的他，做事依然谨慎认真，洁身自好。

世宗登基后，知道毕云虽然是先朝旧人，但办事谨慎勤劳，而且没有劣迹，非常难得，打算对他委以重用，而毕云也全力配合世宗的革新运动。嘉靖十二年，芮景贤病逝，东厂太监缺人，世宗跟众臣商议，大家都说只有毕云才能胜任。世宗顺应众人所请，任命毕云为东厂太监。

一开始，毕云担心自己不能胜任，曾递交辞疏，世宗下旨对他温言勉励，以大义相激励，毕云只好接受。毕云接管东厂的第一天，就跟属下宣布，必须严肃法纪，严格约束东厂校尉，不能为非作歹，要严格依法办事。在毕云的大力整顿下，东厂在京师治安和打击违法案件方面发挥了不少作用。毕云不骄不躁，对皇帝谦恭内敛，没有一点自满之相。世宗非常欣赏毕云的为人，打算将他列入乾清宫近侍行列。毕云觉得自己没有精力兼任两项要职，婉言谢绝了世宗的美意。

在之后的四年内，毕云领导的东厂低调行事，朝臣几乎感觉不到东厂的存在。嘉靖十五年（1536），世宗特许毕云皇宫内骑马，恩宠之深，可谓罕见。嘉靖十六年（1537）四月，毕云病逝。他秉性敦厚寡言少语，耿直不阿事君以忠，待人以诚驭下以宽。其品行之高，可谓是东厂太监中的佼佼者。嘉靖朝出名的宦官不多，有一个宦官以司礼监掌印太监职位兼掌东厂，也可谓明史上的异数了。

司礼监掌印兼掌东厂第一人

麦福，字天锡，号升庵，广东广州府三水县人。正德年间，麦福进入宫廷。正德十二年（1517），他在清宁宫供职，十三年，又被改为乾清宫近侍。麦福因为勤劳聪慧，办事慎重，行事果断，被武宗赏识。

世宗即位，对前朝旧阉有打有拉，对麦福，朱厚熜加以重用。嘉靖元年（1522），麦福迁为御马监左监丞，后改御用监左少监。嘉靖三年（1524），麦福升为御用监太监，可以在皇城骑马，不久，又改任御马监太监，监督勇士四卫营。嘉靖七年（1528），麦福成为御马监掌印太监，提督勇士四卫营禁军。嘉靖八年（1529），麦福受命提督十二团营兵马，掌管乾清宫事。可见，世宗将保卫京师和自己寝宫安全的大权交到了麦福手上，帝王恩宠之隆，可见一斑。

嘉靖八年三到六月，麦福针对户部制定的马匹放牧时间和数量，提出了反对意见，因为这些都侵害到了御马监的利益。作为御马监太监，麦福提出要对已被开垦占用的牧场征收草场地租。这种地租曾经在弘治年间征收，嘉靖改元后，废除了此项地租。麦福所请正跟张璁等文官主导的嘉靖革新相违背，世宗并没有答应麦福的请求。不过，麦福却为御马监争取到了征收草场子粒银的权利。

御马监，通常被视为内廷中的武职衙门。顾名思义，掌管御马是御马监得名的来由，不过，御马监可不是像《西游记》里孙猴子担任的弼马温那样，只管管御马。该衙门统率一支强有力的禁军，也就是腾骧四卫和勇士营。御马监统领禁军始于永乐年间。最初，这支禁军的主要来源是各地卫所挑选出来的精锐士兵，以及从蒙古地区逃回的青壮男子。这支禁军最初有三千多人，到了正德时，定额为了六千五百余人。

腾骧四卫和勇士营在历史上发挥了巨大作用。在土木堡之变后的北京保卫战中，御马监太监刘永诚的侄子刘聚负责守卫西直门，而在彰义门出击瓦剌军的也是这支禁军。南宫之变中，御马监太监郝义被英宗诛杀，原因就是郝义计划调动禁军擒杀太监曹吉祥。而之后，平定曹钦兵变的主力也是腾骧四卫和勇士营的禁军。除了统率腾骧四卫、勇士营之外，御马监还有扈从出征、掌管兵符火牌、提督京营和坐营监枪、出镇地方、监军等权力。

嘉靖初年，虽然朝臣对御马监势力进行了强力打击，但麦福重新职掌御马监之后，在勇士营士兵的员额、草场子粒银的征收等方面，与文官集团展开了激烈的争论。御马监统领的腾骧四卫和勇士营士兵数量一度增加到了近万人。足可见，嘉靖时期的御马监权势并没有衰减，而是进一步增长。

当然，权力制衡是明代国家权力机构的游戏规则。御马监虽然掌管火牌兵符，但是要调动兵马，则必须先经过兵部请旨，或者由司礼监传出圣旨。兵科给事中要覆奏，然后才能发到兵部执行。所以，御马监虽然有掌禁军之权，却没有调兵之权，要调动这支禁军，需要外廷兵部和兵科才能实现。所以在明代，外廷的兵部和都督府，内廷的司礼监和御马监都无法单独调动军队。这也就能解释，为何同样是掌管禁军，唐代宦官可以调动神策军拥立皇帝、诛杀朝臣；而明代宦官却无法兴风作浪，进而影响王朝的政局稳定。

可以说，由于权力制衡的精妙设计，使得御马监掌管的这支禁军更多是服务于稳固皇权。新贵掌握了明朝中央权力之后，大刀阔斧地开展了一系列改革。其中，有一些是针对政府冗员和军队系统滥冒现象的裁革。

嘉靖九年（1530），麦福上疏请求腾骧四卫军士，不必经过科道言官点阅，新补充人员也不必经过兵部查验。这明显是与“议礼派”文官的革新措施背道而驰。当然麦福的请求，再一次被世宗拒绝，可是跟之前争草场租税事件一样，麦福并没有受到任何责备。或许世宗看到议礼派新贵势力迅速崛起，也有利用暗中支持麦福，来牵制朝臣的意思。

嘉靖十六年（1537），御马监掌印太监麦福被任命总督东厂，并且兼管尚衣监大印。嘉靖二十二年（1543），麦福卸任御马监掌印之职，两年之后，他任职司礼监并卸任东厂太监之职。嘉靖二十七年（1548），麦福再次受命总督东厂。他任职东厂太监期间，安静无事，缙绅们纷纷称赞他贤明。

嘉靖二十八年（1549），已经是东厂总督的麦福升任了司礼监掌印太监，这实际上开创了先河：司礼监掌印太监兼掌东厂。

司礼监掌印太监本已是位高权重，但遇到东厂太监奏事时，都要例行回避，东厂作为要害部门，一般不能由司礼监掌印太监担任，而麦福成为了首位集行政、监察大权于一身的权监。

世宗对麦福的宠信是一以贯之的。除了破例让他以司礼监掌印兼掌东厂之外，还赏赐他银记，准许他像其他股肱之臣一样，拥有密奏的权力。

麦福掌管东厂安静无扰，并且他还在东厂的空地上，建造了祭祀孔子的堂室。不仅如此，麦福还热心公益，建桥开路。嘉靖三十一年（1552）十二月二十九日，麦福病逝。徐阶为之撰写墓志铭。

内阁与宦官

嘉靖朝的一名宦官曾经说：“我辈在宫中服侍久了，见过不少世事变更。昔日张璁先生进朝，我们都要打个弓表示问候；后来夏言先生入宫，我们就只平眼看他；现今严嵩先生见了我们，都要向我们拱拱手，才进去。”这段话简单勾勒出了张璁、夏言、严嵩三位内阁首辅当政期间，对待宦官的不同方式，也折射出了嘉靖一朝宦官势力的变化。

张璁刚入内阁就奏请世宗裁抑宦官，他当政时，宦官见而畏惧，不敢随便说一句话。夏言当政后，上疏请求世宗不要委政于宦官，还奉命查革宦官庄田，弹劾宦官赵霦不法之事。所以宦官也对夏言毕恭毕敬。夏言在家中接待世宗派来的宦官时，对这些人呼来喝去，犹如奴仆。跟心高气傲的夏言相比，严嵩对宦官十分恭谨。

严嵩不但请他们入座，还奉送礼金，因此宦官们往往会在世宗面前替严嵩美言而贬斥夏言，这也是夏言渐渐失宠的原因之一。严嵩平时注重结好宦官，关键时刻往往能派上用场。比如户科都给事中厉汝进曾经弹劾严世蕃受贿，严嵩就是通过求助宫中宦官得以化解此事。

其实，表面来看，张璁、夏言不屈事宦官，但鲜为人知的是，张夏二人也与宦官有所交结。张璁为了排挤政敌，同云南镇守太监杜唐合谋，一起陷害云南巡抚欧阳重。欧阳重弹劾张璁是奸臣，要求世宗罢黜他，由此得罪了张璁。而夏言为了获得圣宠，曾经勾结太监高忠，让高忠代自己向世宗进献美女和珍玩。夏言因此更获世宗宠信，不过，后来世宗知道了夏言和高忠内外勾结之事，也警告高忠不能结交外臣。

有意思的是，一向被视作结交宦官的严嵩，在废除镇守内臣制度上，也跟张璁和夏言保持高度一致，保证了嘉靖朝中后期没有恢复此项制度。嘉靖朝权势最盛的三名内阁大学士都曾经结好宦官，足可见所谓宦官权势收敛的嘉靖朝，政治运作还是离不开宦官的身影，宦官已经作为一项政治制度嵌入了明朝国家权力机构之中。

内阁大学士结好宦官，这无关道德，无关品质，只跟固宠和事功有关。明代中后期的内阁大学士要想做出点政绩，很少有离开宦官能成功的。

嘉靖朝末期，对世宗皇帝影响最大的宦官，无疑是司礼监掌印太监黄锦，他用一句话缓解了世宗的暴怒，也保下了一位清官的性命。

一句话救下海瑞

黄锦，字尚纲，别号麓山，河南洛阳人。黄锦小时候聪颖谨慎，不喜欢多言，见到他的人都认为他将来能成大器。正德初年，黄锦被选入宫廷，一开始他在内书堂读书，后来被选为兴王朱祐杬的伴读。朱厚熜在兴王世子时代，黄锦陪伴左右，有侍奉之功。

朱厚熜即位后，黄锦先后被提拔为御用监、尚膳监、司设监、内官监太监。嘉靖二十四年（1545），黄锦转为司礼监佥书。嘉靖三十二年（1553），他又成为司礼监掌印兼掌东厂太监。黄锦感念世宗的隆恩，对皇帝忠心不二，凡事处理得井井有条。世宗对待宦官严厉，很多人由此获罪，而黄锦却一直得到世宗的宠信，以至皇上呼他为“黄伴”而不直呼其名，以表示亲切。

世宗曾经命黄锦修缮显陵和兴王府邸，他节省的费用数以百万计。奉天殿火灾，有人建议更换地址重新修建，黄锦说：“这是耗费无极的事。”他上疏请求世宗在旧址重修。此外，黄锦奉命检阅京营士兵和审案时，都能持论公正，办事严明，得到了大家一致好评。

黄锦督管东厂时，破获了冯璜妖术谋乱案，还捕获过倭寇和蒙古的奸细。他还屡屡告诫东厂部属，不要骚扰百姓。所以，黄锦掌管东厂时，京城的官民都安静自若，仿佛东厂不存在似的。黄锦也因之得到了世宗的恩宠，各种赏赐数不胜数，最后禄米达到了一年五百石之多。他甚至还被允许在皇城骑马和乘坐肩舆。

黄锦对政治的影响力不可忽视。嘉靖四十一年（1562）五月，考选庶吉士贿赂公行，竟然有贫穷者为了考选采取了贷款贿赂的方式。有人拿券寻求贷款，竟然找到了黄锦府上。黄锦密奏世宗，世宗十分生气，他传下旨意，将内阁选定的五十名庶吉士资格取消。同年，严嵩在政争中落败，他以万金行贿黄锦，让他揭露术士蓝道行，最终将其下狱处死。

其实，让黄锦青史留名的是一句话。

嘉靖四十五年（1566）二月一日，户部主事海瑞上了一道闻名于世的奏疏，他猛烈抨击世宗对斋醮的迷信和为政的过失。这道奏疏言语之激烈犀利，堪称嘉靖朝之最。世宗看过后，大发雷霆之怒，立刻将奏疏扔在地上，向左右大声喊道：“快去抓了这厮，千万别让他跑了！”

当时，侍立在旁的黄锦，被海瑞的一片忠心所感动，眼看暴怒的世宗就要捉拿海瑞，甚至还有可能杀了他，黄锦连忙躬身奏道：“此人素有痴直之名，听说他上疏时，自知有去无回，已经提前买好了棺材；他跟妻子诀别，在朝门外等候被判罪，家中的奴仆也都跑光了，他自己肯定不会逃走的。”

黄锦这一劝，世宗头脑稍微冷静了下来，他又取过奏疏仔细阅读，读罢之后，叹了一口气说：“此人忠直，可与比干比拟，但是朕却不是纣王!”因为一句话，黄锦保住了海瑞的性命，足以留名青史了。

世宗大渐之时，黄锦劝说其从西内搬回乾清宫。世宗驾崩后，黄锦拥立朱载垕登上皇位，是为穆宗。穆宗登基不久，黄锦病逝。波澜壮阔的嘉靖朝落幕了，隐忍多年的朱载垕继承了父皇的江山，面对内忧外患，隆庆一朝的宦官们又有何表现呢?

十　波澜不惊的隆庆朝

忠心上谏的李芳

说起来也巧，隆庆年间有两个同名同姓的宦官，他们都叫李芳。一位李芳是从穆宗朱载垕做裕王时，就在藩邸侍奉的宦官，他与担任裕王府侍读的张居正关系不错，经常向张居正请教，当然有时候，他们二人也会谈及政治。穆宗朝，李芳担任了司礼监掌印太监。为了排挤内阁首辅李春芳，为张居正上位打通道路，李芳说动了穆宗，引高拱进入内阁，以其控制赵贞吉，最终排挤走了李春芳。可见这个李芳政治能量之大。

另一位李芳，则是我们要着重介绍的。他为人正直，办事公正无私，得到了穆宗的信任。时任内官监太监的李芳在隆庆元年（1567）二月弹劾原工部尚书徐杲，当时徐杲已经被革职闲住。嘉靖年间，徐杲因为营造之功，升为了工部尚书。徐杲为人贪婪，他在修建卢沟桥时，贪污了巨额工费，同案犯还有监正王儒等五人。

李芳弹劾他时，徐杲已经不在任，但是穆宗决定追责，命锦衣卫将徐杲执送到法司审问。刑部将其判处流放充军，赃物抄没入官。李芳并不打算就此罢休，他又奏请裁革冒滥官衔的太仆寺少卿、苑马寺卿、布政司使参议、郎中、员外郎、鸿胪寺丞、光禄署正等数百人，穆宗皆从之。

三月间，李芳奏请穆宗裁革上林苑监增加的皂隶、冠帽、习仪等各项俸银开支，得到了穆宗的应允。隆庆二年（1568）正月，李芳又上疏，请穆宗停止征收近年加增的白熟细粳米四千五百石、白青盐三万斤，并请穆宗将隆庆二年以后岁派，按照成化、弘治年间事例，征收米一万一千五百石、盐十三万斤。穆宗对李芳节用爱民的建议十分赞赏，命有司执行。

李芳这些建议对百姓有利，但是却损害了其他宦官的利益，断人财路的李芳自然成为了他们的眼中钉、肉中刺。当时，司礼监太监滕祥、孟冲、陈洪等曾经侍奉穆宗并得到皇帝的宠信，他们为了进一步邀取帝宠，到处寻找各种新奇好玩的物什来讨好穆宗。元宵节时，他们安排人将彩灯堆叠成鳌山一般，诱导穆宗终夜饮酒作乐。

穆宗因为饮酒，几次不御朝，大臣们也很少能见到皇上。内阁首辅徐阶并无一言劝谏，李芳见状，内心焦急万分。他几次劝谏穆宗，穆宗不听，次数多了，穆宗也渐渐对李芳产生了厌恶之感。滕祥等人乘机挑拨是非，激怒穆宗，隆庆二年十一月，他命锦衣卫逮捕李芳，将其杖责八十，然后关进了刑部大狱准备处决。

刑部尚书毛恺上奏：“自古以来，圣君明主将有罪之人在街市处刑，不但可以使罪犯服罪不称冤，也能震撼旁人，让他们畏惧不敢触犯刑法。李芳在内廷供事很久了，一旦判处死刑，罪状不明，臣等也不知道怎样才能安定人心，让天下服公。”穆宗回道：“李芳在侍奉我时，无礼至极。”

李芳下了大狱，滕祥等人更加肆无忌惮。滕祥是前任司礼监掌印太监黄锦属下，他奏请为黄锦恢复被革除的荫职，工部尚书雷礼弹劾滕祥，却被穆宗勒令致仕，而滕祥没有受到任何责罚。孟冲传圣旨，将海户王印判处充军，外廷司法衙门却一无所知。陈洪收受肃王藩邸辅国将军贿赂，使得他袭封肃王；甚至殷士儋也是走了陈洪门路，才得以进入内阁。

穆宗在太庙祭献时，滕祥、孟冲、陈洪三人狐假虎威，戴着进贤冠，穿着祭服跟随皇帝左右。弹劾他们的朝臣多是下场不妙，太常少卿周怡被外调，言官石星、陈吾德、詹仰庇等人被杖责后罢官为民。

再说被关押的李芳，在吃了一年半牢饭后，隆庆四年（1570）四月，刑科都给事中舒化奏请穆宗宽恕李芳，他才得以被释放，到南京充净军。

整治不法宦官

隆庆元年（1567）六月，礼科左给事中王治等人上奏清查内府各监局库布绢香蜡等数目，并弹劾了掌管供用库的宦官翟廷玉、掌丁字库的宦官马尹等干没之罪。穆宗命将翟廷玉、马尹送到司礼监治罪。隆庆二年（1568）七月，内使许义因为携带利刃抢劫财物事发，巡视中城御史李学道没有参劾，就将许义抓去鞭笞，许义的同党很不服气。一日下朝后，内使数百人突然从左掖门冲了出来，将李学道狠狠揍了一顿。

宦官们简直无法无天了，穆宗大怒，命锦衣卫将为首的内使十几人捉拿到东上门，将为首的杖责一百，充军到烟瘴之地；其他都杖责六十，发到孝陵卫充净军。不过，李学道也因为没有事先奏请就鞭笞宦官，被调外任。穆宗此举可谓是对宦官和文官各打五十大板。

隆庆二年十月，南京织染局的内使张进朝诈传圣旨，称奉敕命到湖广和南直隶选取秀女。结果消息传出，在民间引发了一股"拉郎配"的恐慌，百姓为了不让自己的闺女去皇宫受罪，随便在大街上就拉一个男子成婚。这一闹剧直到张进朝被处斩才结束。

十一月，穆宗下令锦衣卫将宦官杨义、陈钿杖责三十，送到刑部监押。隆庆三年（1569）正月，钟鼓司佥书内官李智和王进、巩真被杖责一百，下刑部大狱。二月，南京内官监太监邢保贪污工部银两，被给事中张应治弹劾，邢保因监守自盗被充军。四月，杖责内使高朝一百，下刑部大狱。

穆宗一朝为时短暂，却也兴革甚多，隆庆开关、俺答汗封贡都是影响后世的大事件。穆宗朱载坖虽然能力有限，但是他手下人才济济，将隆庆王朝推上了历史兴革的风口浪尖。

隆庆六年（1572）五月，穆宗大渐，他将大学士高拱、张居正、高仪召到乾清宫承受顾命，一太监宣读皇帝给顾命大臣的遗嘱："朕继承祖宗大统，如今才六年，偶然间得了重病，一病不起，有负先皇重托。东宫太子幼小，朕今日托付三位爱卿，你们同司礼监一起协心辅佐，遵守祖制，爱卿等功在社稷，万世不泯。"

还有一份遗嘱是给皇太子朱翊钧的："朕不行了，皇帝你来做，一切礼仪自有安排。你要依靠三位阁臣，还有司礼监辅导，进学修德，用贤使能，不要荒怠，保守住帝业。"

高拱等人痛哭流涕，叩头退出。承受顾命的一众司礼监太监也悲恸不已，其中，有一位就是万历初年叱咤风云的大太监冯保。

十一　万历朝的宦官群体

冯保与高拱之争

冯保，字永亭，号双林，真定府深州人。其人勤奋诚实，做事干练敏捷，为世宗所欣赏。嘉靖十五年（1536），冯保被选入内书堂读书，十七年（1538）进入司礼监六科廊写字。冯保书法极佳，世宗称他为“大写字”而不直呼其名。冯保喜爱琴棋书画，学识极佳，在宦官中属于出类拔萃的人物。他官运亨通，嘉靖三十二年（1553）进入文书房，三十九年（1560）掌管文书房，随后不久，又被任命为司礼监秉笔太监。

嘉靖四十五年（1566），世宗驾崩，冯保因迎立穆宗有功，隆庆元年（1567），被任命提督东厂并掌管御马监事。当时司礼监缺少掌印太监，论资排辈，冯保是第一人选。事有不巧，冯保因为一点小事触犯了穆宗，穆宗正看他不爽；而内阁首辅高拱也对冯保的权势比较忌惮，担心他以司礼监掌印兼掌东厂，权势过大。嘉靖朝有麦福、黄锦兼掌司礼监和东厂的先例，不过高拱可不打算让历史重演。

于是，高拱推荐了御用监太监陈洪掌印司礼监。其实按照惯例，御用监掌印太监不能掌管司礼监，高拱这种不合常例的推荐显然是为了打压冯保，冯保对此怀恨在心。陈洪被高拱推荐，对高拱感恩戴德，事事为其内援。但是不久，陈洪因为触怒穆宗，被罢职外出。冯保内心十分得意，觉得这次自己该接任司礼监掌印了。让他万万没想到的是，高拱推荐尚膳监掌印太监孟冲接任司礼监掌印太监。孟冲大字不识，只因为主管皇上伙食，为穆宗所喜。

冯保眼看一个文盲伙夫掌管了司礼监，恨透了高拱。但穆宗信任高拱，他没有机会出手。等穆宗一驾崩，冯保到处活动，争取皇后和皇贵妃的支持，最终成功赶走了孟冲，自己取而代之。穆宗的遗诏中，就有冯保掌管司礼监大印之语。

穆宗一病不起之时，冯保暗中嘱咐张居正预先起草遗诏，正好被高拱撞见，高拱当面责备张居正："我当国，为何你和宦官起草遗诏?"张居正面红耳赤，连忙给高拱道歉。而高拱越发厌恶冯保，打算将他驱逐。

一场权力的角逐开始了。其实，早在隆庆六年（1572）三月，围绕朱翊钧读书问题，高拱和冯保就展开了较量。当时，因为皇太子朱翊钧年幼，高拱担心讲官不用心，上疏建议阁臣每五日看视经筵。没想到，冯保跟皇上启奏："东宫幼小，请阁臣每日轮流派一人看视才好。"穆宗表示同意。

高拱本来想讨好皇帝，却落得怠慢懒散的嫌疑。阁臣每日到文华殿关注皇太子的经筵学习，也为冯保和张居正之间的结交提供了条件。这一点，也是高拱始料未及的。高拱打算回击，神宗登基后，他建议以后有内降命令、部府章奏等，都应该跟自己商量。这是明显要扩大内阁权力，从而抑制冯保，不让他过多涉入机要政务。

高拱还跟内阁高仪商议，打算将已经拟好的《陈五事疏》上奏给神宗，借机斗倒冯保，钳制张居正。此奏疏关键部分就在于要求皇帝罢黜司礼监批红之权，权力归于内阁，这是高拱对帝国已经实行了一百五十多年的监阁体制动刀，试图彻底改变中枢权力机构。

此外，冯保也有把柄握在文官手中。神宗登基那天，他站在皇帝宝座旁边，跟皇帝一起接受百官朝拜，这在文官眼中，简直是无法无天。高拱觉得可以利用言官们的激愤情绪，在他的授意下，工科都给事中程文首先发难，他弹劾冯保“六大罪、四逆、三大奸”。罪名骇人听闻，但毫无证据，甚至连冯保害死穆宗这种罪名都扣上了。

紧接着，吏科都给事中雒遵、礼科都给事中陆树德等人先后上疏弹劾冯保，一时间，大有泰山压顶之势。眼看高拱就要取得全胜，没有想到局势竟然急转直下，上演了剧情大反转。

穆宗驾崩之时，高拱感念先皇的信任，悲不自胜，在大庭广众之下，脱口说了一句：“小皇帝才十岁，天下可怎么治理啊！这可让我怎么办！”其实，这就是一句感慨，高拱深感自己担子之重，他担心幼主能否肩负起治理国家的重任，又担心自己能否辅助幼主，不负先皇重托。

高拱的这句话，早被东厂的探子报到了冯保那里。当时，冯保并没有在意。现在，高拱指使言官要取他性命，自己岂能坐以待毙？他面对危局，突然想到了高拱说过的这句话，正好可以加以利用，就此除掉心头大患。

隆庆六年六月，对于高拱来说是人生中最难忘的一个月。月初，他还准备在十六日的朝会上，等待小皇帝当众宣布他的改革计划，然后再将冯保驱逐或者处死。

高拱太自信了，自信到了自负的地步，他低估了冯保的政治能力。冯保找到神宗和神宗的生母李贵妃，他涕泪横流，跟两位主子说："高拱不相信先帝让老奴辅政的遗诏，他表面上要驱逐老奴，实则要控制陛下啊！"李贵妃听了大吃一惊，她将信将疑之际，冯保乘机抛出了杀手锏："高拱在先皇去世当日，在内阁当众大喊'十岁的孩子，怎么能做天子呢！'当时，很多人都在场。"

这句话真可谓一记重拳，打到了神宗小皇帝和李贵妃的要害之处。现在可谓主少国疑之际，作为朝廷重臣的高拱竟然如此将小皇帝不放在眼里，驱逐冯保，去掉皇帝羽翼，然后革除司礼监，企图独揽大权，进而控制朝政，使小皇帝成为傀儡。想到这里，李贵妃出了一身冷汗。

冯保在关键时刻，将高拱的这句话扭曲篡改，起到了意想不到的效果。李贵妃和神宗拿定主意，对于怎样处理高拱，他们已经有了定论。六月十六日朝会，高拱高昂着头，意气风发地走入大殿。他在等待着皇帝驱逐冯保的旨意，没想到，冯保却大摇大摆地走了出来。

冯保高声断喝："高拱接旨！大学士高拱擅权揽政，威福自专，我母子日夜惊惧。着令回籍闲住，不许停留！”高拱彻底蒙了，巨大的打击导致他伏地不能起身。清修《明史》中有一个桥段，说这时张居正在旁边，他看高拱可怜，连忙将他搀扶起来，走出了皇宫。

不可否认，张居正结好冯保，但是他与高拱并无大恶。而且六月十六日的朝会，张居正正在天寿山负责穆宗陵寝事宜，直到十九日才正式销假上班。既然不在现场，如何与高拱“假慈悲”？虽然张居正在高拱走后继任了内阁首辅，但是并不能就此认定，在驱逐高拱事件中，张居正勾结冯保。因为朝会事件前后期间，张居正毕竟有不在场的证据。

当然，张居正结好冯保是客观事实。高拱被驱逐后，张居正跟冯保结成了同盟，内阁和司礼监在此期间同心协力，将万历之治推向了一个新的高峰。对于冯保来说，高拱被驱逐还不够，置他于死地，才是冯保的目的。冯保正苦于没有机会时，机会却不期而至。

万历元年（1573）正月，神宗小皇帝在上朝的路上，遇到了一个鬼鬼祟祟的男子，此人穿着宦官服饰，往宫门赶去，被守卫捉拿。经过东厂的审问，才知道了事情的原委：原来此人名叫王大臣，他是从蓟辽前线逃回的士兵，原属戚继光部下。王大臣流落到了京城之后，投靠到一个宦官家中当差。他偷了宦官服饰，怀揣利刃，潜入宫中欲行偷盗，没有想到，却被侍卫当场拿下，还撞上了皇上。

应该说此事疑点颇多，一个混迹江湖的逃兵怎么就能顺利进入门禁森严的宫廷？而接下来，冯保对此案的审理更让人不得不怀疑，王大臣有可能就是冯保暗中为其提供便利，才得以混入宫中，然后再将此事跟高拱牵涉在一起，最终将罪名栽赃给高拱。

冯保让家人辛儒给了王大臣二十两银子，给他好吃好喝，要他陷害高拱，一口咬定是高拱因为被撤职心怀不满，打算派他刺杀皇帝。辛儒还嘱咐王大臣审讯时，要将高拱家人高本、高来和李宝供出来。王大臣当时答应了下来。冯保觉得这下高拱死定了，他派出五名东厂校尉，前往河南捉拿高拱的家人，准备给高拱定罪。

隔了一天，锦衣卫左都督朱希孝等人前往东厂会审王大臣，严刑拷打之下，王大臣竟然当场翻供，他大声喊道："既然许我富贵，怎么又拷打我？"在一旁陪审的冯保听到这句话，气急败坏，问道："是谁指使你来的。"王大臣回答："是你叫我来的，你怎么能不知道？还来问我。"冯保怒声呵斥："昨天你说的是高阁老指使你来行刺，如何今日改供？"王大臣说："你教我说的，我根本不认识什么高阁老。"这下尴尬了，眼看再问就透露更多隐情，朱希孝连忙将会审草草收场。

冯保还不打算收手，他以高拱行刺上奏神宗。神宗身边有个七十多岁的殷姓宦官，他力保高拱是忠臣，不可能行刺皇上。殷宦官又对冯保说："高胡子是顾命大臣，你若是陷害高阁老，我等内官必然受祸，千万使不得。"冯保心中有所触动，太监张宏也力劝此事不可行。张居正也劝说冯保罢手。冯保命人用生漆酒将王大臣灌哑，然后法司宣判，将其匆匆处斩。一场惊天大案就此落幕。

高拱已经下野，冯保对旧仇"念念不忘"，打算将政敌彻底置于死地，政治斗争的险恶，于此可见一斑。冯保陷害高拱不成，朝中官员却借此看清了他的狠辣，愤怒的种子正在众人心中萌芽，只等待适当的机会，怒火将不可遏制地喷发！

文官们虽然对冯保恨之入骨，两宫皇太后却对他信任有加。神宗小皇帝大婚之前，已经成为慈圣皇太后的李氏就特别嘱咐冯保，让他引导皇帝以正道，严加管束，不能事事顺从。

冯保将李太后的嘱托铭记在心，他确实是严格按照太后的要求来做的。有时小皇帝正跟小宦官玩耍，远远见到冯保来了，马上正襟危坐，小声说："大伴来了！"小皇帝一般对冯保不直呼其名，而是称呼他"大伴"。冯保见小皇帝对自己如此畏惧，也有些飘飘然。神宗的外祖父武清侯李伟见到了冯保，也要叩头尊称他为"老公公"。冯保心中欢欣，只是微微回礼道："皇亲免礼。"对于那些见了他叩头的驸马，冯保更是不屑一顾，只是垂手表示扶掖，连礼都不回一下。

冯保的败落

乾清宫的执事太监孙海和客用是神宗的近侍之人，他们跟小皇帝关系亲昵。为了迎合小皇帝，孙客二人经常诱导皇帝舞刀弄棍。不仅如此，二人还屡次诱导神宗夜游别宫，还进献珍奇之物来讨皇帝欢心。神宗对孙客二人也十分宠信。冯保对他们极为反感，他希望以文教引导皇上读书习礼，在这一点上，冯保的理念倒是跟英宗朝王振类似。

有一天，神宗在孙海、客用陪同下喝得醉醺醺的。席间，神宗命一个小宦官唱新曲助兴，小宦官却说不会，神宗大怒，拔出佩剑就要砍，多亏随从一再劝说。神宗才割下小宦官的头发，戏称这是学曹阿瞒割发代首。孙海、客用平时也经常受到冯保的斥责侮辱，此刻他们见小皇帝大醉，二人也深知小皇帝对冯保早有不满，便乘机以言语激怒神宗，神宗果然大怒，将身边的两名小宦官重重责打了一番。而这两名小宦官就是冯保的养子。

孙客二人又跟随神宗骑马到了冯保的住所外，大声高呼冯保之名。冯保听到了十分害怕，命人抱起巨石挡住府门。第二天，冯保跑到李太后那里告状。李太后一听，火冒三丈，她换上青布袍，头上去掉簪饰，扬言要召集内阁和六部大臣，拜告列祖列宗，要将神宗废除，另外立神宗之弟潞王为帝。神宗时年十八岁，他得知此消息，大吃一惊，连忙到生母李太后面前请罪。李太后训斥他说："天下大器岂是你自己能承受的？"她边斥责边命冯保取出《汉书》，要冯保读其中《霍光传》一节，大有效仿霍光废黜昌邑王刘贺，废除神宗，另立新君之势。

神宗惊惧不已，跪在地上痛哭流涕多时，李太后最终心软了下来，收回成命。按照李太后的意思，神宗将孙海、客用驱逐出宫，还有太监孙得秀、温祥、周海等人也一并被赶出宫。原因就是这几个人跟冯保素有积怨。

这是导致神宗和冯保关系恶化的关键事件。如果说之前，神宗对冯保有敬畏和依赖之感，略微带些不满的话，这件事之后，神宗对冯保就只剩下怀疑和怨恨了。因为孙海、客用之事，冯保在太后面前告状，导致自己帝位差点被母后废掉。不但如此，冯保在事后还找到张居正，要张居正代替神宗起草罪己诏，向列位阁臣认错，神宗面子上更是挂不住。而且这份罪己诏措辞十分抑损，神宗的自尊心受到了极大挫伤。

此后，神宗对冯保和张居正产生了深深的厌恶，只不过他将这种厌恶和怨恨埋藏在内心深处。不久之后，神宗忍无可忍，对冯保的怨恨还是爆发了。有一天，神宗结束经筵听讲之后，亲自书写大字赏赐群臣。神宗将毛笔沾满了墨汁，猛然向身旁侍立的冯保甩了过去。瞬间，冯保鲜艳的大红衣衫上面溅满了黑色墨迹。

冯保大吃一惊，张居正也脸色大变，神宗却像没事人一样，将大字书写完毕，扬长而去。神宗此时已经像唐代宗一样，对飞扬跋扈的宦官李辅国和鱼朝恩起了杀心，而冯保还将神宗视为幼主，殊不知自己的灾祸就要降临了。

不可否认，冯保对神宗忠心耿耿，皇帝经筵讲读，寒暑不断，而冯保孜孜劝导神宗向学，并且侍奉皇帝经筵日讲，终日并无一丝倦怠。冯保还主持对宫中的用度节省。减少御膳用度、裁减惜薪司的柴炭、节省御马监的饲料，这些都是在冯保支持下施行的。然而冯保的节约用度，他本人认为是出于维护国家利益，可是神宗有时候并不这么想，尤其是冯保节约到了皇帝本人身上的时候。

其实，冯保也渐渐察觉到了小皇帝看自己时的怨恨眼神，他在万历八年（1580）十一月，上疏神宗，以老病为由乞求退休，神宗却以不能离开冯保辅佐为理由拒绝了。当然，这很大程度上也是李太后的意思。

其实冯保乞求退休，神宗没有应允，还考虑到张居正的关系。作为朝中最重要的辅政大臣，张居正对于万历革新举足轻重，小皇帝政治能力尚须磨炼，朝中须臾不能离开张居正。而张居正跟冯保是政治联盟，现在让冯保退出，显然不是最好的时机。冯保跟张居正的关系确实不一般。张居正的主张，经过冯保在神宗面前传达，必然会得到执行。冯保经常跟小皇帝说："张先生是忠臣，是先帝留下辅佐皇上的顾命大臣，他所说的话应该听从啊。"

张居正对冯保也有所规劝和扶正。万历四年（1576），冯保的侄子，都督冯邦宁酒后欺凌市民，正好张居正部下姚旷路遇此事，于是劝导冯邦宁。冯邦宁用手推搡姚旷，姚旷也不落下风，将他的衣带扯碎。两个人一起来到朝房，找到张居正评理。张居正了解事情原委后，手书一封信函给冯保，说他的侄子酒后失态，应该严加管束。冯保得信后，将冯邦宁杖责四十，上奏神宗要求将侄子革职待罪。

通过此事，张居正也给冯保传达了一个信号：你我虽然是政治盟友，我的改革事业需要你的全力配合，但你要约束好家里人，不能给政敌以把柄。

冯保一段时间内尚能约束家人，可是贪婪的本性最终害了他。冯保门下有一个得力管家名叫徐爵。由他出面，多次收受朝臣贿赂，再由冯保请托办事。梁梦龙以三万两银子委托徐爵贿赂冯保，谋取补缺，还将孙女许聘给了冯保的弟弟做儿媳。事成之后，梁梦龙前往徐爵家中拜谢，两人夜宴到了二更天才结束。

冯保还勒索自己的同僚。二十四监中的富有宦官，冯保必然会暗中搜集他们的过错，然后恐吓他们破财消灾；如果有病故的，冯保就会封锁病故宦官房屋而搜索其家资。

冯保受贿还导致了贿选驸马事件。万历十年（1582），冯保受命为神宗胞妹永宁公主选驸马。选中的是富家子弟梁邦瑞，没想到成亲那天，驸马爷竟然鼻子流血不止，差点连婚礼都没有办成。面对众人质疑，冯保竟然搪塞诸人说这是“挂红”。其实，梁邦瑞本来就是个病秧子，梁家有钱，为了给已经病入膏肓的儿子冲喜，竟然用几万两银子贿赂冯保。

而掌管选婚大权的冯保糊弄了李太后和张居正，将梁邦瑞夸成了一朵花。就这样，冯保为了几万两银子，全然置永宁公主的幸福于不顾，将她一生的幸福当作儿戏。仅仅一个月后，驸马梁邦瑞病死，时年十五岁的永宁公主竟然守了十二年寡，于二十七岁离世。

出于巩固权势的考虑，冯保竭力支持张居正。在万历五年（1577）“夺情事件”中，吴中行等人被杖责，也是出于冯保的撺掇。当然，冯保跟张居正的关系也比较微妙，对于张居正的一些不妥做法，冯保也能及时提出。内阁出现了白莲，翰林院出现了一双白燕，张居正打算以祥瑞之名进献给神宗。冯保派人告诉张居正：“主上年幼，不能以异物开启他的玩好之心。”冯保和张居正在政治上，确实是一对黄金搭档，能及时指出彼此的错误，相辅相成，共同推进万历新政的施行。只可惜，随着万历十年张居正的病故，冯保的最终结局也到来了。

万历十年六月，当国十年的内阁首辅张居正病故。神宗皇帝表面哀悼不已，内心却有一种别样的轻松。他想起每当自己犯错时，李太后都会提起一句话："如果张先生知道了，看你怎么办!"是啊，十年了，张居正犹如童话故事里面的"恶魔"一样，伴随着神宗的少年时代。对张居正，神宗更多的是畏惧，而不是发自内心的尊敬。

如今，张居正走了，冯保更加孤立了。

张居正曾经留下遗疏推荐潘晟入内阁，冯保也打算将潘晟引入内阁。御史王国等人力言不可，潘晟于是主动请辞。内阁大学士张四维拟旨同意潘晟的辞疏，冯保斥责张四维："我刚生了点小毛病，你眼睛里就没有我了吗?"后来，张四维没有顺从冯保荫弟侄为都督佥事的要求，又被冯保斥责为忘恩负义。不管怎么发牢骚，现在的内阁已经无人像张居正一样力挺冯保了。

万历十年十二月，山东道监察御史江东之弹劾锦衣卫指挥同知徐爵，这明显是投石问路，先动摇冯保的羽翼，来试探神宗的意思。神宗毫不犹豫，立即下旨将徐爵投入大狱，刑部拟定斩首示众。紧接着，冯保的东厂掌印太监之位被司礼监太监张鲸代替。

对于司礼监秉笔太监的位置，张鲸显然是不满意的，而这些年冯保对宦官严格约束，也使得张鲸难以忍受。现在终于等到搬除这座大山的机会了。张鲸的老上司张宏知道了他的计划后，曾经暗中劝说张鲸："司礼监冯公是前辈，他办事不错，留着他多好啊。"张鲸并不予理睬。

当时，冯保的另一个强力后援李太后也归政很久了，对于外朝之事不闻不问。而冯保得罪过的张鲸、张诚等人又乘机在神宗面前说尽了冯保的坏话，并为皇帝出主意驱逐冯保。慑于冯保多年的权势，神宗还有些畏惧地问：“如果大伴上殿来，朕怎么办?”张鲸回道：“既然有旨意，他怎么还敢再来。”正好这时，江西道御史李植弹劾冯保十二大罪，并建议将冯保处死。

神宗顺坡下驴，宣布了对冯保的处理：冯保欺君祸国，罪恶深重，本应该处死，念及他是先帝托孤之臣，效劳日久，姑且从宽处置，降为奉御，发往南京闲住。冯保的弟侄被革职为民，冯保的另一个心腹宦官张大受被遣送到南京孝陵司香。神宗还念及冯保多年效力朝廷，赏赐他银一千两，衣服两箱作为聊养余生之用。文官们认为这个处置太轻了，浙江道御史王国上疏说冯保罪大恶极，应该处死。

但是剥夺冯保的政治权力是神宗的最终目的，他并不想也不忍心处死与自己朝夕相处的“大伴”，他从来没有怀疑过冯保对自己的一片忠心。只不过，冯保确实对自己约束过严，而且也有不少跋扈不法之事，加上他跟张居正之间的关系，也是自己所忌惮的。

李太后听说冯保被发往南京的消息非常惊讶，她找到神宗问询。神宗一开始敷衍道：“老奴冯保被张居正蛊惑，也没有什么大罪过，过些天就回来了。”当时潞王正在准备大婚，用度上比较紧张，神宗跟李太后说：“一些无耻官员，行贿张居正、冯保两家，将他们家产抄没，便可以置办潞王婚礼。”

神宗将冯保、张大受、徐爵等人家产抄没，抄没的冯保田产变卖了一万九千余两，住宅变卖了六万九千余两。冯保确实贪墨了不少财产，他到南京时携带辎重骡车二十多辆，这还是被抄没之后的余财。

万历十四年（1586）二月，冯保还派家人冯继清来到北京，到通政司投奏本，请求恩赦还乡。神宗命锦衣卫纠查冯继清背后的主使之人。三月，宦官段庆和孔朝等人被杖责，降为净军，发往南京孝陵卫种菜。最终冯保再也没能回到故乡，他死于南京，葬在了皇厂。

冯保文化修养很高，他在司礼监期间，为了劝导皇帝向学，主持刻印了很多书籍，例如《启蒙集》《通鉴直解》《帝鉴图说》等，宫中之人后来有看到的，还感叹不已。冯保书法精妙，精通乐理，琴艺高超，收藏了很多古琴，他自己还制造了很多琴。冯保具备儒者气度，他更像一名有治国之志的文官，只可惜，他的贪婪将他送上了不归之路。

贤明太监陈矩

嘉靖二十九年（1550），注定是一个不平凡的年份。这年，蒙古俺答汗带领大兵南下破关而入，一路杀到了北京城下。战火纷飞之中，有一名年迈的太监身披重铠，忙于京城防务。他就是负责京师十二团营的太监高忠。高忠不知道，他忙碌的身影被一个十二岁的少年宦官所注视并仰慕，这位少年敬仰高忠操劳国事，他立志将来也要成为对大明有所贡献的人，此人就是陈矩。

陈矩，字万化，号麟岗，北直隶安肃县人。其父名叫陈虎，本是农户出身。有一次，陈虎在服役时，因为供应出了问题，被宦官鞭笞，心中愤懑不已。看着家中的三子陈矩，他狠下心，拿定主意：既然自己不能摆脱受人虐待，地位低下的现状，那就让儿子来替自己完成心愿吧！

见宦官如此威风，陈虎决定让三子陈矩入宫为奴，或许将来能混出个模样，为自己出这一口恶气。陈虎这样的父亲确实不合格，只是为了自己扬眉吐气，竟然拿儿子一生的幸福当赌注。就这样，九岁的陈矩被送入宫中。陈矩有兄弟四人，他排名第三，四弟陈万策的经历也颇为传奇。还是陈虎，在另一次服役过程中，被一名进士鞭笞，陈虎愤怒不已，让四子陈万策读书，最终考中进士，做到了国子监博士。

陈矩入宫后，在内书堂读书，他从小就显示出超过同龄人的机敏和成熟。据说陈矩在入宫之前，曾经进京，偶然间被陆炳看见，善于鉴人的陆炳惊叹："这个孩子将来功名不在我之下，而美名还要远远胜过我啊！"陈矩入宫之后的表现堪称优秀，被皇帝所赏识，并进入了司礼监。陈矩一入宫便归入大太监高忠名下，高忠的一举一动也成为了他学习的榜样。

万历十年（1582），神宗拜谒皇陵时，司礼监推荐了一些留守宫廷事务的宦官，皆不符合神宗要求。神宗问左右之人："司礼监中那名个高白皙的是谁？"左右告知神宗，那是陈矩。神宗这时就已经知道陈矩办事得力。陈矩也由此升迁为司礼监典簿。

万历十一年（1583），陈矩被升为右监丞，不久又转为了左监丞。万历十二年（1584），陈矩升为太监，被赏赐蟒衣，掌管礼仪房。陈矩升迁速度如此之快，除了神宗的赏识之外，太监张宏在其中也起到了关键作用。正是张宏的大力推荐，才使得陈矩迈入了仕途的高峰期。

万历十五年（1587），陈矩被任命在宫内教书。担任宫内教书的宦官，一般都要德才兼备，而且还要无势力者。万历十七年（1589），陈矩以司礼监太监兼掌皇史宬，提督新房。万历十八年（1590），陈矩被给予了在禁城骑马的特权。万历十九年（1591），陈矩受命押送有罪的代王府奉国将军前往凤阳。一路上经过各地州县，陈矩不扰民不收礼，只是每日安静读书，即使对驿站的驿卒也客客气气。这些驿卒见惯了外出奉使的跋扈宦官，这样难得的好公公，他们还是第一次见到，大家都受宠若惊，纷纷称赞陈矩是“佛”。

万历二十一年（1593），陈矩升为了司礼监秉笔太监。万历二十六年（1598），陈矩以司礼监秉笔太监身份提督东厂，权力仅次于司礼监掌印太监田义。

田义于万历三十三年（1605）病逝之后，陈矩受命成为了司礼监掌印太监。担任文华殿皇长子讲读的李廷机与陈矩关系密切，陈矩也通过自己弟弟陈万策与朝臣密切联系。在侍奉皇长子朱常洛读书时，陈矩侍立一旁，毫无懈怠之容，并且能用深入浅出的讲解来辅佐皇长子进学。

虽然在争国本事件中，陈矩没有公开表态，但是从他尽心尽力辅导皇长子，还是可以看出他对皇长子朱常洛的维护之情。万历二十二年（1594），皇长子朱常洛出阁之前，需要安排一些内侍作为侍读陪伴左右，王安就是这时候被陈矩推荐，成为了皇长子伴读的。

太监王安在日后对皇长子着力保护，从这次推荐中，也可以看出陈矩在国本之争中的取舍，他是极力拥护皇长子朱常洛的。

万历二十六年（1598），陈矩掌管东厂，他为人正直，有度量，能顾全大局，常常说："我只守着八个字，就是：祖宗法度，圣贤道理。"所以对刑部、镇抚司监狱所关押的内臣和外臣，即使是犯了重罪的，他也常想着"上天有好生之德"，对他们多方曲意保护。

陈矩还颇有谏臣之风。荣昌公主是神宗的嫡长女，光宗的妹妹，她和驸马杨元春吵架，杨元春一气之下，跑回了老家。神宗非常愤怒，召陈矩商议，要从重惩办有关内臣和外臣。陈矩缓缓地说："这是闺房内的小事，不该惊动皇上，传扬出去对皇室影响不好。"神宗同意，授意他拟旨谕阁臣，让他们说杨元春不知什么缘故，出京到固安县去了。事后，神宗召杨元春回来，只罚他到国子监演习礼仪。在陈矩的规劝下，一场风波就此平定。

万历三十一年（1603），妖书案起，《续忧危竑议》一书指出神宗是不得已才册立东宫，有朝一日必将更易太子，并且指出大学士朱赓和沈一贯等人是郑贵妃的帮凶，共同为她谋划更换太子。神宗大怒，命东厂太监陈矩和锦衣卫一起捉拿编造妖书之人，眼看朝廷就要掀起一场血雨腥风。

沈一贯打算借助此案诬陷和自己有隙的沈鲤、郭正域。他找到陈矩，却被陈矩一口拒绝。为了不使更多的人陷入此案，陈矩捉获了嫌犯无赖生员皦生光。陈矩心知造妖书之人未必是他，但是为了拯救更多的无辜之人，只好拿他开刀了。皦生光被指定为真凶凌迟处死，朝中一班清流大臣得以脱离险境。

万历三十三年（1605），陈矩掌东厂兼司礼监印，集纠政、监察大权于一身。虽然如此，他并没有滥用权力，而是力图纠正时弊。万历中后期，矿税大兴，朝中文官们出于自身利益考虑，多劝阻此事。宦官虽然是作为矿监税使的主力军，但是身为宦官的陈矩却和文官们站在一起，极力反对矿税之事。当大学士沈鲤进谏时，陈矩也帮助其进言，于是矿税在不久后得到暂时停止。

对于其他劝谏的大臣，陈矩也多方回护。参政姜士昌上疏触怒了皇帝，神宗要廷杖他。陈矩乘皇帝召见的机会，苦苦劝谏，终于阻止了这次廷杖发生，只把姜士昌谪为兴安典史。

万历三十四年（1606），云南发生民变，愤怒的百姓杀死了矿税使杨荣及其随从，神宗震怒，连饭也不吃，要求严查变乱情况，并逮捕地方官员到京师审判。当时首辅沈一贯请假，只有沈鲤在内阁，他不敢处置，把这事报告给了陈矩，和他商议。陈矩便向皇帝密奏说："奉使的内臣当然是遵循法度，不敢胡作非为的，但他们的随从仆役，难免会有个别无知惹事。如果仅仅归罪于地方官员，派缇骑去逮捕他们到京审问，只怕往返路途遥远，弄得到处惊慌，传言纷纷，反而不妥，还是在当地调查清楚，从宽处理为好，这样对安抚边远地区也有好处。"

神宗听他说得恳切有理，便采纳了他的意见。一场轩然大波就这样被化解了。当然，陈矩之所以极力反对矿税，跟他与清流大臣的密切关系有关。陈矩的侄女嫁给了李三才的兄弟为妻，这层姻亲关系也是他极力支持李三才等东林党人的重要原因。

万历三十四年，陈矩主持大审，有个御史叫曹学程，因为谏阻封日本丰臣秀吉关白之事获罪问斩，已经坐了将近十年的牢，虽有不少大臣请求赦免，但神宗都不准。这次，司法部门请求陈矩放了他，陈矩表面说他不敢，然而，却秘密地向神宗求情，解释曹学程的冤枉，曹学程才终于被免除死刑，改判充军湖广宁远卫。陈矩掌管东厂期间，是东厂抓捕人最少、京师秩序最平稳的一段时间。东厂大狱使用频率太少，以至都长出了青草。

万历三十五年（1607），陈矩在内直房端坐去世。京城内外的百姓听说了此事，都哀伤地说：“陈公是善人，今日真的成佛了！”神宗赐谕祭九坛，祠额题为“清忠”。因为陈矩人缘极好，文武百官都亲临吊唁，穿着素白色衣服送葬的人多至道路堵塞。大学士朱赓、李廷机、叶向高亲自在棺前祭奠，祭文中有“三辰无光，长夜不旦”等句，充分表达了他们对陈矩的敬慕之情。

从陈矩的故事，我们也可以看出，东林党人也是结交宦官的，他们一方面怒斥结交魏忠贤的大臣们是“阉党”，另一方面，也通过结交陈矩、王安等太监实现自己的政治目的。这种双重标准是我们今人读史时，要特别注意的。

造福杭州的孙隆

明末王思任在《西湖手镜》（就是西湖游览手册）中，提到了这样一个景点：西湖边的孤山上，有一座生祠，是当地人自发建造的，祭祀的是明朝司礼监太监——孙隆。

孙隆，直隶三河人，十八岁时入宫。孙隆入宫之后，因勤奋好学，办事机敏，颇为嘉靖皇帝所赏识。嘉靖赏赐他个好差事，让他去裕王府当差。这位裕王朱载坖就是日后的隆庆皇帝。孙隆在裕王府兢兢业业，不敢有丝毫懈怠。这可是绝好的资本，为将来仕途的飞黄腾达，奠定了坚实基础。

朱翊钧登基后，当然也不会忘记孙隆的侍奉之恩，将其提升为司礼监太监。万历四年（1576）正月二十六日，孙隆奉命带着酒食看望内阁首辅张居正，于此，也可见万历对孙隆的信任。万历四年六月，孙隆任苏杭织造。苏杭是江南富庶之地，在苏杭担任织造，可是很多太监可望而不可及的呢！

因为江南水患严重，李太后感念江南民生艰苦，特意让万历皇帝召回了孙隆。孙隆一直拖到万历七年（1579）才回京。在京短短一个月时间，他的暴脾气惹出了一场祸端。当时太医院御医赵世美来到圣济殿的御药房，传取随驾夫马银两，孙隆同宦官魏秀等人私设公堂，宣读赵世美罪状。赵世美不服，跟孙隆争辩起来，两人越说越火，孙隆干脆“小人动手不动口”，对赵太医一顿拳打脚踢。

礼部奏请万历皇帝处分，万历虽然将孙隆和魏秀送到司礼监惩治，但这只是为了掩人之口。不久，万历就因为大婚龙袍事宜，再次派出孙隆提督苏杭织造。

孙隆在苏杭织造任上体恤民情，提出了一些合理建议：万历十四年（1586）二月，孙隆奏请将内帑袍服归并到五府织染局，四千匹之内的令食粮额匠织造，不再另行招募工匠，这样每年可以节省数千两银子。十一月，孙隆针对当年由春入夏时连续阴雨，导致织造段匹变色的情况，奏请不要退换，以免贫困匠人为了补偿而卖儿卖女。孙隆的意见是挑选其中堪用的段匹解送到京城使用，万历皇帝准许了他的奏议。

孙隆的这些建议，有效地减轻了民间负担，节省了额外用度。长期以来，明朝的税收体制存在着严重弊端：帝国税收以农业税为主体，商业高度发达，税率却只有3%左右，可谓极低。为了缓解财政危机，万历皇帝派出一大批矿监税使奔赴各地征收工商税。

孙隆就是这些外派太监之一。万历二十七年（1599）二月，他被派往苏杭征收税课。万历二十九年（1601）五月，孙隆来到苏州征收工商税，他只是将每台织机加征三钱银，每匹丝绸加增三分银，就引发了当地织工的“暴动”。其实暴动背后，是既得利益集团在暗中指使。万般无奈的万历只得将孙隆的税监职位免去，让他继续担任苏杭织造太监。

孙隆在织造太监任上尽职尽责，一直到万历三十七年（1609），才以八十岁高龄离世。孙隆在苏杭期间，对当地官员以礼相待，谦虚谨慎，得到了当地士绅的好评。不仅如此，孙隆为西湖的建设做出了卓越贡献。他喜爱西湖的秀丽景色，拿出大量资金来修缮西湖景观。明末才子袁宏道曾经夸赞孙隆是“西湖功德主”，将其与苏东坡和白居易相提并论。

孙隆在杭州期间，对净慈寺、十锦塘、湖心亭、问水亭、烟霞寺、片云亭等进行了修缮。十锦塘就是原先的白堤，修整后的华丽程度超过了苏堤，当时人们将其称之为“孙堤”。孙隆早年在内书堂接受过系统的教育，他对秦桧这样的奸臣恨之入骨。孙隆主持修缮了岳飞坟，为了表示对奸臣的痛恨，他还在岳飞坟前建造了秦桧、王氏、张俊、万俟卨四人跪像，供游人唾骂。

孙隆热心民生工程，打算开渠清河，但是遇到了巨大阻力，未能实现。杭州当地有个监税官打算进献集翠裘讨好万历皇帝，司礼监太监田义将其退回，交给了孙隆处理。孙隆访查到了进献之人，对其罚银三千两，用于重建湖心亭。孙隆还能积极救助灾民。万历十六年（1588），杭州闹灾，米价高涨，很多贫民只能靠食树皮度日，饿殍满地。面对此情此景，孙隆心中不忍，他出资购买粮食赈济灾民。他在净慈寺施粥，救活大批灾民。

正因为孙隆在杭州当地实施各项德政，当地百姓才甘心为他建造生祠。孙隆文化修养极高，他擅长诗书绘画，制墨技术堪称一绝。其“清谨堂墨”墨品，今故宫博物院还有收藏。孙隆去世后，万历皇帝下旨为他隆重办葬礼，并高度评价了他一生的功绩。

矿税征收之惑

后世谈及万历一朝，总会拿万历敛财说事。神宗敛财的一大证据就是万历中后期派出矿税太监，在各地征收矿税。在反对的人中，东林党人凤阳巡抚李三才的言辞尤其激烈，他在万历二十八年（1600）五月上了一份《请停矿税疏》，气势汹汹，对神宗的指责跃然纸上：那些被皇帝派到各地的征税太监贪婪残暴，夺取百姓私产，这样下去天下必然大乱。

神宗征税在当时和后世大部分人的认知中，成为了明朝灭亡的诱因之一，也给“明亡于万历”增添了一个有力证据。尤其是矿税的征收者都是皇帝派出的太监，于是宦官祸国乱政又成为人们对矿税事件的通常认知。

表面来看，万历派往各地征税的太监有些确实跋扈横暴，也激起了一些“民变”，但是我们仔细分析，却发现矿税之征事出有因。

万历前期的商业税收制度存在着严重缺陷。万历年间，商业得到了极大发展，而传统的税收制度却依然以农业税为主，商业税收入极少，与商业高度发展的情况极其不符。万历初年的农业税岁入是商业税岁入的六倍多。就是这有限的商业税征收还是集中在运河一线和两京附近。

商业税收既然极低，多数权贵之家纷纷染指商业，他们投机取巧、走私贩卖，为了高额利润无所不用其极。权力介入商业，造成了更加严重的恶果，就是商业税征收更加困难。正是因为过度依赖农业税，到了万历中期，朝廷出现了严重的财政危机，宫殿的修缮资金都已经十分困难，更不要说北方九边每年巨额的军费开支和赈济帝国各地水旱灾害的银两。

出现财政危机的主要原因就在于明代中后期的畸形财政税收结构。国家的大部分产出在工商业上，而财政收入大多依赖农业。在这种背景之下，万般无奈的神宗只能依靠征收商业税来缓解财政危机。

问题是，商业集团通过自己的代理人，也就是文官集团来保护自己的利益。如果有谁敢于增加商业税，无疑是触动了既得利益集团。所以，文官们不管是东林党也好，非东林党也好，在反对增加商业税上的态度惊人的一致。

神宗明白，继续增加农业税无疑是剜肉补疮，农民已经苦不堪言，不可能再承受重税，如果这样下去，只会酿成大规模的民变。所以，他只能增收商业税。

这些增加的商税也并非像一些人说的那样，仅仅是用于满足皇室的消费，万历三十三年（1605）之前收入内帑的矿税银在天启年间被大量用于辽东前线的军费。万历三十三年的矿税有一半，被神宗下旨收入了国库备用。矿税银也有很多被用于赈济灾荒：万历四十五年（1617），江西水灾，神宗下旨拨出税银两万两赈灾；万历四十六年（1618），广东水灾，神宗将上一年征收的税银全部用于救济灾民。

在当时的背景下，神宗加增商税合情合理，也是挽救帝国财政危机的一剂良药。但是，因为大商业集团和文官集团极力反对，神宗只能依靠宦官和一些武官来征税。这就是他派出矿监税使的主要原因。矿监税使避开了文官集团的直接干涉，却因为被人鄙视的身份，加之确实有少部分矿税太监胡作非为，给了文官集团更多的攻击口实。

再来看，矿税太监造成的地方“民变”事件，按照文官们的说法，是征税太监地皮式的搜刮激起了民众的反抗，造成了地方暴动。而征税太监们向神宗申诉，却说这些暴乱很多都是地方官在背后操控。

两者所言，孰是孰非？

例如文官们说征税太监陈奉，在湖广激起了规模庞大的民变。此次民变遍及武昌、汉口、襄阳等地，声势浩荡，就是为了反抗陈奉的暴政。湖广兵备佥事冯应京弹劾陈奉有“九大罪”，而陈奉弹劾冯应京阻拦征税并且侮辱税使。官司打到了神宗面前，神宗下旨将冯应京逮捕到京城审问。圣旨一到武昌，当地就发生了民变，“愤怒的市民”将陈奉六名手下扔进了长江，并且他们还火烧了陈奉的税监府邸，殴打锦衣卫。

文官们反对太监征税的办法层出不穷。太监潘相被派往江西上饶查矿，他提前通知当地知县李鸿，希望能相互配合。哪里想到，李鸿下命令，禁止百姓供应潘相食物，潘相在山中没吃没喝，只好空手而归。

太监陈增在运河征税，影响到了漕运总督李三才的利益，李三才竟然买通死囚犯，让他们做伪证，诬告是陈增的随从指使他们杀人的，然后他堂而皇之地将那些被诬告的陈增随从下狱搞死。

万历二十七年（1599），神宗派遣太监孙隆在苏州征收工商税。当时并没有额外增加税收，只是按照三十税一的额定税率正常征税。苏州城却依然发生了骚乱，机户罢工，商户罢市。孙隆只好让步，宣布苏州城内暂时不征税，才算平息了这场风波。

两年后，孙隆为了完成神宗指定的税收任务，将每台织机加征三钱银，每匹丝绸加增三分银，就是这微小的增加，也引发了苏州商户再一次罢市罢工。机户就是拥有纺织机的纺织店老板，他们一停工，手下雇佣的那些机工们可不干了，他们失业就要挨饿。于是，两千多名失业机工在一名叫葛成的机匠领导下，分头焚烧孙隆手下税使的住宅，三天内，苏州城内孙隆的手下基本被机工们杀光。在整个事变中，机工们表现出了明确的组织性，只是打死税使就立刻离开事发地点，并没有伤及其他民众。

孙隆在暴乱发生后，要求苏州知府朱燮元调兵弹压，朱燮元却坚决反对。无奈的孙隆只好到京城向神宗告状，神宗接到朱燮元的上奏，只将为首的葛成等人治罪，其他人一律赦免。

万历三十四年（1606）的云南民变，地方官更是直接参与其中。当地官员贺世勋和韩大光带人闯入税监杨荣住处，将杨荣和他手下随从两百多人杀死，并将尸体投入火中焚烧。

神宗十分愤慨，面对强大的文官集团，他只能选择绝食来抗议，他哭着说："死了一个杨荣倒无所谓，关键是国家的纲纪怎么废弛到这种地步，太令我痛心了！"

万历矿税就是在如此巨大的阻力下，从万历二十四年（1596）到万历三十四年（1606），征了十年。十年内，太监们共征收了六七百万两的税银。当然后面十年，也陆续开征了一些，总数应该不会超过一千万两。这笔银子如果摊到每年，也就是六七十万两。

近二十年就征收了这么点银子，连文官们都觉得不可思议，于是就有了一种说法，说是矿税太监私下贪污了巨额的银两，他们的贪污所得远远超过了进献给神宗的数字。矿税太监贪污，确有其事，但是也不像文官们说的那样严重。在地方文官和宦官相互监督下，再加上东厂和锦衣卫的督查，派驻地方的太监们不敢太放肆。因为之前神宗也曾抄没太监的家产，谁也不敢拿自己的前途和性命开玩笑。

冯保、张诚等太监被抄家，还有一些所谓贪污巨额矿税的太监被抄家，但是这些太监的家财并不像传说中的那样巨大。于是就有人说，他们在被抄家之前，就把财产转移了。嘉靖朝抄没严嵩家产时有人这么说，万历朝抄没张居正家产时，又有人这么说。只不过，这些说法实在是立不住脚。

神宗去世后，留下了大约七百万两银子，这些银子很大程度上被用作了辽东军费。说到万历中后期的民生，在吴梅村、顾梦游、丁耀亢等文人的诗词和笔记中，都记载万历年间民生富庶、社会安定和谐。丁耀亢在他的《长安秋月夜》诗作中写道：

忆昔神宗静穆年，四十八载唯高眠。

风雨耕氓歌帝力，边廷远近绝烽烟。

这首诗作反映的正是万历中后期的所谓“矿监税使横行时期”，诗中所述明显跟某些人口中社会混乱、一片萧条的场景对不上号。所谓神宗征收矿税导致社会混乱，征税太监飞扬跋扈骚扰地方等观点明显存在漏洞。

在文官集团的大力抵制下，神宗的商税政策最终“失败”了，随着神宗朱翊钧的驾崩，大明帝国也在一步步走向深渊，谁也不知道帝国的明天会怎样。

十二 “一月”天子明光宗

崔文升与红丸案

皇长子朱常洛在战战兢兢挺过了二十多年的国本之争后，终于登上了梦寐以求的皇帝宝座。只可惜，老天跟他开了一个残酷的玩笑，好不容易登上了帝位却无福消受，在一个月后，他就辞世了。一个月实在太短，这一朝的宦官故事也就相对紧缺。不过，有一名大太监我们还是要介绍一下。

明光宗朱常洛登基之后，打算有一番作为。他在东林党支持下，将天下矿税罢除，各地税监都被召回。至此，明神宗苦心经营的矿税事业彻底终结，大明朝又走向了主要依靠农业税支撑的老路。

明光宗本想继续有所兴革，但是谁也没有想到，登基十天之后便一病不起。病因今天已经无从查考，但是沉迷于声色的可能性不大，应该跟朱常洛长期处于压抑的情绪有关。当时太监崔文升向光宗进献了一个“妙方”。崔文升原是神宗郑贵妃身边的内侍，光宗即位后，他升任司礼监秉笔太监，并兼掌御药房。光宗病倒之后，给事中杨涟听到小道消息，说崔文升给皇帝用药失误，导致皇帝一病不起，背后是郑贵妃所指使。

于是，杨涟上疏弹劾崔文升，说他误用大黄，导致圣体受损，要求严厉处置崔文升。可是崔文升进药导致光宗病重之说，却是疑点重重。在东林党魁叶向高领衔编纂的《明光宗实录》中，有这样的记载：面对群臣的上疏弹劾，光宗对崔文升却并没有任何处置，只是回应群臣说已经有旨。试想，宫内御医众多，若真的是崔文升用药失误导致光宗病情加重，他岂能如此回护一个宦官？

光宗病重之际，群臣包括杨涟都奉旨问安，光宗亲口对他们说自己在东宫时就感染过寒症，一直调理未能痊愈。登基之后，诸事繁杂，劳累悲伤又导致病情加重。他已经半年没有用过药了，作为大臣，不要听信外间的流言蜚语。应该说，光宗的死跟李可灼进献的红丸有关，红丸是压倒他的最后一根稻草，加速了本来就病入膏肓的光宗的死亡。

至于崔文升到底有没有进献过药物，或者是不是因为他的用药失误导致了皇帝病情加重，这已经成为了历史疑案。熹宗朱由校即位后，崔文升被贬到南京。魏忠贤掌权之后，崔文升又被任命总督漕运河道。崇祯即位，崔文升被召回朝中，御史再次弹劾他的罪过。听到消息的崔文升按捺不住，在宫门外伏地痛哭，哭声直达崇祯耳中。崇祯帝大怒，下旨将崔文升及其同伙杖责一百，充孝陵净军。

光宗死后，他的儿子朱由校即位，是为明熹宗，熹宗一朝，一名大太监横空出世，在朝中掀起了轩然大波。

十三　“九千九百岁”的沉浮人生

魏忠贤的困顿岁月

据说天启初年，有一道人借宿在京城有名的朝天宫道观。这名道士有些疯癫，整日衣冠不整，口中念念有词，时间久了，大家才听清楚，他反复说着八个字：“委鬼当朝立，茄花满地红。”谁也不清楚这八个字到底什么意思。大家只是当一句疯话，一笑而过。

几年之后，随着大太监魏忠贤掌权和皇帝乳姆客氏的得势，有人才意识到这八个字原来是一句谶语：“委鬼当朝立”指代魏忠贤当权，而“客”作为姓，在当时京畿地区发音同“茄”字相近，“茄花满地红”暗指客氏大红大紫。

隆庆二年（1568）正月，北直隶河间府一个贫苦的农户家中，传出了响亮的婴儿啼哭声，一个小生命诞生了。这个男孩的降生，对于农民魏志敏来说，又有了一个传宗接代的儿子，依靠着几亩薄田，全家老小的温饱问题至少还是可以解决的。母亲刘氏望着怀中嗷嗷待哺的婴儿，心中充满了无限憧憬，俗话说：皇家爱长子，百姓疼小儿。对于二儿子，魏志敏夫妇疼爱有加。

在溺爱之下，这个被取名魏进忠的孩子虽然出身贫寒，却手不能提、肩不能扛，整日里游手好闲，这也为他日后入宫埋下了伏笔。随着家中又增添了几个孩子，魏家的生活开始变得更加艰难。为了糊口，魏志敏只好进县城打工，就这样，魏进忠成了“留守儿童”。不管是权贵还是普通百姓，望子成龙的心情都是一样的。父母省吃俭用，供魏进忠读了一段时间的私塾，因为他太过于顽劣，只好中途辍学。

魏志敏只好让他学厨艺，也别说，魏进忠在这方面进步飞速，也是凭借一手好厨艺，他进宫后才获得了主子的青睐。魏进忠虽然是一个乡间无赖，但是生得高大魁梧，仪表堂堂。加上能言善辩和胆大心细，魏进忠在十里八乡也是个响当当的人物。

魏进忠沉迷赌博，魏志敏夫妇十分焦急，为了将他拉回正道，为他办了一门婚事，新娘是涿州冯氏。婚后不久，小两口就有了一个女儿。魏志敏因为积劳成疾，壮年病逝，母亲刘氏改嫁了一个姓李的人。从此，魏进忠也随继父改姓为李。婚姻和家庭，并不能收回李进忠那颗放荡不羁的心。他整日里赌博，没多久家中那点可怜的财产被他全部输光。妻子冯氏改嫁他乡，剩下一个五岁的女儿，竟然被狠心的李进忠卖给了杨六奇家当童养媳。

李进忠想不出自己的出路在何方，需要付出辛劳的活计他懒得做。身为一个“草根”，他突然想到自己还有另一条出路。只不过这条出路，也是一场赌局，那就是入宫为奴！想到同样是出身草根的王振、刘瑾等人呼风唤雨的权势，李进忠开始飘飘然了，即使不能如这些大太监那样风光无限，至少也可以像朱升那样荣华富贵吧。

朱升是万历初年的儒生，他在京城穷苦潦倒，偶然间遇到一个算命先生跟他说：“你受刑之后会有长久的富贵。”朱升不信，只当听了一个笑话，随口回道：“现在又不是乱世，怎么可能像英布一样受黥刑后称王?”他回到住处反复思量，恍然大悟，于是自宫后投奔到太监张大受名下，而张大受又是大太监冯保的亲信，冯保器重朱升，朱升后来提督武英殿，名下田产无数，果然大富大贵。这个故事在京畿一带传播很广。

下定了决心，也为了躲避一屁股赌债，面对这场人生的豪赌，李进忠不再犹豫，他一狠心，给自己做了手术，从此走上了一条不归之路。

初入宫廷的魏忠贤

自己做手术，缺乏安全保障，李进忠失血过多，晕了过去。多亏过路的一个和尚将其救助，他才慢慢苏醒了过来。

自宫之后的李进忠处境仍然困顿，那时候为了谋生，做这种手术的人很多，可并不是人人都能入宫为宦官。宫廷招收宦官名额有限，多数只能是成为四方游荡的乞丐。因为没有门路，李进忠最初也只能当叫花子。

穷困潦倒的李进忠打算去京城碰碰运气。不得不说他的运气很好，经人推荐，他去了司礼监秉笔兼提督东厂太监孙暹家里当佣工。

凭借着一股机灵劲加上好口才，李进忠渐渐被孙暹赏识。万历十七年（1589），孙暹推荐李进忠入宫做了小火者，虽地位极低，但是对李进忠而言，总算看到了希望。小火者负责宫廷杂役，看门、跑腿、打扫卫生等脏活累活都是他们来做。

李进忠一改往日游手好闲的作风，低头拉车的同时不忘抬头看路。他四处打听宫内的规矩和受宠嫔妃的情况。

后来，李进忠被分配到了御马监太监刘吉祥处。他的工作是打扫马圈。工作之余，李进忠又拾起了喝酒赌博的老本行。他结交了同属孙暹名下的宦官徐应元和赵进教。三个人成了酒肉朋友，他们经常偷偷溜出宫去赌博、喝酒。宦官多信因果，李进忠有时候也会去宣武门外的文殊庵拜拜菩萨。一来二去，就跟庵内的秋月和尚混得甚熟。

李进忠为了在险恶的宫廷自保，有时候故意装出一副呆傻模样，于是宫中人都叫他“傻子”。可是，谁也没有意识到，在憨憨傻傻的外表下，隐藏着一颗工于心计的七窍玲珑心。在宫廷服役的十几年内，李进忠的仕途依然没有起色，他在孙暹面前请求让自己前往四川投奔矿税总监邱乘云，而邱乘云原先是孙暹手下的掌家。

李进忠主意打得很好，却没有想到他这一去，引起了一个人的强烈不满。此人就是邱乘云京城府邸的掌家——徐贵。徐贵知道李进忠的底细，将他平时的无赖行为写信告诉了主子邱乘云，还提醒主人，此人万万不能用。邱乘云对徐贵的话深信不疑。李进忠风尘仆仆赶到四川，见到邱乘云后，招待他的却是邱太监一顿劈头盖脸的臭骂。骂完之后，邱乘云还下令将李进忠关押起来。

也该着李进忠命不当绝。当时他的至交秋月和尚前恰好云游到了四川一带。秋月和尚前来拜会邱乘云，听说了李进忠的事情，遂出面劝说邱乘云放过李进忠。邱乘云卖了一个人情给秋月和尚，给了李进忠十两银子作为路费，像打发叫花子一样将李进忠驱逐出门，李进忠只好打点行囊，悻悻而归。

在赴京之前，李进忠对救命恩人秋月和尚叩头道谢。秋月和尚修书一封给自己的好友宫中太监马谦，嘱咐马太监好好关照一下李进忠。马谦得到秋月嘱托出手帮忙，将李进忠安排在了宫内甲子库当差。

不料此事又被徐贵得知，他在司礼监太监王安那里狠狠告了李进忠一状，将他平日放浪形骸之事说了出来，要求王安给予严惩。关键时刻，还是马谦施以援手，四处打点，帮助李进忠免受责罚。李进忠安安心心做起了他的甲子库保管员。在甲子库任职期间，李进忠捞了不少好处，他将自己的积蓄用来结交内廷的权贵。

发迹的契机

李进忠结交的权势人物里面，跟他关系最近的就是太监魏朝。魏朝是司礼监太监王安名下宦官，是太子朱常洛和皇孙朱由校的近侍，后来升为乾清宫管事，掌管兵仗局。不得不佩服，李进忠的政治眼光的确敏锐。神宗并不喜爱太子朱常洛，这也引发了外廷的争国本事件。内廷当中，很多人都是势利眼，眼见朱常洛不受宠，大家冷嘲热讽，恨不能离这个倒霉蛋远一些才好。而李进忠却预感到朱常洛迟早会登上大宝，结交他身边的近侍宦官魏朝，就是接近这位储君的捷径。

李进忠此时已经恢复了本姓，现在我们可以称他“魏进忠”了。魏进忠对魏朝阿谀奉承，无所不用其极，因为两人是本家，他们又结拜为兄弟。当时人们叫二人“大魏”“小魏”。魏朝整日里被他这个干兄弟吹得神魂颠倒，逢人便说魏进忠的好话，尤其是在王安面前，对魏进忠赞不绝口。魏进忠先前学过厨艺，魏朝大力推荐他前往朱由校生母王才人处管理膳食。这是魏进忠发迹的重要一步。

魏进忠也有仗义的一面，看到王才人母子处境困难，他也心生怜悯，越发卖力地侍奉这对可怜母子。也就是在这段时间，魏进忠跟皇孙朱由校密切接触。困境中的陪伴，朱由校终身难忘。这也是他成为皇帝之后，对魏忠贤大力宠信的重要原因之一。

王才人病故后，魏进忠只好又回到甲子库工作。他为了自己的前途考虑，又开始巴结司礼监太监王安。王安生病时，魏进忠经常去探望，并送上一些药物和王安喜欢吃的食物。王安对魏进忠的好感与日俱增，将他调任东宫典膳局。从此，魏进忠又可以频繁地接触朱由校了。

在之后的移宫案中，魏进忠一度被杨涟等人弹劾，说他参与了盗宝案。这实则是一个误会，魏进忠并没有在李选侍宫内服役，未参与移宫案，更未曾盗宝。盗宝的是李选侍身边的宦官李进忠，恰好跟魏进忠之前重名重姓。虽然魏进忠是被冤枉的，但是也多亏了王安出面相救，才使得他没有被处置。泰昌元年（1620），魏进忠已经五十二岁了，还没有混出个模样，就在他自觉一生潦倒的时候，局势又发生了意想不到的巨变。

宫斗！宫斗！

光宗登基一月之后病逝，皇长子朱由校继承大统，是为明熹宗。熹宗对陪伴自己成长的魏进忠不能忘怀，先后将其从惜薪司升任为司礼监秉笔太监兼提督宝和三店。魏忠贤一步登天，除了他自身的努力之外，还跟一个女人的襄助分不开。她就是熹宗的乳姆客氏。

客氏，原名客印月，北直隶保定府定兴县侯二之妻，生有一子侯国兴。她相貌美艳妖娆，被选入礼仪房。礼仪房是司礼监管理的机构，设在东安门外，常年养着四十名奶妈供皇室使用。朱由校刚出生时谁也不认，喂不了奶，太监们连忙从礼仪房找来十几个奶妈，其中就包括客氏。朱由校和客氏是有缘的，他认客氏的奶，于是客氏就顺利入宫，成为了朱由校的奶妈。

按照规矩，皇子六七岁时乳姆就要出宫。可是朱由校却须臾离不开客氏，他生母死得早，对客氏的感情很深，在内心其实已经把客氏当作了母亲。这在心理学上称作代偿心理。明熹宗十五岁登基，十七岁大婚之后，还是与客氏形影不分，难舍难离。他刚即位，就加封客氏为“奉圣夫人”，荫封其子侯国兴为锦衣卫指挥使。客氏在宫中可以享受抬轿待遇。客氏对熹宗照顾得无微不至，她亲自操办熹宗的膳食，名曰“老太家膳”。

客氏与熹宗不同寻常的关系，引起了朝臣们的非议，天启二年（1622），熹宗迫于压力，曾经让客氏出宫。可是不久，他就对客氏思念到了流涕不止的地步，客氏很快就回到了宫里。应该说，客氏对熹宗的感情也是真挚的，她将朱由校幼时的胎发、落齿、指甲等，当作宝贝收藏在了一个小匣子里。她每天到乾清宫侍奉熹宗的起居，从清晨的洗漱更衣开始，一直忙活到很晚才回去。

然而，得到熹宗无限恩宠的客氏，渐渐膨胀起来。知名的大太监如孙暹、刘应坤、李永贞、王朝辅、石元雅等人，每天见到她，都要叩头问好，行子侄大礼。至于她所经之处，宫女、宦官们更是齐声高呼“老祖太太千岁”。魏进忠最迟万历四十三年（1615），在管理王才人伙食时，就已经结识了客氏。只不过，那时候他还不敢觊觎美艳的客氏，因为当时客氏的对食是魏朝。对食是搭伙共食的意思，指的是宫中的宦官和宫女结成名义上的夫妻关系。

明太祖朱元璋对前朝的这种现象十分憎恶，严禁宫内出现对食。可是人性终究是禁不住的，到了明中后期，对食逐渐普遍起来，皇帝也见怪不怪，反而是没有对食的宫女或者宦官会被同侪嘲笑。宫女相中了某宦官，结为伴侣，称之为“菜户”。结为菜户的宫女、宦官，多在花前月下彼此盟誓，终生彼此相爱，不再与别人发生感情。

万历年间郑贵妃宫中的宫女吴氏，曾和宦官宋保相爱，后来又移情于宦官张进朝。宋保不胜愤怒，万念俱灰，出宫削发为僧，一去不返。宫中的宦官对宋保评价极高。如吴氏移情别恋的情形较为少见，宫女和宦官结为“菜户”后大多能终身相守，并且彼此都以守节相尚。如果其中一方死去，另一方则终身不再选配。

客氏本来和魏朝对食，但是自从结识了仪表堂堂的魏进忠，客氏对其渐生情愫。随着接触增多，魏进忠的胆子也越来越大，他不再顾忌魏朝，渐渐与客氏产生了感情。客氏移情别恋，已经公开与魏忠贤勾肩搭背谈起了恋爱。

一天深夜，魏朝路过乾清宫西阁，他听到里面传出一阵阵的嬉笑声，仔细一听，原来正是自己的“好兄弟”魏进忠和客氏在调情嬉戏。一股怒火涌上心头，魏朝冲进屋里，一把揪住魏进忠，抬手便打。

魏进忠也毫不示弱，挥拳反击。两人从西阁一直追打到了乾清宫外。已经入睡的熹宗被打斗声和叫骂声吵醒。司礼监掌印太监卢受、东厂太监邹义、司礼监太监王安、王体乾、宋晋、高时明等值班太监连忙赶过来，劝住了正在酣战的二魏。按理说，深夜在宫廷打斗，惊扰了圣驾，是要重重处罚甚至处死的。但是二魏都是熹宗身边的宠臣，熹宗不但没有生气，还打算给他们做裁判。

他笑眯眯地看着客氏，问道：“你要跟从谁，我替你做主。”客氏见有皇帝做主，毫不犹豫地点名要跟从魏进忠。魏朝不甘心，苦苦哀求客氏回心转意。王安见他太不像话，挥手给了他几个耳光。魏朝可谓丢了夫人又折兵，一败涂地。他不但失去了客氏，还因为熹宗的偏袒，魏进忠传旨将其驱逐，发配到凤阳守陵。魏朝在发配途中，深知依照魏进忠的狠辣，不可能放过自己。他中途逃窜到了寺庙中躲藏，却又被捉拿。在魏进忠授意下，魏朝被活活勒死。

大太监王安之死

王安，字允逸，号宁宇，北直隶雄县人。万历六年（1578），王安被选入内书堂读书，由秉笔太监杜茂照管。王安当时年幼贪玩，学习不上进，杜茂生气，用绳子将王安捆在书桌的两脚，背不过书就责打。正是在这样严厉的教育下，王安的学问才得以不断增长。

万历二十二年（1594），王安被司礼监秉笔太监陈矩推荐到了皇长子朱常洛身边做伴读。当时郑贵妃想将自己的儿子福王朱常洵推上太子之位，她经常在神宗耳边说朱常洛坏话，并派人搜集朱常洛的过失。多亏王安的教导和保护，才使得郑贵妃不能得逞。朱常洛是一个不受神宗待见的太子，他身边的势利之人，纷纷离他而去，只有王安紧紧追随，忠心不二。

万历四十三年（1615）五月，梃击案发生。王安从稳定大局出发，建议朱常洛奏请神宗将张差等犯人尽快处决，他还替太子起草了消除群臣疑虑的文告。这样一来，不管是神宗还是郑贵妃，对此都十分满意。神宗赏赐了太子，还提升了王安。王安为了贴补太子用度，在灵济宫西侧开设布店，还征收房租。王安身体多病，气力欠佳，他说话十步之外，别人就听不到。

王安长期闭门养病，每年冬至、千秋节等重大节日时，才入宫叩见。他喜爱读书写字，经常题写扇面送给与他交好的士大夫。

皇帝有事时，他才在别人搀扶下来到皇帝面前。凡是有文书，都经过他手下赵恩、张永龄等呈禀，而王安只是在膝上或案上，用右手食指画写字形，或者用眼神表达，所以不熟悉他的人，很难理解他的意思，并因此受到责罚。

王安虽然有脾气暴躁的一面，但他也很善于发现别人的优点。他发现司礼监太监刘若愚写得一手好文章，建议司礼监秉笔太监高时明好好善待他，并跟左右说："如果皇城内的人都像刘若愚这样喜好读书写字，我就放心了。"光宗即位后，王安不争权夺利，只掌管巾帽局一印，光宗对他十分信任。王安和中书舍人汪文言交好，他劝说光宗发放内帑为边饷，起用大臣邹元标、王德完等人。光宗打算杖责请蠲金花银的给事中周朝瑞，也是王安极力劝谏，周朝瑞才得以脱免。在移宫事件中，王安配合刘一燝、杨涟、周嘉谟等人，拥立朱由校登基。

熹宗十分感激王安的拥立之功，亲笔题写"辅朕为仁明之主"七字扇面赐给他。一时间，王安成为了宫中最有权势的太监。

但是王安这个人有严重的性格缺点。他太顾及情面，喜欢别人阿谀奉承。而且他为人粗疏，不善于察觉人心变幻。魏进忠就是通过讨好王安，迷惑其视听，使王安误将他当作了良善之辈，加以提拔和任用。当然，后来王安也觉察到了魏进忠对自己的潜在威胁。泰昌元年（1620）十一月，王安以魏进忠侵权日甚奏报熹宗，要求严惩此人。熹宗当时正对王安信任有加，将魏进忠交给王安鞫问。可就是这次难得的机会，又被王安轻易浪费了。魏进忠哀求王安放过自己，他一心软，就信了魏进忠的承诺，将其释放。很快，王安就为自己的这次轻率的决定付出了生命代价。

天启元年（1621）五月，司礼监掌印太监卢受被罢黜，熹宗打算任命王安担任此职。魏进忠的心腹太监王体乾对掌印太监一职觊觎已久，他找到魏进忠和客氏商量，劝说他们要阻止王安任职，客、魏知道王安是他们权力道路上的一大阻碍，三人一拍即合。恰好此时，王安又给了他们一个绝好的机会。

按照惯例，王安接到司礼监掌印太监的任命，要上疏推辞一番，等皇帝下达旨意再上任。魏进忠抓住这个机会，指使与他结好的给事中霍维华乘机弹劾王安，说王安假意推辞，其实他并没有病，还去西山游玩，这是拿皇帝的任命当作了儿戏。客氏想到王安之前曾经在一件事情上对其揪住不放，心头涌上一股恨意。原来，在熹宗未婚时，客氏曾经违制私自进献养女，这事被王安知道后，他打算纠察。为了帮助情人魏进忠扫除障碍，也为解自己心头之恨，客氏也在熹宗面前劝说他答应王安的辞呈。就这样，熹宗接受了王安的辞职请求。

其实，熹宗对王安的不满也由来已久。王安曾经想与内阁首辅刘一燝一起效仿冯保和张居正所为，这实际上就是要控制熹宗。王安对熹宗的起居要求很严，整日里以礼法相约束，熹宗渐觉不堪忍受。另一方面，王安在泰昌和天启初年，确实有过矫诏行为。在移宫事件中，朝廷以熹宗名义发布的诏谕，都是王安等人的手笔。

在东林党和王安等人控制下，熹宗刚登上皇位时，确实发表了一些对李选侍责备的诏书。但是一年后，熹宗对李选侍的态度又来了一个一百八十度大转弯，对李选侍又是一片赞誉。曾经大力促使李选侍移宫的王安，自然成为熹宗否定的对象。熹宗对他的不满已是与日俱增。所以，熹宗对魏进忠等人对王安的处置，采取了默许的态度。

对于如何处置王安，一开始魏进忠是有所犹豫的。毕竟王安曾经几次救过自己的性命，在关键时刻也没有对自己痛下杀手，魏进忠心中似有不忍。但客氏的一番话，加速了王安走向鬼门关："你不要忘记移宫时，王安对待李选侍的情形，如果现在不除掉他，后患无穷。"最终，魏进忠同意了客氏的建议。王安被发配到南海子充当净军，南海子总提督宋晋心地善良，魏进忠知道他不会杀害王安。于是，曾经与王安有矛盾的刘朝代替了宋晋。

刘朝到任后，逼王安做苦工，打算饿死他。没有想到王安得到当地人救助，一时半会死不了。刘朝不耐烦，干脆直接把王安勒死了事。王安名下太监惠进皋、曹化淳、王裕民、杨公春、张若愚等人都被发配到了南京，而王安手下的赵恩、张永龄、史辅民、张和等人，则先后被魏进忠害死。魏进忠又借机除掉了曾经差点整死自己的太监徐贵。不仅如此，魏进忠还处死了刘荣、赵冈、刘可敬和马鉴等与自己作对的宦官。

内廷得到清洗，王体乾继任司礼监掌印太监，魏进忠和自己的心腹梁栋、诸栋、裴升、张文元等人成为司礼监秉笔太监。对于魏进忠成为秉笔太监，公私史乘都说他是一介文盲，大字不识几个，却打破非内书堂毕业不能入司礼监的惯例，以一介白丁，成为了司礼监秉笔太监。实则此说大谬，魏进忠是内书堂毕业的，即使他学识不逮，但也不至于是文盲。

魏忠贤不是文盲

天启二年（1622），魏进忠被熹宗赐名“忠贤”，魏忠贤这个名字在后世可谓无人不知。

最早上疏指责魏忠贤目不识丁的是御史周宗建。熹宗在文华殿日讲，当时周宗建也在场。日讲结束后，魏忠贤在熹宗面前哭泣，反驳目不识丁之说，要求落发为僧，熹宗为之动容，下旨杖责周宗建一百，多亏内阁叶向高等人救免。

结合史籍中的一些记载，我们还是能发现魏忠贤曾经就读于内书堂的线索。万历二十六年（1598），时年已经三十岁的魏忠贤（当时他还叫李进忠），跟宦官刘朝一起进入内书堂读书。入内书堂读书者一般都是十几岁的少年，像魏忠贤这样三十岁才进内书堂读书可谓高龄学生了。

因此魏忠贤接受能力有限，功课成绩很差。也因此，魏忠贤虽然是内书堂毕业，却一直不能提升，在宦官中地位和职位都较低。魏忠贤的老师是翰林院检讨沈㴶，天启元年（1621）七月，沈㴶在学生魏忠贤和刘朝襄助下进入内阁，晋升为太子太保文渊阁大学士、少保武英殿大学士。

魏忠贤不仅能读，还能写。天启六年（1626），魏忠贤撰写了一千多字的奏疏，弹劾霸占黄山林木的吴春养和吴君实。在杨涟弹劾魏忠贤二十四大罪后，他立刻上疏申辩。

魏忠贤虽然不是文盲，但是其学业不精，只能说是粗通文墨。因此，他常让手下宦官代批阅本和奏疏，自己只是最后过目把关而已。之所以会出现魏忠贤“目不识丁”，以文盲之身而入司礼监之说，更多是东林党贬斥魏忠贤的一种政治宣传手段。

阉党与东林党之争

要说阉党和东林党之间的激烈党争，我们首先要讲讲熹宗朱由校。传统史籍将朱由校描述成了一个只知道沉迷于木匠活，将朝廷大权全部交给魏忠贤的文盲皇帝。其实不然。首先，熹宗朱由校年纪很小时，就由其父朱常洛身边的伴读吴进忠教习读书。

在登基之后，朱由校曾经参加经筵日讲，而且跟他的老师孙承宗感情深厚。这也是日后朱由校用血腥手段清理东林党时，却唯独放过了孙承宗的重要原因。

熹宗朱由校在处理日常政务时，考诸《实录》，常有亲自批阅奏疏，并提出正确的政务见解之事，这压根就不是一个文盲可以做到的事情。朱由校确实比较喜欢做木匠活，但是在明末宦官刘若愚的记载中，他是一边做木匠活，一边听魏忠贤、王体乾等太监奏报紧要文书，听完之后，他交代：“尔等用心办事，我知道了。”熹宗虽把办事权力交给了魏忠贤等人，决定权还是抓在自己手中。

另一方面，朱由校沉迷木匠活，也很可能跟当时进行的三大殿修建工程有关。总之，朱由校是一位接受过系统教育，并有独立处理政务能力的皇帝，他交给魏忠贤一部分权力，并放手让他打击东林党，主要是出于自己的决定，而并不是魏忠贤的矫诏行为。

东林党到底是怎么样一个组织呢？

晚明的党争开始于万历时期，当然之前明朝也存在不同程度的党争，只是到了万历朝，党争的规模、程度和影响都大大超过了以往。神宗朱翊钧在内阁首辅张居正去世后，掀起了一场大规模的批张风潮，在这一风潮中，言官势力得到了极大发展。言路大开是把双刃剑，一方面形成了对朝政运行的监督，另一方面，朝中官员也借助言路相互争斗。言路失控，加之国本之争中，神宗采取了“无声的抗争”，后果就是长期的怠政导致中枢机构运行出现了不少问题。

言官势力在皇帝怠政背景下，变得更加肆无忌惮。到了万历后期，终于酿成了言官势力把持朝政，分门别户，形成了党争局面。东林党正是在这一时代背景下形成的。

万历三十二年（1604），被神宗削去官职的顾宪成回到家乡无锡，开始了讲学活动。他重修了宋朝杨时曾经讲学的东林书院。同年十月，顾宪成会同顾允成、高攀龙、安希范、刘元珍、钱一本、薛敷教、叶茂才等人（时称东林八君子），发起东林大的大力支持，泰昌和天启初期，又得以重掌大权。天启初期，最能体现出东林党人党同伐异的就是天启三年（1623）的癸亥京察事件。面对辽东危急局面，东林推荐了辽东巡抚王化贞。可是，王化贞昏招迭出，最终导致辽西大片领土落入后金之手。

面对接二连三的惨败，熹宗再也坐不住了。他于天启二年（1622）二月，也就是广宁沦陷一月之后，下了一份诏书痛斥朝中官员，大意是国家危急，你们还在搞党争，不办实事。广宁的陷落，就是因为经略熊廷弼和巡抚王化贞不和，希望你们吸取教训，不要重蹈覆辙。

两个月之后，朝中党争依旧，熹宗再也按捺不住，下达了最后警告：你们不顾朕的劝诫，依然沉迷党争，自从努尔哈赤崛起以来，朕兢兢业业操劳国事，你们却整日里结党排斥异己，如果再这样下去，朕只好以国家大法来收拾你们了。

朝中的东林党面对皇帝的一再警告，不理不睬，终于走上了不归路。天启三年是京察之年，也就是对朝中官员进行统一考核的年头，这年农历是癸亥年，因此这次京察被称作癸亥京察。

主持京察的是东林党人、时任吏部尚书的赵南星。他得到以首辅叶向高为首的一批东林党人的支持。万历二十一年（1593）时，担任吏部考功司郎中的赵南星就曾经在京察中排挤了一大批非东林党人。在赵南星的理解中，京察就是君子和小人之争。评价朝廷官员的好坏，不是以政务能力为标准，而是以东林党制定的道德标准为衡量尺度。简单来说，东林党人都是道德高尚的君子，其他反对东林党主张的就是道德败坏的小人，一切以党派为标准，这就使得京察沦为了党争的工具。

天启四年（1624）二月，京察结果公布了，共有三百三十八名官员被弹劾处置，其中大部分是与东林党人为敌的“小人”。其中为首的是赵南星口中的“四凶”，也就是反对东林党人的首领人物亓诗教、赵兴邦、官应震、吴亮嗣四人。除了与东林党对立的党派以外，还有一些没有结党，但是与东林党意见相左的人，也被一并赶出了朝廷。在这种情况下，东林党人通过排斥异己，大有一统朝堂之势。

熹宗再也坐不住了，下定决心要整肃清理东林党人，随着一个人的被捕入狱，一张大网开始全面撒向东林党。天启四年四月，东林党关键人物汪文言被魏忠贤下令逮捕入狱。汪文言官职虽然不大，仅是从七品的内阁中书，但是他身处中枢机要之地，是东林党的信息传递员。汪文言人品本就不堪，他在担任歙县看守库房的小吏时，就因为偷盗库房银两被判充军。汪文言半路潜逃，到了北京，结识了东林党人、内阁中书黄正宾。黄正宾又推荐他到太监王安身边做事。

移宫事件中，汪文言在王安和杨涟、左光斗等人之间充当传话筒，也为东林党立下了赫赫功劳。魏忠贤逮捕汪文言的罪名是他接受了辽东经略熊廷弼的贿赂。原来，熊廷弼在王化贞兵败广宁之后，擅自放弃了锦州、宁远之地，退守山海关一线。但是朝廷规制严厉，失土之责是熊廷弼必须要承担的。熊廷弼入狱，被判处死刑，他为了自保，拿出四万两银子求汪文言在朝中为他打点，免除其死罪。

汪文言拿到四万两，自己扣了一半，拿着两万两去找魏忠贤，请求保住熊廷弼的命。但是没有想到，魏忠贤却没有收这笔会，制定了《东林会约》，规定每年举行大会一次，每月小会一次。

东林创立之初，只是一个学术团体，但是他们借助讲学评议官员、讽议朝政，渐渐走向了另一个方向。万历中后期随着东林社会声望的高涨，一些别有用心之人加入其中，他们借东林之名干预政治，渐渐酿成了门户之争。东林的成分也愈加复杂，有在野学者、在朝官员，他们的政治操守、品行观念各不相同。

东林党形成之后，也加入了晚明党争之中。本来一些较为容易解决的小争端，在朋党氛围下，势态越来越严重，最终闹到不可开交。尽管东林党起初的动机是以讲学为主，但是后来大家宁可误国，也不愿意放弃自己集团的私利，酿成了意气和权力之争。

从淮抚之争到国本之争，再到三案之争，东林党积极参与其中。在这些事件中，东林党坚持清议，轻视事功，并且以党派为唯一评判标准。具体到东林党组成人员，他们也不都是重视名节的贤良，总体来看，他们是一群缺少政治远见，缺乏治国才能，纠缠于细碎之事，对非东林官员苛察，私心严重的士大夫群体。

东林党人在泰昌、天启初年，一度掌握了朝政大权，但是他们除了起用大批被罢黜的东林党人之外，就是打击异己，面对迫在眉睫的军国大政，他们却碌碌无为，拿不出有效的应对措施。这种情况，在魏忠贤被打倒后的崇祯初期，表现得也相当明显。面对危局，东林党人眼光短浅，沉迷于党派之争，拼命维护自己集团的利益，从而加速了明朝的灭亡。

东林党人在万历末期曾经遭受打击，因为他们对朱常洛父子中、魏大中、周朝瑞和顾大章被以受贿罪逮捕入狱。魏忠贤以此罪名逮捕东林党人入狱，确实证据不足属于诬陷。在遭受了残酷虐待后，以杨涟为首的“六君子”先后惨死于诏狱。

天启五年，崔呈秀将《天鉴录》和《东林点将录》交给了魏忠贤。十二月，熹宗颁布了《东林党人榜》，列出三百〇九人的东林党名单，这些人生者被革除了官职或逮捕追赃，死者被追夺功名。东林党遭受了沉重打击。

天启六年（1626）二月，在魏忠贤策划下，经过熹宗的允许，下诏将东林党人周宗建、缪昌期、周起元、周顺昌、高攀龙、李应升、黄尊素七人逮入诏狱。起因在于征税太监李实在苏州的征税活动遭到了巡抚周起元的抵制。周起元经常串联高攀龙、周顺昌、缪昌期、黄尊素等人在家中议论政治，他们主张抵制太监的征税活动，另外他们还商量如何对各种商税少交或者不交。

巡抚周起元还将朝廷拨下的用于支付织工工资的十余万两白银，变换成了缺斤少两的薄钱，这中间的差价都被他贪污了。当地人对其恨之入骨。

在魏忠贤派出锦衣卫缇骑来抓人的时候，苏州爆发动乱，一名锦衣卫被打死。魏忠贤并没有被吓倒，他派人镇压了动乱，逮捕了为首的五个闹事人，将他们斩首处决。

经过“六君子之狱”“七君子之狱”，熹宗和魏忠贤消灭了一批东林党骨干人员，阁臣叶向高、韩爌、朱国祯等人相继被逼走，赵南星、孙承宗等东林党重臣也被赶出朝廷。魏忠贤的杀戮一旦开始就很难停下了，天启六年十月，有人张贴匿名榜，上面写了魏忠贤和其党羽密谋造反之事，阉党成员怀疑这是出自国丈张国纪和被罢黜的东林党人之手，他们打算再次兴起大狱，将东林党人诛杀干净，并将张皇后废掉，改立魏良卿之女。但是因为熹宗在关键时刻对张皇后的保护，最终张国纪被勒令回籍，对东林党的彻底清算并没有实现。

魏忠贤在前台指挥的数场对东林党的血洗行动，因为有了阉党成员的大力襄助，才得逞所愿。那么阉党又是怎样一些人组成的呢?

庞大的阉党集团

对东林党人实现了血洗之后，帝国的政治中枢实现了大换血，但是又一个问题渐渐浮上了水面，也许此刻的熹宗并没有意识到：魏忠贤的党羽已经遍布内阁、六部、督抚等要害部门。魏忠贤掌权时期，四名内阁大学士中，有三人是阉党分子；六部尚书和左都御史中，有五人是阉党成员；地方总督、巡抚中，有阉党十三人。

阉党成员复杂，主要由太监、魏忠贤的亲属、东厂锦衣卫的首领和文官组成。其中一种是在魏忠贤得势后，主动投靠他的官员。例如首辅顾秉谦竟然在一次家宴中，对魏忠贤叩首说道："我本来要认您为父，恐怕您不喜欢我这样的白胡子儿子，就让我的小儿子认您为爷爷吧。"其寡廉鲜耻令人惊讶。还有一种就是以徐大化为首的所谓"邪党"官员。他们与东林党人意见不合，在政治上遭受过东林党的排挤和打击。

阉党主要人员有以下几人：司礼监掌印太监王体乾，内阁大学士沈漼、顾秉谦、魏广微、冯铨，兵部尚书崔呈秀、吏部尚书王绍徽、工部尚书吴淳夫、太常寺卿田吉、吏部尚书周应秋、兵部尚书邵辅忠、工部尚书徐大化等人。其他还有太仆寺少卿曹钦程、李鲁生，锦衣卫左都督田尔耕、锦衣卫都指挥佥事许显纯等等。

有意思的是，阉党集团在合力消灭了东林党人之后，开始因为权位展开了内部之争，勾心斗角和排斥异己之激烈，不亚于当初的东林党人。

阉党内部以徐兆魁、乔应甲、王绍徽、亓诗教等人为首形成了“老人集团”，他们是万历时期的当权重臣；而天启时期当政的则成为了“新人集团”。

新人集团内部也存在激烈争斗。冯铨和崔呈秀为了入阁展开了激烈竞争。杨维垣帮助徐绍吉谋取户部侍郎一职，被魏广微进谗于魏忠贤，因此杨的职位一直没有得到升迁。

魏忠贤的政治作为

真实的历史往往并非黑白分明，好人就一好百好，恶人就十恶不赦。历史人物本是复杂的，就拿魏忠贤来说，绝不是脸谱化的人物，他虽然人品极差，但在政治上并不是一无是处，为了挽救大明帝国，也做出了一些改良之举。

缪昌期曾经劝说自己的老师叶向高弹劾魏忠贤，叶向高却讲了魏忠贤两件事：有一次，熹宗打算带着梯子爬上房梁抓鸟，魏忠贤知道以后，担心熹宗安危，紧紧抓住了皇帝衣袖，阻止他爬上去。还有一次，熹宗很高兴地赏赐一个小宦官绯衣，这是四五品官员才能穿的官服。那个被赏赐的小宦官很高兴，就穿在了身上。魏忠贤看到以后，呵斥这个宦官脱下衣服，并说："这不符合你的身份，即使是皇上赏赐，也不能穿。"可见，魏忠贤是一个办事认真、遵守礼仪之人。

另一方面，从政治角度看，魏忠贤也做出了一些改良。天启四年（1624），魏忠贤奏请减香贡，熹宗应允，将四川、两广、福建、浙江的香贡免除，减轻了这些地区的负担。天启五年（1625）十二月，魏忠贤上奏，要求各地巡抚巡按衙门挑选廉洁干员来置办钱粮，不准无赖之徒乘机侵夺百姓财产。

同月，东厂缉获了梁逢恩等人盗取米仓之事，并牵出监守自盗的主事李柱明，他被锦衣卫押到镇抚司严刑审讯，追夺赃款。天启六年（1626）三月，东厂抓获了后金奸细武长春，他是后金李永芳的女婿，混入京城为奸细，被东厂抓拿后下锦衣卫大狱审讯。天启六年六月，魏忠贤将苏杭等处各种名目费用减免。本来当地机户需要承担额外的铺垫等费用，很多人因此倾家荡产，魏忠贤此举可谓减轻了机户们的负担。

天启六年七月，魏忠贤又奏请减免天启六年中秋节和天启七年（1627）正旦、中秋两节应办钱粮十一万两白银，此举是体恤商民艰苦之意。天启六年十二月，魏忠贤主持的山海关修建工程完工，他还主持督运各种军用物资到山海关前线，由此得到了熹宗的嘉奖。天启七年正月，魏忠贤将熹宗御赐建造府邸的白银三万五千二百多两节省下来，这笔银子被发解到边关用于修缮城堡。

在军事方面，魏忠贤为了支援辽东前线，大量捐赠自己的私财修建城墙城堡。不仅如此，魏忠贤专权期间，明军在辽东前线还十分难得地取得了两次胜利，也就是宁远大捷和宁锦大捷。

袁崇焕对魏忠贤曾经有过歌功颂德之举，天启七年四月，他与蓟辽总督阎鸣泰一起，奏请朝廷在宁远为魏忠贤建造生祠。袁崇焕和魏忠贤之间，存在着较为密切的关系。正是在魏忠贤的大力支持下，加上毛文龙的军事配合，袁崇焕才取得了两次大捷。不过，因为袁崇焕后来与后金议和，魏忠贤对他的态度开始转变。袁崇焕对于议和一直比较热衷。在宁锦之战时，袁崇焕身在宁远，没有全力救援被后金围困的锦州，因为此事，他被朝臣弹劾，魏忠贤也开始对他不满。

袁崇焕主持与后金议和，却在军事上放松警惕，导致了后金对朝鲜和锦州的攻掠。这些失误的严重后果，开始在辽东前线显现，曾经支持议和的魏忠贤见局势不妙，开始反对议和，并且对依然坚持议和的袁崇焕更加不满。天启末年，袁崇焕在内外交困中，不得不请辞，得到了朝廷允许。

在经济方面，魏忠贤在天启五年十月主持征收榷税，这笔钱直接进入了内库，而不是政府的太仓。榷税征收并非一帆风顺。天启六年五月，王恭厂发生了大爆炸，朝臣们甚至阉党成员接连上疏，要求熹宗罢免榷税，熹宗无奈，只好将征收了七个月的榷税废除。

魏忠贤为了缓解当时朝廷的财政危机，除了征收榷税，还通过提解羡余、强行捐献、强征拖欠赋税、对东林党人抄家追赃等方式来筹集到了大量钱财，这笔钱很大部分被用于了三大殿的修建和辽东前线的战事。

总的来看，魏忠贤“当政”时期，辅佐熹宗打击东林党（却造就了阉党的崛起壮大，新的党争又在阉党内部生根发芽）；军事上，他修缮边防重镇，支持袁崇焕取得了一些胜利；经济上，他为朝廷搜刮资金，用于边防和国家重大工程建设。魏忠贤确实对明朝做出了一些贡献，但也绝不像某些人说的，魏忠贤的死加速了明朝灭亡。

魏忠贤敛财式的加派，与后来崇祯一朝的大臣们别无二致，并不具备改变明朝历史命运的奇效，顶多只能为明朝续命而已。所以，魏忠贤的历史作用不宜过度夸大。

相反，魏忠贤作为明朝最后一个权监，他对明朝政治机制的损害也不容小觑。熹宗用他作为剪除东林党的工具，东林被打击了，阉党却乘机坐大，这种血腥的高压政策只能见效一时，带来的负面作用却是巨大的。阉党的残酷行径给明朝政治生态造成了严重损害，加速了人心离散，并且也不可能完全消除党争。阉党“余孽”和东林余党的争斗一直持续到南明，直到南明小朝廷彻底终结。

魏忠贤这个狡黠的大太监，最终也难逃悲剧命运，随着天启七年一个人的离世，魏忠贤在权力的巅峰之上，第一次感觉到了深入骨髓的恐惧。

的大力支持，泰昌和天启初期，又得以重掌大权。天启初期，最能体现出东林党人党同伐异的就是天启三年（1623）的癸亥京察事件。面对辽东危急局面，东林推荐了辽东巡抚王化贞。可是，王化贞昏招迭出，最终导致辽西大片领土落入后金之手。

面对接二连三的惨败，熹宗再也坐不住了。他于天启二年（1622）二月，也就是广宁沦陷一月之后，下了一份诏书痛斥朝中官员，大意是国家危急，你们还在搞党争，不办实事。广宁的陷落，就是因为经略熊廷弼和巡抚王化贞不和，希望你们吸取教训，不要重蹈覆辙。

两个月之后，朝中党争依旧，熹宗再也按捺不住，下达了最后警告：你们不顾朕的劝诫，依然沉迷党争，自从努尔哈赤崛起以来，朕兢兢业业操劳国事，你们却整日里结党排斥异己，如果再这样下去，朕只好以国家大法来收拾你们了。

朝中的东林党面对皇帝的一再警告，不理不睬，终于走上了不归路。天启三年是京察之年，也就是对朝中官员进行统一考核的年头，这年农历是癸亥年，因此这次京察被称作癸亥京察。

主持京察的是东林党人、时任吏部尚书的赵南星。他得到以首辅叶向高为首的一批东林党人的支持。万历二十一年（1593）时，担任吏部考功司郎中的赵南星就曾经在京察中排挤了一大批非东林党人。在赵南星的理解中，京察就是君子和小人之争。评价朝廷官员的好坏，不是以政务能力为标准，而是以东林党制定的道德标准为衡量尺度。简单来说，东林党人都是道德高尚的君子，其他反对东林党主张的就是道德败坏的小人，一切以党派为标准，这就使得京察沦为了党争的工具。

天启四年（1624）二月，京察结果公布了，共有三百三十八名官员被弹劾处置，其中大部分是与东林党人为敌的“小人”。其中为首的是赵南星口中的“四凶”，也就是反对东林党人的首领人物亓诗教、赵兴邦、官应震、吴亮嗣四人。除了与东林党对立的党派以外，还有一些没有结党，但是与东林党意见相左的人，也被一并赶出了朝廷。在这种情况下，东林党人通过排斥异己，大有一统朝堂之势。

熹宗再也坐不住了，下定决心要整肃清理东林党人，随着一个人的被捕入狱，一张大网开始全面撒向东林党。天启四年四月，东林党关键人物汪文言被魏忠贤下令逮捕入狱。汪文言官职虽然不大，仅是从七品的内阁中书，但是他身处中枢机要之地，是东林党的信息传递员。汪文言人品本就不堪，他在担任歙县看守库房的小吏时，就因为偷盗库房银两被判充军。汪文言半路潜逃，到了北京，结识了东林党人、内阁中书黄正宾。黄正宾又推荐他到太监王安身边做事。

移宫事件中，汪文言在王安和杨涟、左光斗等人之间充当传话筒，也为东林党立下了赫赫功劳。魏忠贤逮捕汪文言的罪名是他接受了辽东经略熊廷弼的贿赂。原来，熊廷弼在王化贞兵败广宁之后，擅自放弃了锦州、宁远之地，退守山海关一线。但是朝廷规制严厉，失土之责是熊廷弼必须要承担的。熊廷弼入狱，被判处死刑，他为了自保，拿出四万两银子求汪文言在朝中为他打点，免除其死罪。

汪文言拿到四万两，自己扣了一半，拿着两万两去找魏忠贤，请求保住熊廷弼的命。但是没有想到，魏忠贤却没有收这笔

魏忠贤和阉党的败落

上天欲使之灭亡，必先使之疯狂。掌权后的魏忠贤感觉良好，甚至开始有些飘飘然了。朝中对他一片阿谀奉承之声。虽然魏忠贤知道，这些人俯首膜拜的是他背后的天启皇帝，但是权力的快感还是让他不能自持。

天启六年（1626）六月的一封奏疏让魏忠贤的快感升上了天。阉党分子、浙江巡抚潘汝桢上疏，说因为厂臣魏忠贤蠲免了苏杭机户的各种杂费，机户们自愿为厂臣修建生祠，以便于世代膜拜，请求朝廷批准。是不是机户们出于自愿，已不可考，但是熹宗却一口应允了下来。就这样，这座被皇帝赐名“普德”的生祠建造了起来。潘汝桢作为始作俑者，起到了引领作用，各地官员纷纷仿效，为魏忠贤建造生祠竟然成为了一股政治狂潮。

一时间，魏忠贤的生祠几乎遍布大明两京十三省！天启七年（1627）秋，天津卫城的魏忠贤生祠落成，户部尚书黄运泰、保定巡抚张凤翼为了迎接魏忠贤的偶像入祠，率领着文武官员在郊外迎接，并施五拜三叩首之大礼。士大夫的气节扫地，令人可发一叹！

天启七年五月，国子监监生陆万龄的一封上疏，将吹嘘魏忠贤的运动推上了顶峰。陆万龄提出：孔子作《春秋》，忠贤作《要典》，孔子诛少正卯，忠贤诛东林。他由此建议在国子监内建造魏忠贤生祠，这是赤裸裸地提出将魏忠贤和孔圣人并列！身为读书人，却沦落到如此卑贱，大明朝的人心士风确实已经到了极危险的境地。

魏忠贤从一开始的惴惴不安，逐渐变得心安理得，享受着天下臣民对他俯首膜拜的感觉。他没有意识到，这种吹捧恰恰是他的催命符。为了加强统治，魏忠贤控制的厂卫实行了恐怖高压统治。他们通过无孔不入的侦查打击一切异己分子，在肉体上消灭政治反对派。

魏忠贤的政治命运，随着一个人的病重，开始走向了下坡路。天启五年（1625）五月十八这天，熹宗朱由校在西苑游玩，不慎翻船落入水中，人虽然紧急抢救了上来，却落下病根。熹宗的病一直拖到了天启七年（1627）五月初六，魏忠贤焦急万分，打算死马当作活马医，他让人从内库中取出金“寿”字大红纱，给皇帝身边所有的近侍都穿上，为了图个吉利。魏忠贤还找了一些小宦官在宫内各处巡行，一边走一边喊：“万岁万安啰。”另一方面，他嘱咐自己手下四处寻找良药。兵部尚书霍维华进献了一个叫作“灵露饮”的妙方，就是将五谷放进木甑里面蒸熟，然后以银瓶接蒸出来的米露。这种淀粉溶液怎么能当良药治病？熹宗饮下后，病情丝毫不见好转。

熹宗无子，按照惯例，继承皇位的必然是他唯一的弟弟信王朱由检。信王并不是那么好控制，魏忠贤和他的党羽们打算让某嫔妃假称怀孕，然后以侄子魏良卿之子顶替。但是这事不能绕过张皇后，张皇后抵死不从，魏忠贤一伙只好作罢。另外一个方法是让张皇后垂帘听政，魏忠贤摄政。但是又遭到了内阁大学士施来凤的反对。

事情终于无可挽回，熹宗朱由校临终嘱咐信王朱由检：“吾弟当为尧舜。”这就是将天下大统交给了朱由检。除此之外，熹宗最后的嘱咐是让弟弟好好看护嫂子张皇后，并且说魏忠贤可以委用。天启七年八月二十二日，熹宗驾崩，时年二十三岁。十八岁的信王朱由检继承皇位，次年改年号为崇祯。

魏忠贤在熹宗殡礼上哭肿了双眼，一半是思念旧主，一半是出于对自己未来命运的担忧。但是接下来两个月，新皇帝的种种表现，却让魏忠贤一度以为自己多虑了。崇祯对魏忠贤和客氏依然以礼相待。九月初，魏忠贤为了试探崇祯的态度，上疏请求辞去提督东厂的职务，却被崇祯拒绝，并且还下旨挽留他。魏忠贤开始放心了，看来传闻中心思极重的信王不过如此！

当然，对于客氏来说，因为先皇驾崩，她必须要出宫。在哭哭啼啼地焚烧了收藏的熹宗指甲和毛发后，客氏离开了皇宫。对于各地送到北京请求为魏忠贤建造生祠的奏疏，崇祯留中不批。魏忠贤还是敏感地觉察到了新皇的态度，他主动请求推辞这些建造生祠的请求。崇祯顺水推舟，答应了他的请求。

到了天启七年十月，种种迹象表明，崇祯已经开始策划反击了。御史杨维垣上疏弹劾魏忠贤的心腹崔呈秀，这明显是一种试探，并没有直接以魏忠贤为攻击对象，而是以他的心腹来试探新皇的态度。接下来，包括阉党成员贾继春在内的一些弹劾奏疏摆上了崇祯案头，崇祯果断亮剑，同意崔呈秀回籍守制。

海盐贡生钱嘉徵上疏列举魏忠贤十大罪状，并将其直呼为权奸。魏忠贤再也坐不住了，他上疏请求辞职养病。崇祯毫不犹豫地批准了，并将魏忠贤心腹王体乾任命为东厂太监，以自己的亲信太监高时明出任司礼监掌印太监。

十一月初一日，崇祯突然发布上谕，指责魏忠贤种种罪行，说本应该对其凌迟处死，但是考虑先皇尸骨未寒，暂将其发配凤阳，魏忠贤和客氏家产籍没入官。魏忠贤只好乖乖上路，亲信李朝钦带领数百人沿途护送。崇祯得知了魏忠贤还有如此大的排场，不禁大怒，他派千户吴国安率领人马星夜兼程扭解魏忠贤。十一月初七日，魏忠贤到达了河间府阜城县城外二十里处的新店。

他安插在朝中的亲信太监李永贞派出快马飞报，说皇上已经派出锦衣卫要逮捕他。魏忠贤得知了这个消息，吓得瘫软在地，曾经威风赫赫的他现如今只是一个畏罪的老人。他在随从的搀扶下，勉强在阜城县内的旅店住下。

魏忠贤一个人躺在床上，他闭上眼回顾自己的一生。从一个赌徒混到天下闻名的大太监，他享受了无比的辉煌。可是如今，新皇帝一登基，自己就沦落到了如此地步，甚至不敢有一丝的反抗，只能听从命运的安排。崇祯皇帝不会放过自己，等待自己的只有死路一条，不如自我了断来得痛快！想到这里，魏忠贤颤颤巍巍解下腰带，打了个死结，将脖子伸了进去，自缢而死。他的心腹李朝钦也追随他自缢而亡。

权倾天下的大太监死了，其后，崇祯对阉党骨干也进行了打击，将他们几乎涤荡一空。因为明代政治制衡设计十分完美，面对困境，魏忠贤也无法举兵造反，只能接受命运的审判。这也是明代宦官区别于汉唐的一个重要方面。魏忠贤死后，崇祯皇帝终于亲自操控权柄，面对大明帝国的内忧外患，他和他身边的宦官们将如何面对呢？

十四　崇祯朝宦官的最后努力

重用与约束

在将阉党骨干或杀或贬之后，崇祯二年（1629），崇祯向天下公布了《钦定逆案》，根据这个文件，阉党被分为八等定罪，魏忠贤、客氏虽然已死，仍然被判以凌迟之刑。二百六十多名阉党分子被治罪处分。

阉党失败了，之前天启朝被贬斥罢官的东林党人纷纷回归，一时间“众正盈朝”的局面再次出现。铲除魏忠贤和打击阉党，并不意味着崇祯放弃了帝国的一项重要传统，那就是政治领域内对宦官的任用。

崇祯很重视对东厂太监的任用，他将东厂提督京营的宦官改为“总督”，这标志着其职级和权势都大大提高。崇祯在铲除魏忠贤后，在东林党人的建议下，曾经一度撤销各地镇守内臣。崇祯二年（1629）十月，后金军大举内犯，兵临京城。崇祯看到东林群臣执着于党争，各立门户，导致了兵败，于是他于崇祯四年

(1631) 又开始重用宦官，派出许多宦官外出监军、镇守。司礼监太监张彝宪就是这时候被任命掌管户部和工部出入，被称作“户工总理”。大臣们劝谏崇祯，崇祯却执意不听。

张彝宪这个职衔，位居尚书之上，侍郎之下的官员见了他都要拜谒。张彝宪对不附和自己的大臣排斥打击。而且他还利用手中掌握的权力中饱私囊。时间长了，张彝宪的恶行传到了崇祯耳中。群臣也不断上疏劝谏，崇祯将张彝宪的户工总理职务撤销。崇祯九年（1636)，张彝宪受命守备南京，不久死于任上。

崇祯一方面重用宦官，一方面也能严格约束宦官。王裕民是大太监王安名下宦官，崇祯八年（1635)，他受命镇守凤阳。滁州民军杀向凤阳，多亏了王裕民配合巡抚朱大典严防死守，才使得民军不敢攻打。崇祯十四年（1641)，洛阳落入民军之手，崇祯命驸马都尉冉兴让和总督京营司礼监太监王裕民慰劳福王世子朱由崧，并让王裕民带银两赈济宗室人员。

崇祯十四年，周延儒通过门生张溥等人，以重金行贿王裕民、曹化淳，得以实现入阁梦。崇祯十五年（1642）正月，太监刘元斌监京营讨伐民军，经过雄县，军纪严明。回师时，他们到山东围剿李青山民军，王孙蕃弹劾刘元斌军淫掠，崇祯下旨派官拿问，此疏是密封下六科。但是刘元斌却知道了消息，并上疏申辩。王孙蕃上疏弹劾司礼监太监王裕民：“刘元斌为裕民名下宦官，裕民泄露了先前的弹劾奏疏，所以元斌才能自辩。”崇祯将王孙蕃晋升两级，王裕民下狱，不久与刘元斌一起斩首。

其实，王裕民之死不仅仅是泄露密疏那么简单，他与兵部尚书陈新甲相交甚厚。而陈新甲因为泄露崇祯与清人议和之事，被皇帝深恶痛绝。正好借助刘元斌一案，将王裕民处死。

诛杀王裕民的前一天，崇祯还要了一个心计。内阁大学士周延儒跟宦官来往密切。崇祯将周延儒召到宫中，屏退左右，只说些泛泛之语。而五鼓时分，王裕民已经被斩首。周延儒才得知消息。宦官们得知周延儒在王裕民被杀前一天，曾经跟皇上密谈，都以为周延儒大力赞成皇上诛杀王裕民。周延儒虽然极力申辩，宦官们却不相信。从此，宦官们对周延儒恨之入骨，每日搜集他的过失报告给崇祯。

一言难尽的高起潜

高起潜，崇祯时担任司礼监太监，他曾经担任宁锦军监军。清军大将阿济格自独石口逼近北京，经过保定，再从建昌冷口出边；整个过程高起潜未曾与他一战，等清兵出口两日后，高起潜才带人到了石门，割下死难百姓的首级冒功。

崇祯十一年（1638），多尔衮、岳托在通州会师，随后杀至涿州。关宁重兵由高起潜统领，他与卢象升一起援救。明军中有大炮，清兵畏惧，暂时退却。这时候，明军统帅在关于下一步行动的问题上产生了分歧。卢象升主战，高起潜和杨嗣昌主张议和。两方谁也不能说服谁。卢象升率领他的精锐天雄军，自涿州进兵保定、巨鹿，以五千兵迎战清兵数万人，距离战场五十里的高起潜坐视不救，最终卢象升全军覆没，悲壮战死。

更令人痛恨的是，卢象升战死后，高起潜担心朝廷归罪，故意隐瞒了消息。崇祯十一年冬，济南被清军围困，高起潜拥重兵却不敢出战，坐视山东陷入清军之手。恬不知耻的高起潜还请功求世荫，结果被孙嘉绩驳回。高起潜对孙怀恨在心，图谋报复。一日，崇祯在观德殿检阅兵器，高起潜乘机进谗言，导致孙嘉绩被下狱。

崇祯十七年（1644）春，高起潜奉命总监山海关、蓟州、宁远军队。听说京城陷入李自成之手，高起潜逃入西山。弘光帝即位后，高起潜又南下投奔。弘光帝命他提督京营，在浦口驻屯。他负责修建长江防御工事，加强防备。高起潜还上疏说边将不宜内转，请求卖马增加粮饷，弘光下诏以太仆寺五万两和浙江、福建加派银二十万两给高起潜军。

将领高杰死后，黄得功率兵争夺扬州，高杰手下大将李本深等人打算兵变。弘光派出高起潜和宦官李应升劝解双方。黄得功依然留驻扬州，高起潜和李应升去安抚高杰部下。高杰妻子邢氏感觉孤立无靠，打算让儿子高元爵认史可法为义父，史可法对此有些为难。他的幕僚建议说："有高太监在，让高元爵认他为父不就成了。"邢氏答应下来，宴请众将，席间就让儿子拜高起潜和史可法。史可法不接受，绕着柱子避开。

第二天，高起潜宴请史可法，史可法刚就座，几个小宦官就将史可法牢牢按在了座位上，邢氏带着儿子，让他拜史可法为义父。史可法不得已，只好接受。这样一来，高杰部军心得以稳定。高起潜这次调解做得十分成功。

清兵攻陷南京，高起潜和宦官李进逃亡到了杭州，跟随潞王。杭州沦陷，高起潜降了清军。

勇卫营的最后努力

御马监统领的勇士营和四卫营，在崇祯五年（1632）到九年（1636）之间，已经改编为勇卫营。这是一支以宦官为首领的禁军。这支军队经过崇祯大力经营，经孙应元、黄得功、周遇吉等将领训练，成为明末的一支劲旅。

勇卫营成立后，表面上归属御马监，实则为司礼监太监所操控。司礼监太监王裕民、曹化淳、韩赞周等人都操控过勇卫营。在镇压民军的作战中，勇卫营屡立奇功。将领黄得功命手下军士画虎头于皂布罩在衣甲之上。民军远远望见黑虎军，多畏惧逃跑。

在外征战的勇卫营始终由太监刘元斌和卢九德分领，这就保证了军权的相对稳定集中。勇卫营作为天子亲军，初期军纪较为严明，将领不像地方军阀一样跋扈不法，由此也保证了战斗力强大。崇祯十年（1637）八月，勇卫营在将领孙应元和黄得功、监军太监刘元斌和卢九德带领下出征，先后斩杀民军一千七百人。

首战告捷，在接下来的平乱战争中，勇卫营一直转战在河南和湖广之间。张献忠被迫接受朝廷招抚，也跟勇卫营的军事压力有一定关联。崇祯十三年（1640）七月，勇卫营大败罗汝才等部，当时称之为荆楚第一功。只是局势恶化太快，勇卫营万余名士兵毕竟兵力有限，难以挽救危局。勇卫营建制在甲申国难后，一直存续到了永历末期，最终与南明同消亡。

曹化淳开门之辩

曹化淳是通州武清人，他本出自王安门下，王安被魏忠贤害死后，曹化淳也受到牵连，被贬斥到南京。崇祯即位后，因为给王安平反，又将曹化淳召回，任命他为内官监太监。崇祯二年（1629），曹化淳受命前往南京织造，不久被召回任命为司礼监太监兼掌东厂。

清兵围困京城，曹化淳提督九门阅视京营。朝中党争曹化淳也参与其中，有匿名文书揭发曹化淳接受钱谦益贿赂四万两，温体仁抓住这个机会，奏报崇祯。曹化淳请求皇帝侦查密谋之人，崇祯得知温体仁也有党派，温体仁被迫辞职告归。

先前，文震孟入阁后，曹化淳知道他深受皇帝喜爱，打算结交他。曹化淳派人对文震孟说："内阁和司礼监往来，是故事也。"但他的主动示好却被文震孟拒之千里。曹化淳嫉恨不已，挑唆温体仁逐走了文震孟。曹化淳一太监，逐走了文震孟和温体仁两位内阁大学士，足见其政治能量之大。在崇祯十一年（1638）修建卢沟桥城堡工程中，曹化淳先后筹集到了十一万两银子，事成之后，崇祯称赞他"公清直亮"。

崇祯十七年（1644）北京城被李自成攻破之际，多种公私史乘都记载是曹化淳打开了彰义门，迎接民军入城。其实，彰义门并非曹化淳所开，而是城内"回人"乘乱打开城门迎接闯军入城。更何况，曹化淳在仕清之后，顺治帝也曾经为他辩诬，说他是"无端抱屈"。曹化淳也感念旧主崇祯之恩，筹到了数千两金子，用于维修和保护崇祯帝后陵墓。曹化淳虽没有打开彰义门投敌，但是李自成大军兵临城下之际，确实也有太监投靠了民军。

甲申国难中的众生相

李自成的大军高奏凯歌一直杀向了北京城。崇祯十七年（1644）三月初一，崇祯下密旨收葬魏忠贤遗骸。曹化淳面对日益败坏的局势，曾经跟崇祯说过："如果魏忠贤还在，时事必不至此。"魏忠贤确实杀伐果断，但是一味高压统治，并不能挽救明朝。曹化淳此语，只是聊表安慰。但是说者无意，听者有心，崇祯帝真的有所感悟，下旨秘密收葬了魏忠贤，也许这是他最后的心理慰藉。

太监杜勋和申芝秀成为民军俘虏，为李自成做说客，劝说崇祯议和。但崇祯不肯听从，打定主意要与北京共存亡。北京内城被攻陷，司礼监太监王德化和各监局掌印太监出降。太监杜之秩还为闯军入城做前导，太监杜秩亨为李自成选了百余名宦官以供他驱使。

城破之后的崇祯不肯请和，更不肯降敌。崇祯与司礼监秉笔太监王承恩来到煤山，两人一起在寿皇亭旁边自缢身亡。大厦倾倒之际，有的宦官选择降敌，也有的选择了殉国。殉国的太监，除了王承恩之外，还有方正化等人。方正化是山东人，崇祯时担任司礼监太监。崇祯十七年二月，他受命出镇保定，离别之际，方正化叩首跟崇祯帝说："老奴此行不过一死以报答主上之恩。"

崇祯也为之感动落泪。

方正化与文官邵宗元等人一起守城，城池被闯军攻陷，闯军问方正化是何人，方正化厉声回答："我是总监方公！"闯军将他乱刀砍死。退休的司礼监掌印太监高时明在李自成攻打北京城之际，自焚殉国。司礼监秉笔太监李凤翔和提督诸监局太监褚宪章、张国元皆死于甲申国变之中。

崇祯帝虽然殉国了，北京也被攻陷，但是南方依然掌握在明朝手中，南明小王朝相继建立，上演了一出出悲壮的历史大剧。

十五　血色残阳
——南明宦官的最后表演

甲申国难，山河崩裂，崇祯自缢煤山之后，大明帝国并没有彻底终结。帝国的两都制在关键时刻，发挥了重要作用。留都南京完整地保留着一套六部中枢的建制，宫殿虽然破损，但是勉强可以供帝王居住。在文武群臣拥立之下，神宗皇帝之孙，福王世子朱由崧在留都南京即位，改年号为弘光，南中国依然高举着大明的旗帜。

从弘光帝朱由崧到鲁监国朱以海，从隆武帝朱聿键到绍武帝朱聿𨮁，再到永历帝朱由榔，南明共历经四帝一监国。这期间为了维护明王朝最后的尊严，无数仁人志士，抛头颅洒热血，用生命谱写了一曲曲悲歌。宦官们也在南明政治舞台上演出了最后一出活剧，最终跟随南明王朝走向了命运的终点。

韩赞周，字相文，为人忠诚谨慎。崇祯九年（1636）时，他曾任职司礼监，清兵入塞之际，他担任京营副提督负责巡城。第二年，韩赞周担任南京守备太监。甲申国难之际，韩赞周与史可法等大臣拥立朱由崧监国。

抽签决定阁臣时，史可法推荐吴甡，他跟韩赞周商量，韩却不答应。大臣祁彪佳请他在内帮忙调护，韩赞周却避谢推辞。弘光帝以韩赞周为司礼监秉笔太监，提督京营和勇卫营。朝廷打算派出重臣前往扬州督师，韩赞周请马士英为督帅，以史可法居守。

太监王坤请求催缴浙江、福建的金花银，韩赞周以东南民困为言极力劝说，王坤打消了这个念头。当时有人建议恢复东厂，韩赞周说："先帝勤政十七年如一日，是贤君。就是因为听信内臣，导致了悲剧。东厂就是一剂毒药。"但弘光帝并没有听从他的建议。

韩赞周为了壮大军威，请求调动西洋大炮加强军备。他对弘光帝还多加劝谏，颇有谏臣之风。除夕夜，弘光帝在兴宁宫闷闷不乐，侍臣问他何故，他说："后宫冷清，新春南方没有新乐。"韩赞周哭着劝谏说："臣还以为陛下思念先帝、思念皇考呢，为何您有这种念头？"元夕节，弘光帝张灯为乐，韩赞周劝说："天下之事正是棘手之时，卧薪尝胆还担心不能取胜，您却在这里玩耍。"弘光帝无奈地回答他："天下大事有老马在，你不必多言。"韩赞周见难以劝说，四次上疏请求退休。

清兵南下，攻陷了镇江，弘光帝召集宦官们商量计策，韩赞周说："兵力单薄，死守和讲和都不行，不如亲征。成功了，则能保住宗庙社稷，不成的话，也可以保全自身。"弘光帝却没有听从他的建议。

弘光帝最终落入敌手，韩赞周本来想追上护驾，却没有赶上，他打算投水自杀，却被人劝阻，并被送到了报恩寺。到了九月间，韩赞周听说弘光帝要被押赴北方，跳楼自杀殉国。

李国辅，字腾宇，是韩赞周的义子。崇祯九年，他担任御马监太监，守卫紫荆、倒马各关口防备清军。后来，他又追随韩赞周守卫南京。崇祯十六年（1643），李国辅受命诏谕左良玉军队。

弘光即位后，李国辅被任命为司礼监太监，督勇卫营，以徐大受和郑彩分领水陆两军。宦官屈尚忠、田成、张执中等人，结交马士英和阮大铖，导引弘光帝享乐，而李国辅从中多加劝谏。马士英厌恶他，暗中指使心腹上疏说开化、德兴、云雾山可以开采，李国辅信以为真，于是请命前往。马士英之子马锡乘机掌管了李国辅所督的勇卫营。

南京沦陷，李国辅到苏州，与杨文骢诛杀了清廷派来劝降的黄家鼒。之后，李国辅与田仰、荆本澈奉义阳王之命驻扎在崇明岛。失败之后，李国辅又投奔鲁监国朱以海。鲁监国失败后，李国辅投奔永历帝，他曾经受命偷偷前往南京孝陵祭拜。

永历三年（1649），李国辅回到朝廷，永历帝朱由榔问他孝陵情况，李国辅伏地痛哭："孝陵被破坏严重，本来孝陵陵木受保护，但是自从洪承畴来了以后，下令居民随便开采。榜文下达三个月，却无人响应。洪承畴大怒，骂道：'天寿山陵树已经被砍伐光了，你们这些江南蛮子，出榜让你们砍伐，三个月不伤一木，为何迂腐至此？'他又下令南京各城门，如果不是砍伐钟山树木的樵夫不能入城，导致城中居民断绝炊烟。百姓们无奈，只好砍伐孝陵树木，哭声震动钟山山谷。现在陵树已经被全部砍伐了。"李国辅说到这里，以头杵地，大声哭泣。朱由榔也为之悲痛落泪。

李国辅请求再次前往孝陵，他说："如果皇上您早日恢复江山，我会在江上迎接圣驾。如果事情不成，我愿意以这把骨头丢在太祖陵前，为野狐所食，不再来见陛下了。"说完，他顿首大哭。永历帝穿上素服停止朝会，在太庙痛哭，他命李国辅再次前往南京探视孝陵。李国辅到了梅岭之后，就失去了消息，再无音讯。

庞天寿在崇祯年间担任御马监太监，颇为皇帝信任，在甲申国难之前，奉命前往南京。弘光朝，他奉命管理两广珠池。之后，庞天寿又受命前往福建、两广征税，他刚到福州还未及开展工作，南京就已经落入清军之手。隆武帝在福州即位，庞天寿被任命为司礼监太监，他奉隆武之命传谕宫廷倡导节俭。隆武帝当时面对危局，想到通过耶稣会士从澳门获得西洋军事援助。而庞天寿的天主教徒身份，使他成为了出使澳门的合适人选。

庞天寿于崇祯二年（1629）就在北京洗礼入教。当时为他洗礼的是意大利耶稣会士龙华民。龙华民为庞天寿取的教名是亚楼基。这个名字源于荷马史诗《伊利亚特》中的勇士阿喀琉斯，而当时庞天寿正任职具有武职衙门性质的御马监。也许，龙华民为他取这个教名，就是希望他成为阿喀琉斯那样的勇士吧。

郑芝龙曾经劝说庞天寿不要与传教士来往，但是庞天寿却视传教士为心腹，并在福州热情接待了传教士何大化。两人言谈之中，庞天寿还说了一些葡萄牙语词汇，并许诺将给予教会更多的帮助。隆武二年（1646），庞天寿受隆武帝之命，带着传教士毕芳济一起前往澳门请求援兵。不久，清兵攻破福州，隆武帝被杀。

丁魁楚会同庞天寿、何腾蛟等人耜拥立桂王朱由榔在肇庆监国。之前，庞天寿就曾奉命册封朱由榔为桂王。因为这层关系，加上庞天寿带着前来救援的三百名葡萄牙士兵赶到肇庆，朱由榔对他十分信任和重用。另一层原因，当时大太监王坤专权，所为多跋扈，永历帝朱由榔和太后对他十分不满，相比而言，庞天寿不贪财，在太监中堪称办事谨慎之人，所以永历对他越来越信任。

庞天寿带来的三百名葡萄牙士兵由费雷拉率领，隶属于副总兵焦琏所部。他们奉庞天寿之命，参与抵抗李成栋的战斗。永历元年（1647）二月，刘承胤驱逐了太监王坤，庞天寿掌管司礼监和文书房之事。八月，刘承胤在武冈降清，在桂林城内的永历帝仓皇之间却无法打开城门，多亏了庞天寿率领壮士以利斧斩断门锁，永历帝才得以逃脱。

永历二年（1648）三月，朱由榔驻跸南宁，庞天寿因为护驾有功，被朱由榔任命为司礼监掌印太监并提督数千人组成的勇卫营。此时，面对风雨飘摇的局势，南明永历小朝廷却又起党争。朝内大臣分为吴楚两党，相互争斗不休。以朱天麟为首的吴党结交马吉翔和庞天寿作为奥援。两党之争持续到了永历四年（1650）二月，小朝廷的元气又被耗去不少。

庞天寿在十一月间，又伙同马吉翔谋杀了勇卫营将领林时望。永历四年底，孙可望控制了永历小朝廷。马吉翔和庞天寿见其势力强大，遂甘心为之所用。永历帝不堪忍受权臣的专横，私下跟宦官张福禄和全为国商量联络李定国，驱逐奸臣马吉翔、庞天寿、孙可望等。不料此事却被孙可望得知，他派遣庞天寿等人将参与此事的朝臣和宦官逮捕并杀害。

庞天寿闯入坤宁宫外，逮捕了张福禄和全为国，两人跪求太后保全。庞天寿却对太后和皇后怒目相视，自此内外大权归于庞天寿和马吉翔。参与永历密谋的十八位朝臣与宦官被处决后，庞天寿还建议废除皇后，但是永历帝坚决不许。

庞天寿在朝廷内争中，扮演了不光彩的角色。但是最初，他也曾请传教士瞿纱微帮助王太后、马太后和王皇后洗礼入教。不久，又给皇后所生之子洗礼，取教名当定。庞天寿曾经奉永历帝之命，前往澳门耶稣会教堂三巴寺，为永历小朝廷向天主祈祷。

永历四年，清军加强了对广州和肇庆的攻势。眼看朝不保夕，永历帝打算派遣使者前往罗马请求援兵。本来永历想让庞天寿出使，但是他年事已高，加上担任要职，实在无法分身。永历帝只好派出波兰的耶稣会士卜弥格和两名中国教徒郭若瑟和陈安德一起，带着重要的信函前往罗马。其中有庞天寿致罗马教皇英诺森、致葡萄牙国王、致威尼斯各公国、致耶稣会总会长和枢机主教的信函。信中庞天寿讲述了自己入教经过和对天主教的虔诚，以及宫廷太后和太子奉教之诚，并讲述了小朝廷局势之紧迫，希望欧洲各方出兵援救。

满怀希望的卜弥格使团到达欧洲见到教皇，只是得到了礼节性的回复。在永历十年（1656），卜弥格在里斯本乘船出海返回中国，三年后，劳累过度的他在中国边境去世，没有见到永历帝最后一面。永历十一年（1657）二月，庞天寿因为自己是孙可望之党，而担心李定国加害他，忧虑过度，生病而死。

咒水之难后，永历帝的大臣多数死于缅甸人之手，永历帝和太子则死于吴三桂之手。延续近三百年的明王朝至此彻底终结。南明小王朝结束后，有的太监投降清朝，有的殉国，还有的出家为僧为道。

时光的指针已经进入了清朝，盱眙明祖陵，一片残阳如血。一个九十多岁、老态龙钟的宦官，弓着腰，吃力地用扫帚清扫着明祖陵的一砖一瓦，一边扫一边痛哭不已。没有人知道他姓什么，只知道他是前明的宦官，每日，他都会来清扫。大明王朝已然终结，却还有如此忠心耿耿的老公公守护陵寝，若明太祖地下有知，不知当作何感想……

后 记

经过数年的艰苦写作，这本小书终于要跟读者见面了。其实，笔者写这本书，目的很简单，就是想澄清长期以来，大家对于明朝宦官的误读。

明朝的大太监留给世人的印象大都阴险狡诈，权势滔天。不过有意思的是，只要皇帝一声令下，再威风的太监也会很快化为齑粉。明朝的太监并不是脸谱化的存在。他们也是人，有着普通人的情感悲欢。在政治舞台上，他们与大明朝的文武官员一样，有功有过。希望这本小书能帮助读者打开一扇重新认识宦官，重新认识明朝政治的大门。

笔者在写作过程中，得到多位历史学者的指导和支持，在此恕不能一一列举。向所有给予过我帮助和支持的朋友，表示最真挚的谢意。尤其要感谢明史学者胡丹老师，我们因书结缘，还成为了好朋友。从某种程度上说，正是胡老师的鼓励和支持，我才开始尝试写作，并最终完成了这本小书。感谢岳麓出版社的李郑龙编辑，如果没有他的支持，这本小书也无法顺利面世。

我还要感谢我的家人，感谢我的妻子，是他们的无私支持和默默付出，才使得我有更多的时间从事写作。

希望这本书是一个新的开始，如果读者们喜欢看，继续支持，我当继续努力，争取创作更多优秀作品。

2019年6月28日

图书在版编目(CIP)数据

明朝大太监/郑云鹏著.—长沙:岳麓书社,2020.1
ISBN 978-7-5538-1115-4

Ⅰ.①明… Ⅱ.①郑… Ⅲ.①宦官—史料—中国—明清时代
Ⅳ.①D691.42

中国版本图书馆 CIP 数据核字(2019)第 071558 号

MINGCHAO DA TAIJIAN
明朝大太监
作　　者:郑云鹏
责任编辑:李郑龙
责任校对:舒　舍
封面设计:贺红梅
封面绘图:叶绿莹

岳麓书社出版发行
地址:湖南省长沙市爱民路 47 号
直销电话:0731-88804152　0731-88885616
邮编:410006
岳麓书社网址:www.yueluhistory.com

2020 年 1 月第 1 版第 1 次印刷
开本:889mm×1194mm　1/32
印张:11.375
字数:245 千字
ISBN 978-7-5538-1115-4
定价:49.00 元

承印:湖南众鑫印务有限公司

如有印装质量问题,请与本社印务部联系
电话:0731-88884129